はじめて学ぶ
異文化コミュニケーション

多文化共生と平和構築に向けて

石井　敏・久米昭元・長谷川典子・
桜木俊行・石黒武人　著

まえがき

　本書は，大学，大学院，専門学校，短期大学，企業，行政機関などで開講されている「異文化コミュニケーション論」「国際コミュニケーション論」「グローバルコミュニケーション論」「多文化共生論」「多文化関係論」などの講義・演習科目で使われる教科書，参考書，副読本として企画，編纂されたものである。

　現在，世界の多くの地域ではグローバル化がますます進み，政治，経済，社会，文化などいずれの領域でも，ヒト，カネ，モノ，情報が国境を越えて地球上を自由に行き交うようになっている。同時に，日本国内に住む外国人の数も2011年の東日本大震災の直後を除いてこの数十年間着実に増加している。つまり，今日の日本社会は限りなくグローバル化しているとともに，実質的には多文化社会になっているといってもよい。このような時代に生きるわれわれにとって，直接的にせよ，間接的にせよ，文化的背景の異なる人々と接触し，交流する異文化コミュニケーションはすでに一部の人だけが経験する珍しい出来事ではなくなっている。まさに，「異文化コミュニケーションの時代」が到来したといえ，それだけに異文化コミュニケーションを真剣に学ぶ必要性が以前にも増しているともいえよう。

　「異文化コミュニケーション」と聞くと，「楽しそう」と軽く考える読者も多いと思うが，実際にはそんなに甘くない。文化と文化がぶつかるところには，摩擦や誤解が避けられず，紛争，そして極端な場合にはテロや戦争まで起きているのが現実であり，それこそ世界中で異質な他者に向けられる敵意や憎しみが日に日に増殖し続け

ているような感さえある今日この頃である。このような現実に際して，異文化コミュニケーション研究・教育者としてのわれわれに課された使命は，少しでも多くの人に，「異文化コミュニケーション学」のエッセンスを理解してもらい，異質な他者と共に生きる意味について真剣に考えてもらうことであると考えた。したがって，本書は従来の教科書にありがちな堅苦しい記述をできるだけ排除し，具体例を数多く挿入するなど，「わかりやすさ」を前面に押し出したつくりとなっている。とはいえ，中身が薄まったり，軽くなったりしてしまっては意味がないので，必要事項については「濃い」内容になるように工夫した。

　ここで本書の概要を紹介しておこう。まず，プロローグと第1章においては，異文化コミュニケーション学の存在理由と基礎概念を概説し，第2章から始まる学びがスムーズに進むよう工夫した。次に，第2章では，自己概念やアイデンティティの問題を取り上げ，すべてのコミュニケーションにおいて中心となる「自己」と文化の問題に切り込んだ。第3章においては，異文化コミュニケーションの障壁となるステレオタイプや偏見を取り上げ，それらの逓減方法について考察している。第4章では，深層文化（価値観や思考法など）をテーマに，文化がいかにして構築されるのかについて日本を中心に論じている。さらに，第5章，第6章では，それぞれ，言語と非言語のコミュニケーションを取り上げ，メッセージの意味と用法，コミュニケーション・スタイルと文化との関連性について考察した。第7章では，文化移動を取り上げ，カルチャーショックや適応など個人が文化の壁を超えた際に生じる問題について概説している。第8章では，異文化間の対人コミュニケーションに焦点をあて，友人や恋人との関係構築についての留意点について論じている。第9章は，異文化コミュニケーションの教育・訓練について，その方

法や意義について考察し，最終章である第10章では，異文化コミュニケーション研究を取り上げ，その意義と方法および，今後の展望などについて概説している。

さらに，本文では十分に触れられなかった具体的事例などについては，コラムという形でまとめ，各章に配した。本書は，読者の興味・関心，必要に応じてどの章からでも読み始め，どこに移ってもよいように，各章が相互に関連しながらも，それぞれまとまった内容と構成をもっている。ただ，異文化コミュニケーションを全体的・包括的に理解したいという読者には，最初から順に読むことをすすめたい。

本書の前身である『異文化コミュニケーション──新・国際人への条件』の初版は1987年に刊行された。当時は，日本の大学で「異文化コミュニケーション論」といった科目はほとんど開講されておらず，「異文化コミュニケーション」という言葉さえ，聞いたことがないという人がほとんどであったが，この本の出版がまさに契機となり，「異文化コミュニケーション論」が全国規模での広がりを見ることとなった。上掲書は1996年に改訂版が出され，その後も日本各地の大学で「異文化コミュニケーション論」のテキストあるいは副読本として広範囲に使われてきた。しかし初版発行から四半世紀経った現在，われわれを取り巻く社会の変化は激しく，内容の一新を図る必要が生じ，本書『はじめて学ぶ異文化コミュニケーション』が刊行されることになった次第である。

本書においては，初版，改訂版に関わった著者2人に加えて新しく3人の新進気鋭の研究・教育者が著者として参画している。5人の執筆者は，全員が異文化コミュニケーション研究・教育に従事している点では共通しており，また，偶然ではあるが，全員がアメリカへの留学経験者である。いうまでもなく，各著者のアメリカでの

経験もそれぞれ異なれば，その後の足跡も多様であり，また世代的にもばらつきがあることなどから，執筆においては用語の統一ひとつとっても，執筆者間で文字通りの「異文化コミュニケーション」的格闘があった。しかし，「異文化コミュニケーション学」をより多くの人に理解してもらいたいという熱い思いは共通しており，5人の著者の間では，数多くのメールならびに電話，そしてアメリカ在住の著者とはメールだけではなく，スカイプを利用して熱く議論を重ね，納得できるまで意見交換し，ようやく本書の完成へと漕ぎ着けた。

　本書が企画段階で目指していた通り，読者自身には，異文化コミュニケーションに関わる主人公という気持ちで主体的に本書に接してもらい，その結果として今後人生のさまざまな局面で対峙する「異文化コミュニケーション」において何らかの形で役立ててもらえれば，著者たちの喜びはこれに勝るものはない。

　2013年7月

著者を代表して　石井　敏
久米昭元

著者紹介

石井　敏（いしい さとし）　　　　執筆◆第1章，第10章，コラム①④⑬
1969年，ノースウエスタン大学大学院スピーチ・コミュニケーション研究科修士課程修了（M.A.）
元 獨協大学（2017年 逝去）教授
主要著作・論文　『異文化コミュニケーション──新・国際人の条件』（有斐閣，1987年，共著），The Japanese welcome-nonwelcome ambivalence syndrome toward *marebito/ijin/gaijin* strangers: Its implications for intercultural communication research.（*Japan Review*, **13**, 145-170, 2001年），『異文化コミュニケーション研究法──テーマの着想から論文の書き方まで』（有斐閣，2005年，共編著）

久米 昭元（くめ てるゆき）　　　　執筆◆第1章，第10章，コラム⑧⑫
1975年，ハワイ大学大学院アメリカ研究科修士課程修了（M.A.），1979年，ミネソタ大学大学院コミュニケーション研究科博士課程修了（Ph.D.）
現在，異文化コミュニケーションコンサルタント，元 立教大学教授
主要著作・論文　『感性のコミュニケーション──対人融和のダイナミズムを探る』（大修館書店，1992年，共著），『ケースで学ぶ異文化コミュニケーション──誤解・失敗・すれ違い』（有斐閣，2007年，共著），『異文化コミュニケーション事典』（春風社，2013年，共編著）

長谷川典子（はせがわ のりこ）　　　　執筆◆プロローグ，第2章，第3章，第4章，第8章，コラム⑤
1990年，カンザス大学大学院コミュニケーション研究科修士課程修了（M.A.），2008年，総合研究大学院大学文化科学研究科博士課程修了（Ph.D.）
現在，北星学園大学文学部教授
主要著作・論文　『ケースで学ぶ異文化コミュニケーション──誤解・失敗・すれ違い』（有斐閣，2007年，共著），「韓国製テレビドラマ視聴による態度変容の研究──異文化間教育の視点から」（『異文化間教育』**25**, 58-73, 2007年），『多文化社会日本の課題──多文化関係学からのアプローチ』（明石書店，2011年，分担執筆）

桜木 俊行（さくらぎ としゆき）　　　　執筆◆第5章，第6章，第7章，コラム②③⑦⑨⑩

1991年，ミネソタ大学大学院コミュニケーション研究科修士課程修了（M. A.），1994年，同博士課程修了（Ph. D.）

現在，ガスティバス・アドルファス大学言語文化学科教授

主要著作・論文　The relationship between attitudes toward language study and cross-cultural attitudes.（*International Journal of Intercultural Relations*, **30**, 19-31，2006年），Attitudes toward language study and cross-cultural attitudes in Japan.（*International Journal of Intercultural Relations*, **32**, 81-90，2008年），『映画で異文化体験──異文化コミュニケーション講座』（近代映画社，2013年）

石黒 武人（いしぐろ たけと）　　　　　　　執筆◆第9章，コラム⑥⑪

1999年，オレゴン大学大学院国際学プログラム修士課程修了（M. A.），2004年，立教大学大学院異文化コミュニケーション研究科修士課程修了（M. A.），2008年，同博士後期課程修了（Ph. D.）

現在，立教大学異文化コミュニケーション学部准教授

主要著作・論文　「スピーチコミュニティ──生成される文化をとらえる媒介物」（『多文化関係学』7, 69-81，2010年），『多文化社会日本の課題──多文化関係学からのアプローチ』（明石書店，2011年，分担執筆），『多文化組織の日本人リーダー像──ライフストーリー・インタビューからのアプローチ』（春風社，2012年）

目　次

まえがき　i
著者紹介　v

プロローグ　異文化コミュニケーションを学ぶということ ── 1

1 はじめに …………………………………………………………… 1

2 平和構築への障壁 ……………………………………………… 3

2-1 ナショナリズムと排外主義　3
2-2 パワーの不均衡　5
2-3 歴史と解釈　6

3 終わりに ………………………………………………………… 8

第1章　異文化コミュニケーションの基礎概念 ── 11

1 文化について …………………………………………………… 12

1-1 文化の定義　12
1-2 文化の特性　15
1-3 文化の構造と文化モデル　16

2 コミュニケーションについて ………………………………… 19

2-1 コミュニケーションの定義　19
2-2 コミュニケーションの特性　22
2-3 コミュニケーションのレベル　24
2-4 文化とコミュニケーション　26
2-5 日本文化と対人コミュニケーション　27

3 異文化コミュニケーション …………………………………… 29

4 重要キーワード ………………………………………………… 31

4-1 自民族（文化）中心主義　31
4-2 文化相対主義　32
4-3 多文化主義　34

終わりに　34

第2章 自己とアイデンティティ ───── 37

1 自分を映す鏡としての自己像 ……… 38

1-1 自己とは何か　38
1-2 自己概念と文化フィルター　39
1-3 自己観と文化　41

2 社会・文化的アイデンティティ ……… 44

2-1 社会・文化的アイデンティティの特徴　44
2-2 社会・文化的アイデンティティの諸相　46

3 多文化社会と多面的アイデンティティ ……… 50

3-1 アイデンティティの形成　50
3-2 少数派・主流派のアイデンティティ発達モデル　51
3-3 多文化な人たちのアイデンティティ　56

第3章 異文化コミュニケーションの障壁 ───── 61

1 障壁の種類 ……… 62

1-1 ステレオタイプ　62
1-2 偏　見　65
1-3 差　別　66

2 偏見・ステレオタイプはなぜ生まれるか ……… 68

2-1 個人のパーソナリティ　68
2-2 カテゴリー化　69
2-3 脅　威　71
2-4 社会的要因　72

3 偏見の逓減に向けて ……… 73

3-1 接触仮説　73

- **3-2** カテゴリーの変更効果　74
- **3-3** エンパシー効果　76
- **3-4** 偏見の逓減に向けてわれわれができること　77

第4章 深層文化の探究 ——————————————— 83

1 文化的価値観の学習過程 …………………………………… 84
- **1-1** しつけと教育　84
- **1-2** マスメディア　86

2 価値志向モデルと価値観の国際比較 ………………………… 90

3 思考パターンの文化比較 …………………………………… 95
- **3-1** スチュワートの仮説　95
- **3-2** 思考法と論理構成　100

終わりに　103

第5章 言語コミュニケーション ——————————— 109

1 言語の構造 ………………………………………………… 110
- **1-1** 発音・語彙・文法　110
- **1-2** 言語の思考に対する影響　111

2 言語メッセージの意味と用法 ……………………………… 114
- **2-1** 明示的意味と暗示的意味　114
- **2-2** メッセージの用法　116

3 コミュニケーション・スタイル …………………………… 117
- **3-1** 高コンテキスト文化と低コンテキスト文化　118
- **3-2** アサーティブネス　120
- **3-3** 議　論　121
- **3-4** フォーマル/インフォーマル　123
- **3-5** シャイネス，コミュニケーション不安　125
- **3-6** 自己開示　127

4 文化差・個人差・コンテキストの諸要因 …………………… 129

第6章 非言語コミュニケーション —— 135

1 非言語コミュニケーションの特徴 …… 136

1-1 非言語コミュニケーションの性質　136
1-2 非言語コミュニケーションの機能　139

2 非言語メッセージの種類 …… 141

2-1 周辺言語　142
2-2 身体的特徴　143
2-3 身体的動作　144
2-4 時間と空間　152

3 非言語メッセージとコミュニケーション・スタイル …… 154

3-1 フォーマル／インフォーマル　154
3-2 自己開示　155

第7章 カルチャーショックと適応のプロセス —— 159

1 カルチャーショックの特徴 …… 160

2 異文化適応曲線 …… 162

2-1 U曲線　162
2-2 W曲線　164

3 異文化適応に影響を及ぼす要因 …… 166

4 「成長」過程としての異文化適応 …… 169

4-1 否定段階　170
4-2 防衛段階　170
4-3 矮小化段階　171
4-4 受容段階　172
4-5 適応段階　172

5 異文化経験とアイデンティティの変化 …… 173

第8章 対人コミュニケーション —— 181

1 異文化の友人 …… 182

- **1-1** 異文化の友人との関係構築　182
- **1-2** 関係構築上の課題　183
- **1-3** 異文化アライアンスの構築　185

2 異文化の恋人との関係構築 … 189

- **2-1** ジェンダーによる差異　189
- **2-2** 社会・文化的アイデンティティの承認　189
- **2-3** 権力や特権　190
- **2-4** その他の懸案課題　191

3 「思い込み」異文化コミュニケーション … 192

- **3-1** ダブルの人との関係構築を阻むもの　193
- **3-2** 性的マイノリティの人たちとの関係構築を阻むもの　196
- **3-3** 障害のある人たちとの関係構築を阻むもの　199

終わりに　203

第9章　異文化コミュニケーションの教育・訓練 ── 207

はじめに　208

1 異文化コミュニケーション能力 … 208

- **1-1** 異文化コミュニケーション能力の構成要素　208
- **1-2** 諸能力の関連性とコンテキストの重要性　211
- **1-3** 目指すべき人間像　215

2 異文化コミュニケーションの教育 … 217

- **2-1** 目　的　217
- **2-2** 内容・方法　217

3 異文化コミュニケーションの訓練 … 220

- **3-1** 目　的　220
- **3-2** 内容・方法　221
- **3-3** 課　題　223

4 教育と訓練の背景理論とファシリテーターの役割 … 224

- **4-1** 多様性の尊重に向けた背景理論　224
- **4-2** ファシリテーターの必要性　226

5 異文化コミュニケーターの条件 227

- **5-1** コンテキスト間の移動　227
- **5-2** ファシリテーションの実践　228
- **5-3** 多文化シナジー　229

第10章　異文化コミュニケーションの研究 —— 235

はじめに　236

1 異文化コミュニケーション研究の歴史 236

- **1-1** 研究の萌芽期——第二次世界大戦末期から1950年代まで　237
- **1-2** 研究の始動段階——1960年代　237
- **1-3** 研究の体系化段階——1970年代　239
- **1-4** 研究の理論化段階——1980年代から1990年代まで　240
- **1-5** 研究の多様化段階——1990年代末から現在まで　241

2 異文化コミュニケーション研究の特徴 242

3 異文化コミュニケーション研究の領域 244

- **3-1** 文化研究の領域　244
- **3-2** コミュニケーション研究の領域　245
- **3-3** 対人関係に関する領域　247
- **3-4** 教育に関する領域　249
- **3-5** 国際・多文化関係に関する領域　250

4 異文化コミュニケーション研究の方法 251

- **4-1** 質的研究法　252
- **4-2** 量的研究法　254

終わりに　255

コラム

① 異宗教間コミュニケーション　35
② 映画に見る異文化コミュニケーション①——『トランスアメリカ』（原題：*Transamerica*, 2005 年，アメリカ）　59
③ 映画に見る異文化コミュニケーション②——『ホテル・ルワンダ』（原題：*Hotel Rwanda*, 2004 年，南アフリカ・イギリス・イタリア）　81
④ 異文化コミュニケーションにおける倫理　105
⑤ リサーチ・リテラシーのすすめ　107
⑥ 英会話で対等になるには　133
⑦ 映画に見る異文化コミュニケーション③——『マイ・ビッグ・ファット・ウェディング』（原題：*My Big Fat Greek Wedding*, 2002 年，アメリカ）　158
⑧ 青年海外協力隊員の日本再発見　177
⑨ 映画に見る異文化コミュニケーション④——『名もなきアフリカの地で』（原題：*Nirgendwo in Afrika*, 2001 年，ドイツ）　179
⑩ 映画に見る異文化コミュニケーション⑤——『グラン・トリノ』（原題：*Gran Torino*, 2008 年，アメリカ・ドイツ）　205
⑪ おもてなし文化うらおもて　231
⑫ 多文化組織のリーダーシップ　233
⑬ 環境問題に見る異文化コミュニケーション　256

あとがき　259
引用・参考文献　261
ブックガイド　275
事項索引　289
人名索引　295

本書のコピー, スキャン, デジタル化等の無断複製は著作権法上での例外を除き禁じられています。本書を代行業者等の第三者に依頼してスキャンやデジタル化することは, たとえ個人や家庭内での利用でも著作権法違反です。

プロローグ
異文化コミュニケーションを学ぶということ

1 はじめに

　戦争と冷戦に明け暮れた20世紀が終わり，新しい時代が始まったはずだが，いまだに，世界の至るところでテロや地域紛争が起こり，人々は移民や労働者などの外国人や同性愛者のような少数派の人々を排除し続けている。多文化共生やダイバーシティ（多様性）など社会が目指すべき道標として，耳に心地よい言葉はしばしばメディアに登場するようになったものの，いまだ多くの人々の心は閉鎖的で，異質なものに対する排除の力は日増しに強まり，彼らに対する憎悪の気持ちも膨らみ続けている感さえある。このような現状を考えると，異文化間の平和的共生を志向するために存在している「異文化コミュニケーション学」が果たすべき責務は非常に大きいといえる。

　「異文化コミュニケーション学」がどういったものかについては，後の章で詳述するので，ここでは簡単に「『文化背景の異なる人々との間で起こるコミュニケーション』が異文化コミュニケーションである」とだけ記しておく。ただ，文化の違いには，国籍や言語だけではなく，社会階級，ジェンダー，世代，地域などの差異や，障

害の有無なども含まれており、一般的に解釈されているような国対国の文化比較的研究だけを指すわけではない。つまり、異文化コミュニケーション学では、人間がもつさまざまな文化的差異を研究対象とし、個々の違いを人々が乗り越え、理解し合うための方法を模索し、結果的にはあらゆる人が自分の可能性を最大限に発揮できる「平和的」な社会の構築に資することを目指している。

　本書は1987年に初版が出版され、「異文化コミュニケーション学」普及の立役者ともいわれた『異文化コミュニケーション』を下敷きとして企画されたものである。変わりゆく現代社会の特徴を踏まえ、新しい研究成果を取り入れたのはいうまでもないが、とくにさまざまな社会・文化的異質性を抱く個人と人間として向き合い、共に平和的に生きていく方法を模索する際に、ヒントを与える伴走者のような「親しみやすい」相棒となることを目指して書かれている。具体的には、現在までに膨大に蓄積されてきた異文化コミュニケーション研究や教育の中から、とくに今後、平和な社会の構築に向けて有用と考えられるアイディアや研究結果を厳選し、平易な言葉でわかりやすく著したつもりである。本書を読み終えた後、読者が自分なりに「平和構築」に向けた一歩を踏み出したいと感じてもらえれば幸いである。1人ひとりの動きは微々たるものでも、異文化コミュニケーションのエッセンスを理解し、世の中に広めてくれる人たちが増え続ければ、すべての人にとって住みやすい、平和な社会に近づくことができよう。また、それこそが、われわれ研究者たちの望むところでもある。

　前置きが終わったところで、具体的な話に入ろう。最初に、異文化コミュニケーション学の必要性やその責務について簡単に触れたが、以下では、まず現代社会で起こっている諸問題を異文化コミュニケーション学の「ものさし」を使いながら整理することによって、

その必要性について理解を深めてもらいたい。

2 平和構築への障壁

　異文化コミュニケーション研究は異文化間の**平和的共存**の方策を希求するものであるが，では，ここでいう「平和」とは何を意味するのだろうか。ノルウェーの平和学者ヨハン・ガルトゥングによると「平和とは**暴力の不在**」を意味し，暴力とは，「人々が持っている潜在的な実現可能性を奪う不当な力」と定義されている（君島,2009）。また，暴力は，暴力を加える人がいる場合の**直接的暴力**と，社会構造の中に組み込まれた不平等な力関係を指す**構造的暴力**，そして，「選民意識」「性差別」「人種差別」など，文化の中に含まれる思考様式で，直接的，構造的暴力を正当化するような側面をもつ**文化的暴力**の3種類に分けられている。異文化コミュニケーション研究では，とくにこれらの暴力のもととなる概念であるステレオタイプや偏見，自文化中心主義，さらには，これらをもとにして起こる差別，戦争，ジェノサイド（虐殺）などを取り扱うことによって，暴力の克服の一助となることを志向しているといえる。

　以下では，さまざまな平和への阻害要因を取り上げ，現実社会に山積している未解決の問題を検討しよう。

2-1　ナショナリズムと排外主義

　人間には，基本的にみずからが所属している文化や民族を中心に置き，主観的に外の世界を眺め，外グループやそこに所属する人々は自分たちより劣ったものとしてとらえてしまうような「**自文化中心主義**」的傾向がある。しかし，この自文化中心主義が行きすぎる

と，外国人や異質な人々の排除をもくろむ**排外主義**の思想へとつながり，民族差別や暴行，さらにはジェノサイドや戦争へと進んでしまう危険がある。

　現在，グローバル化の流れを受け，世界中で移民や国をまたいだ労働者などが増え続けており，そのような人の流れが異民族や異文化に対する偏見や憎悪を新たに生んでいるという事実もある。ヨーロッパ諸国，アメリカ，カナダなど富をもつ国には移民が数多く集まり，反動のように，移民排斥運動やヘイトクライムも増加し続けている。また，日中韓の3カ国においても，ナショナリズムを掲げ，排外主義的思想にとりつかれたかのような若者たちがヘイトスピーチを繰り広げており，インターネットは目を覆いたくなるような憎しみのメッセージで溢れている。外国人をみずからの生活の安定を脅かす者ととらえ，彼らの排除のみがみずからの幸福を生むとするような短絡的思考に陥る若者がこのまま増殖し続けるならば，20世紀の悲劇が繰り返されるのは必至である。

　また，人々を救済するために存在しているはずの宗教が，他者を憎悪し，抹殺までももくろむような動きに対する正当化の道具となっている現実がある。例えば，実際世界中で起こっている，数多くの流血事件，テロリズム，戦争など，「宗教」がもととなっているものも多い。仏教や神道が中心であり，多神教の観念が根幹にある日本文化の視点ではなかなか理解しがたいが，キリスト教，イスラム，ユダヤ教など一神教の世界観をもとにすると，どうしてもみずからの信念のみが正しく，それ以外は邪教ととらえる傾向があるようだ。しかし，この発想が進むと最悪の場合，異教徒の人々がすべて「仮想敵」と映り，抹殺することが賞賛されるというおぞましい思考の流れに陥る場合もある。何十年経ってもいまだ解決の糸口さえ見えないイスラエルの入植地問題を始め，宗教観をもとにした

対立に対する解決策の模索が急がれよう。

2-2 パワーの不均衡

現在，地球上に存在する国々にはその経済力や軍事力をもとにした序列が存在しており，アメリカ，中国，ロシアなどの強国はさまざまな面で力をもち，一方的にそれらを行使する状況が生じている。もちろん，自国の利益保護のために力のない国々から搾取するといった帝国主義の時代ほどではないが，パワーの不均衡は世界中にたしかに存在している。実際，グローバル化が進むにつれ，この流れはますます強くなる一方で，強者や強国は富を蓄積し，力を増し，弱者は搾取され，強者や強国に頼らざるをえないという状況を生んでいる。その結果として，力をもたない国の人々が力をもつ国の人々を憎悪し，テロや戦争を起こすといった負の連鎖も起こっている。

2001年9月11日，航空機の突入で炎を噴き出す世界貿易センタービル
(写真提供：ロイター＝共同)

さらに，社会単位で見ても，国々と同様に同じ社会の中に，パワー（権力）をもつ人，もたざる人の両方が存在しており，両者の間には誤解，無理解，偏見，差別などの問題が頻発している。とくに，アメリカなど自助努力を尊ぶような社会では，社会的弱者を「怠け者」ととらえ，差別的なまなざしを向けることもあり，人々の間の溝はますます広くなるばかりである。日本でも，安価な労働力の確保をもくろみ生み出した「外国人研修生」の制度は，労働搾取として労働者側の怒りを買うなどほころびが見え始めている。

　さらに近年，多くの発展途上国においては，いまだに根強く残る「性差別」の問題が表面化し始めている。女性として生を受けたがために，生存，教育，労働などあらゆる面で著しい制限を受け，みずからの可能性を十分に発揮できないままに若くして子どもを産み，貧困の中で生涯を終えるという生き方しか提示されていない数多くの女性たち。彼女たちに手を差し伸べる先進国のボランティア団体の数も増加しているが，どのようにすれば「自文化中心主義」的な押しつけにならない援助ができるのか，手探りの状態である。

2-3　歴史と解釈

　世界を見渡すと，さまざまな国々の間で数えきれないほどの数の戦争が起き，人々は異文化の人々と憎しみ合い，殺し合ってきたという事実がある。また，日本での被差別部落問題，インドのカースト制度，南アフリカのアパルトヘイトやアメリカでの黒人奴隷問題など，同国内でもさまざまな身体的差異や所属カテゴリーの違いなどをもとにして，人々は互いに憎み，蔑み合い，ときには殺し合うという愚行を繰り返してきた。このように見ると，人類の歴史は血なまぐさい殺し合いとそこから生まれた憎しみに彩られているともいえ，21世紀を迎えたわれわれに課されたのは，このような憎悪

新大久保でのヘイトスピーチデモに抗議する人たち
（写真提供：PANA）

の連鎖という過去の負の遺産を乗り越え，地球上のすべての人々が平和的に共存できる社会の構築に向けて力を合わせることであろう。

　しかしながら，憎悪を断ち切るとは，言うのはたやすいが，じつは非常に難しい。なぜなら，基本的に人間とは自分本位な生き物であり，自分の所属するグループや文化，国家などには大変甘口である半面，他者や外グループ，外国には辛口となる。つまり，自分がした悪いことや恥ずかしい事実は忘れやすい半面，自分が被った被害や損失などは忘れにくいという傾向が存在する。被害者側から見れば，自分たちの苦しみの張本人ともとれる人々が，反省もせず，自分たちの苦しみを理解しようともしないという事実は，結果的に，相手に対する憎悪の気持ちを増幅させ，個々の抱える小さな不満や憎しみの気持ちも重なれば，結果的には大きな憎しみのうねりとなり，デモやテロ，戦争へと向かう契機となってしまう。

　このような，憎しみの連鎖を断ち切ることが難しい理由として，もう1つ挙げられるのが「歴史」解釈の「ずれ」である。実際，各国で語り継がれ，教えられる歴史には一部「つくり話」的要素があ

るのが普通であり，一般的に考えられているように「動かしがたい客観的な事実」の寄せ集めとはなっていない。つまり，歴史とは，基本的には，さまざまな出来事を各国が自文化中心主義的に解釈し，きわめて主観的に再構築したいわばフィクションの色合いが残るものとなっており，各国で共有される客観的事実としての歴史とは，ただ事柄が起こった日時や場所くらいとなっていることも多い。例えば日韓関係を見てみても，過去に何度も両国の歴史学者や教育者が集まって歴史教科書を編纂しようと努力したが，双方が納得のできる形にすることがなかなかできず，最後は妥協の産物として双方の見解を併記するという解決法がとられたようだ。

しかしながら，基本的には，都合のよいことは過大に記述され，都合の悪いことは最小限の記述，もしくは削除されるという「意図的な編集」をもとに，つくり上げられた自文化中心主義的歴史観が「客観的事実」として公教育で堂々と教えられるとすれば，自国は他国より優れた，誇れる国であるとする危険なナショナリズムに支配された国民をつくり出し，結果的には，他国や他人を見下し，憎悪の連鎖をみずから生み出すという悪循環に陥るしかないだろう。自文化中心主義的歴史解釈の誘惑を断ち切り，自国の恥部ともいえる過去の失敗を直視し，その失敗から学ぶ姿勢をもった国民を育ててこそ，国際平和に向かう道が開けよう。真の意味で「歴史」から学び，憎悪の連鎖を断ち切ることができるか否か，現在のわれわれに課された課題は大きい。

3 終わりに

これまで述べてきたように，現代社会は，異文化間の争いに満ち

溢れている。世界中で毎日のようにテロや紛争が起こっており、ふと気を緩めると20世紀に起こったような悲劇が何倍、何十倍もの大きさになってわれわれに降りかかる危険性もある。このような混沌とした時代に、日本という比較的平和に見える社会に生まれ育った人たちは、じつは「平和ボケ」しているといわれるほど、感覚が鈍っており、世界レベルの「教養人」としての常識を有していないといわれていることは知っているだろうか。高校や大学で勉強できることが有難いという発想もなく、日本国内の政治や経済のことにもたいして関心がなく、貧困や、戦争、テロなど世界で起きている問題など論外。毎日ぼんやり過ごしているだけで、意見という意見はもっていない……という「平和ボケ日本人」の1人になっていないと言い切る自信はあるだろうか。

「国際人になりたい」「異文化間の懸け橋として活躍したい」、異文化コミュニケーションを学びたいと思う人がよく言う言葉である。国際人や文化間の懸け橋になるには、世界のことに興味をもち、自分の住んでいる社会や自分が影響を受けている文化の型を理解し、そして何よりも、自分とはいかなる個性をもった、どのような人間であるのかといった自己理解がしっかりとできている必要がある。もちろん、それ以外にもまわりの人たち、自分とは直接的な関わりのない人たち、さまざまな人たちの立場や考え方を理解し、世界で起こっている問題を自分の問題として主体的に考えることも必要だろう。本書は、次世代の読者に向けてさまざまな「宿題」を提示している。本書との対話をもとに、主体的にその「宿題」の答えを見つけ出し、各自が自分なりの方法で「平和構築」に向けた一歩を歩み出してもらえれば幸いである。

●——長谷川典子

第1章
異文化コミュニケーションの基礎概念

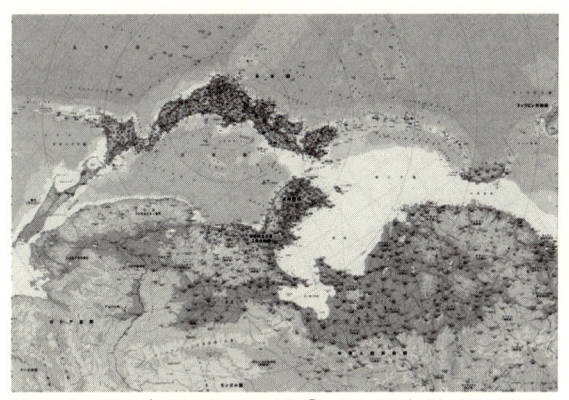

環日本海・東アジア諸国図——通称「さかさ地図」(富山県が作成した地図を転載,平24情使第238号)

「異文化コミュニケーション学」の紹介に入る前に,押さえておかなければならないことをまとめたのが本章である。まずは,文化とコミュニケーションについて,それぞれの定義や特性について概説したうえで,異文化コミュニケーションが何を意味するか明らかにし,その学習に際しての留意点を列挙する。最後に,第2章以降の各章で論じられる内容をよりよく理解するうえで必須のキーワードを取り上げて解説するが,ここで,説明された基礎概念をしっかり理解して,はじめて本格的な学習にとりかかることができるので,

心して取り組んでほしい。

1 文化について

1-1 文化の定義

「**文化**」という言葉から、イメージされるものは何であろうか。一般的には美術、音楽などの芸術や伝統芸能、あるいは伝統的な建築物、祭り、行事、さらには風俗、習慣といったものが挙げられることが多いが、その定義となると、じつは、文化を研究する人の数と同じくらい存在するといわれるほど多様であり、時代によっても変化している。

まず、「文化」の研究をしてきた文化人類学の定義をもとに、文化のとらえ方の変遷を整理してみよう。19世紀末、文化人類学の父と呼ばれたエドワード・タイラー（1962）は、文化とは「知識、信仰、芸術、道徳、法律、慣習など人々によって習得されたすべての能力と習慣の複合総体」であると定義した。その後、解釈学などの新しい考えも導入されたが基本的には、「集団の成員によって長年の間に蓄積された生活様式」という発想をもとに、長い間研究が続けられてきた。ところが、1980年代に入ると、これまでの文化研究には、階級や権力のようなパワーという重要な視点が抜け落ちており、新しい定義が必要であると主張するポストモダン人類学を標榜する学者たちが現れた。また、90年代に入ると「文化」の背景には、支配と被支配の権力関係があるとするポストコロニアル人類学が台頭するなど、基本的には新しい**文化概念**構築の必要性が唱えられるようになった。このような背景のなか、例えば、クリフォードら（1996）のように、有機的な一体性をもち、ある土地に根差し

たものと考えるような文化概念とは一線を画し，文化には変化しない「本質」があるととらえ，その「本質」が，そのカテゴリーに属する人々の「役割」や「属性」を決定するという「文化本質主義」的な見方で行われた研究を批判するといった流れが生まれた。

　一方，異文化コミュニケーションの分野では，文化とは生活の総体系であるという文化人類学の考え方をもとに研究が進められた。その中で，「**コミュニケーション**」に焦点をあててとらえた「一定の社会集団に生まれた人間が，他の構成員とメッセージを伝え合い，彼らとメッセージ内容を共有しながら生み出された生活様式の総体である」という定義や，さらに「自然環境」との関連という視点をもち込んだ，「自然的環境条件と社会的環境条件に影響を受けた人間が，周囲の人たちとメッセージを交換し合うことによってつくり出された，動的な生活様式の総体である」といった定義も生み出された。また，「思考」に焦点をあて，「集団の中でコミュニケーションを通して生成され，成員の脳内に記憶された思考特性」（久米・遠山，2001）という定義なども提唱された。

　ここで，上に挙げた3つの定義の特徴をまとめてみると，すべてコミュニケーションの積極的介在を示唆していることがわかる。コミュニケーションについては，後の節で詳述するのでここでは簡単に特徴の1つのみに言及するが，基本的には非常に「動的」なものとして文化がとらえられていることに注目してほしい。つまり，「コミュニケーション」の視点でとらえた文化概念においては，当初から文化の可変性が包含されており，文化人類学のように文化を静的な固定的なものととらえてきたという自己批判の流れの影響は非常に限定的であったといえる。

　このことに関連して，1つ指摘しておきたいことは，生活様式の総体という概念には，永久不滅で不変という意味は含まれていない

1　文化について

ことである。つまり、時々に変化するコミュニケーションによって生み出された文化は、次世代に引き継ごうとする動きがあるのが一般的だが、引き継ぐ新世代の方にはそれを引き継がない自由もあり、さらには時代や状況の変化などの影響も受けるため、「バージョンアップ」に向けた動きが常に加えられ、変化しているととらえられよう。

このように、次世代に引き継がれる「文化」は、独特の気候や風土、経済状況、政治形態、生活様式などに影響を受け、構築され続けているともいえるが、ある時点では、集団としての「考え方の癖」あるいは「思考の偏り」のように多くの人々に共有される「核」のようなものが存在していると考えられる。例えば、妊娠中絶という行為1つとっても、ある文化ではいかなる状況であっても、「殺人」であるため認められないと考える人が多数派となり、別の文化では、レイプによる妊娠などそれ相当の理由があれば、女性の当然の権利として認められると考える人が多数派となるなど、思考の癖は、文化やコンテキスト（状況、文脈）の影響を受け、さまざまなパターンが存在している。

これまで紹介した文化概念を非常に簡単にまとめると、文化とは自分の所属している集団、自分の居住している地域などでは「あたりまえ」とされている共通の「考え方」「行動の仕方」「ものの見方」「対処の仕方」であり、ある状況においてどのように振る舞えばよいのかについて瞬時に判断するときに個々人が知らず知らずに基準としてとらえているルールのようなものの集大成といえよう。また、別のいい方では、社会生活を円滑にするための「常識」や「暗黙の了解事項」とも表現することができるが、人々がそのような常識あるいは了解事項に向かって考え方を収斂（しゅうれん）してこそ、共同生活が円滑に営める。一方、戦争や動乱など大きな変化がひとたび

起こると人々の生活基盤とともに,価値観も根底から覆り,引き継がれた文化形態が一気に変化するということになる。

1-2 文化の特性

ここで,メタファー(隠喩)を使って文化の特性について考察してみたい。例えば,「文化は空気だ」といえば,どうであろうか。空気というものは,みな,その存在を知っている。しかし,空気はどんなものかと聞かれれば,それを図示することは難しく,またそれを言葉で説明するのも案外難しい。空気の存在が,われわれにとってあまりにも自然すぎるがゆえに,日常的に意識することはほとんどないが,その影響力と必要性は計りしれない。それは文化にもいえることである。

同様に,「文化とは風だ」(Ramsey, 1995)という説明も可能だ。家のまわりに吹く風は見ることができないが,家の前にある木々の葉が揺れることによってその風の存在を認識することができるし,自分の髪や服,あるいは直接自分の肌でその存在を確信することができる。風と同様に文化のもつパワー(力)はときとして非常に大きくなるということも,このような説明で理解が容易になるかもしれない。

もう1つメタファーを用いて説明してみよう。「文化とは人の顔だ」という表現はどうだろうか。人の顔は毎日見ているとほとんど変わらないように見える。しかし,長い年月を経てみると,同じ人でも容貌が驚くほどに変わってしまうことがある。同様に,文化も一見安定して固定しているようであるが,実際は,徐々に日々変化しているのである。

この「顔」メタファーは,文化が安定性と変容性という一見矛盾した性質をあわせもっていることをうまく表現しているといえよう。

つまり，世界中のどの地域や民族もそれぞれの地理的，風土的，歴史的な経験に基づいた文化を形成しており，それを世代から世代へと引き継ぎ，保持しようとしている。しかし，それと同時に，長い年月の間に文化は異文化との接触，交流，軋轢(あつれき)などを通していつの間にか見違えるような変貌を遂げるのである。とくに，現代のように世界のどの地域においても他地域や異文化の影響が避けられないほどグローバル化が進行している時代には，文化の変容性は以前よりも顕著になっていると考えられよう。

1-3 文化の構造と文化モデル

次に，文化を理解するために，その構造を概念化する試み（石井，2013）を検討しよう。まず，文化とは精神，行動，物質の三層構造であるとする考えがある。例えば，文化の最も深いところに存在している内面的・潜在的な精神文化層は認知的活動（思考，記憶，計算，価値観等）と情意的活動（喜び，悲しみ，興味・関心など）で構成されているという。次に，この精神文化層の上には，行動文化層が存在しているが，具体的には言語行動（聞く，話す，読む，書く等）と非言語活動（笑う，泣く，お辞儀をする，握手をする等）が含まれる。最後に，最も表層に存在しているのが物質文化層であり，それは日常生活の衣食住に代表されるように目で見て確認でき，外部の者にも把握しやすいものといえる。

この三層構造説よりも明快で，一般にも広がっているのが**表層文化**と**深層文化**の2つに分ける二層構造説であろう。表層文化とは，読んで字のごとく，文化の表層に位置しているため外部の観察者が容易に観察できるものを指す。例えば，人の歩き方，ジェスチャー，挨拶の仕方，握手の仕方，あるいは服装，料理，建物などが表層文化に含まれるし，上に挙げた外面的・顕在的な物質文化層も表層文

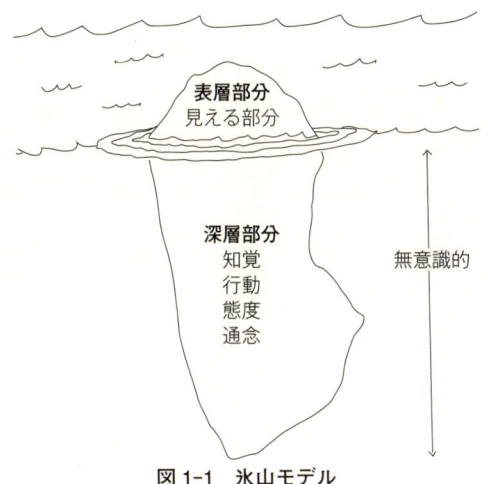

図 1-1　氷山モデル
（出典）　Eagle & Carter, 1998.

化の中に入るであろう。一方，外部の観察者が，相手の文化に入ってもすぐには見ることができず，その文化の中に長い間滞在したり，現地の言葉に習熟してきた段階で，洞察力があれば理解できるかもしれない精神的，心理的，倫理的，道徳的な文化の側面（価値観・思考法なども含む）などを深層文化という。

　上述の三層構造説による精神文化層が深層文化に入ることは明らかであろうが，では，行動文化層はどうであろうか。例えば，単純にお礼をしているとか，お辞儀をしているという目に見える行動のみを指せば，表層文化といえるが，なぜそのようなことを日常的に行うのかといった行動の理由については，深層文化となる。このように言語・非言語行動は人々が日常的に無意識に行っており，その行動について自身を含めて同一文化内の人々はいちいち意識していないが，それらの行動の陰には深層文化である価値観や信念などが存在しているということがいえるだろう（Stewart, 1997）。このよう

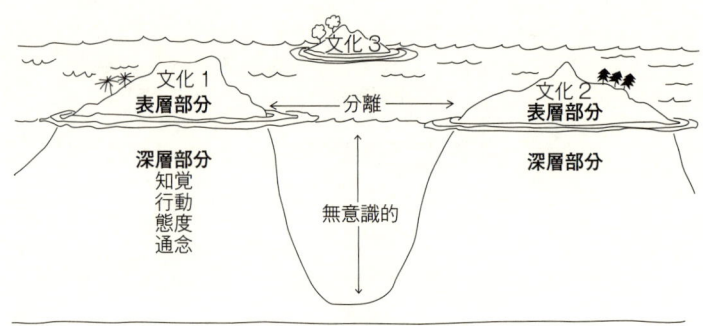

図1-2 島モデル

(出典) Eagle & Carter, 1998.

な文化の構造の理解を容易にするために,よく使われるのが,**氷山モデル**である(図1-1)。

このモデルでは,海に浮かぶ氷山のうち,海面に出ている先端部分が表層文化であり,海面の下に隠れている部分を指して深層文化と説明しているが,このモデルのポイントは,実際の文化においても氷山のように,隠れていて目に見えない部分である深層文化がずっと大きく,目で見て確認できる部分は,文化全体のほんの一部であることを伝えている点である。

この氷山モデルを発展させたものが,**島モデル**(図1-2)である。島モデルも氷山モデルも,海上の部分を表層文化としている点は共通しているが,大きな違いは,島モデルにおいては,深層文化のより深いところでは近接の異文化とつながっている点である(Eagle & Carter, 1998)。

つまり,このモデルは,文化が異なっていても,文化の深層部分のより深いところでは同じ地球上に生きる人間として共通部分があ

り，だからこそ，人間は文化を超えてお互い理解し合うことができるということを示唆しているように思われる。読者が文化の構造について，誰かに説明したいとき，どちらのモデルを使いたいだろうか。もちろん，どちらでもいいのだが，ここでは，モデルというものが複雑な現象や事象，あるいは概念などを一瞬にして類推的に理解するためにきわめて有効であることを強調しておきたい。

2 コミュニケーションについて

2-1 コミュニケーションの定義

現在，「私はどうもコミュニケーションが苦手で」とか「あの人とのコミュニケーションがうまくいかなくて……」というように，日常的に「コミュニケーション」という外来語が使われている。ではなぜ，日本語ではなく，外来語のコミュニケーションがこんなに頻繁に使用されるようになったのだろうか。研究社の『新英和中辞典』を見てみると，英語の "communication" は「伝達」「報道」「通信」「文通」「交通」「連絡」などと訳されているが，それ以外に，(伝えられる)「情報」，(病気の)「伝染」といった表現があてられている。そして最後に「言葉・記号・身ぶりなどによる伝達過程」という表現があった。その他，コミュニケーションに類する表現を探してみると，「以心伝心」「伝え合い」「話し合い」「対話」「会話」などが考えられるが，いずれも1語で「コミュニケーション」という言葉がもつ広がりと深さを十分には表現しきれていないように思われる。そのためか，現在のところ，西洋的な香りがする「コミュニケーション」という外来語がそのまま日本社会に定着し，それが広範にかつ恣意的に用いられているといったところであろう。

ここで，外来語であるコミュニケーションのもともとの意味はどのようなものなのかについて一言触れておきたい。コミュニケーションの原義は，キリスト教で信者と神との「霊的な交わり」を意味する神聖な言葉である。また，「コミュニケーション」という言葉には「コミュ」(commu-)という接頭辞がついているが，ここに原義が隠されている。例えば，地域社会を意味する「コミュニティー」，同じ信条を共有する人たちの生活共同体を意味する「コミューン」，そして財産の共有を目指す「コミュニズム」などの表現からもわかるように，「コミュ」には，「共通」「共有」の意味があるが，それは英語の"commonness"にあたるラテン語の"communis"に由来している (岡部, 1993)。つまり，コミュニケーションのもともとの意味には，人々が他者との関わりの中で，何かを「共有する」という考えが含まれており，この「共有」こそがコミュニケーションという言葉のいわば「核」であることを覚えておいてほしい。

　さて，ここで本書におけるコミュニケーションの定義をしてみよう。じつは，その定義は文化と同様に，コミュニケーション研究者の数に比するほど多種多様であるが，本書では，コミュニケーションとは，「人が，物理的および社会文化的環境・コンテキストの影響を受けながら，他者と言語および非言語メッセージを授受・交換することによって，認知的および情意的な意味づけをする動的な活動過程である」とする。

　次に，上記の定義に沿って，説明を加えつつ，コミュニケーションの核心に迫ってみよう。まず，「物理的および社会文化的環境・**コンテキスト**」とはどのようなものであろうか。人がコミュニケーションを行う際には，必ずある特定の「場」に存在していることになるが，それが「環境またはコンテキスト」といわれるものである。

例えば、物理的な場面とは、自分が存在している場所を意味するが、教室だったり、友人宅だったり、カフェや電車の中など自分が存在している場所によって、ある程度「その場に合った」コミュニケーションの内容が規定されている。さらに、「飲み屋でのくだけた雰囲気」「チャペルや寺院での厳かな雰囲気」など、自分がいる場所そのものの雰囲気や、まわりの状況などによっても何らかの影響を受けるのが普通だ。

また、社会文化的影響・コンテキストとは、相手と自分の関係性や、社会的地位、役割などを意味している。例えば、上司と部下や教師と生徒のように上下関係が包含される社会的関係と、友人、恋人のように平等な関係が想定される二者間でのコミュニケーションでは、まったく異なったメッセージが交換されるのが普通だろう。

さらには、コミュニケーションが行われる環境・コンテキストの中には、このような物理的・社会文化的なものだけではなく、個人がどのような体調や気分なのか、といった個人的な状況や2人の間でそれまでに交わされたメッセージや関係性を含めた「小さな歴史」ばかりでなく、2人を取り囲む社会文化的な出来事のような「大きな歴史」も関連してくる。つまり、コミュニケーションはこのように自分たちを取り巻くさまざまな環境・コンテキストの影響を受けつつ生み出され紡がれる糸のようなものであるということもできよう。

次に、「メッセージの交換」について考えてみよう。メッセージとは情報と考えてもいいし、コミュニケーションをする相手に伝わる「内容」や「意味」のことだと考えてもいい。つまり、コミュニケーションが成立するためには、一般的には、自己と他者が存在し、相手との間に何らかの「意味」が交わされていることが条件になる。ただ、意味は言語だけでなく表情やしぐさ、服装などの非言語によ

るメッセージからも伝わるし，さらには，つい「あくびをしてしまう」場合のように，無意識にメッセージを発してしまう場合もある。実際のコミュニケーションの場では，自己が発信したメッセージに対して相手はそれを解読し，何らかの解釈をし，その解釈に基づいて相手に新しいメッセージを送るという形が何度も繰り返されて双方向のダイナミックな過程を踏むと考えられよう。

2-2 コミュニケーションの特性

次に，コミュニケーションの特性について考えてみたい。岡部（1993）によると，コミュニケーションには少なくとも次のような5つの特性がある。

その第1はコミュニケーションの不可避性である。送り手の意図の有無にかかわらず，受け手は送り手の非言語・言語メッセージに対し，常に何らかの意味づけを行っており，その意味で常にコミュニケーションが起こり続けていることになる。例えば，髪を切ったり，スマートフォンの画面に目を落としたりと日常何気ない行動をとっただけなのに，相手から「失恋したの？」「退屈してる？」などと勝手に解釈されて驚いたなどといった経験はないだろうか。また，電車やエレベーターなどで偶然乗り合わせた人にふと目をやって，「高校生かな。真面目そうだな」とか，「幸せそうな親子だな」とかその人となりについていろいろ勝手に想像したことはないだろうか。このように，人は目の前にいる相手ばかりか，見知らぬ他人の行動や服装にまで勝手に「意味づけ」を行っており，人はコミュニケーションをしないわけにはいかないということである。

第2の特徴として挙げられるのがコミュニケーションの象徴性である。人は自分の考えや思いを，言葉に出したり，あるいは顔の表情を変えたり，こぶしを握ったりして何らかのメッセージを相手に

伝えているが、その伝達手段は言語や表情やジェスチャーというシンボルである。そのようなシンボルを駆使して伝達行動を行うという意味で、コミュニケーションには象徴性があるという。しかし、個々のシンボルの意味は、基本的には人間が恣意的につけただけであるため、象徴性があるということはすなわち、「誤解も起こりやすい」ということも同時に意味することを覚えておこう。

　また、コミュニケーションには相互作用性があるというのが第3の特徴である。例えば、大教室での講義という場面を考えてみよう。学生たちは、自分は大多数の聴衆の1人でしかないので、自分が何をしていても教員は関知しないと思っていないだろうか。しかし、実際は下を向いて携帯をいじっていたり、眠そうな顔をして座っていたり、はたまた居眠りをしていたりと、その1つひとつの行動が教員にとっては、「授業が面白くない」という強烈なメッセージになりうるし、そのようなメッセージを受け取った教員側は、何とか学生の興味を引こうと努力を重ねることになる。つまり、一見一方向に見える教室内のコミュニケーションであるが、じつは双方向のコミュニケーションがそれなりに成り立っているといえるし、その他にも日常的に行っているほとんどのコミュニケーションはそのように、言語・非言語のメッセージを交換し、影響を与え合いながら行われる双方向的なものとなっている。

　第4の特徴として、コミュニケーションとは常に流動的に変化するダイナミックなプロセスであるということが挙げられる。人は他者とのコミュニケーションによって影響を受け、体内の細胞と同様に常に変化し続けている。少し大げさにいうと例えば、1分前の私とあなたは、現在の私とあなたとは異なっているということさえいえるのだ。また、このことと関連してコミュニケーションには始まりや終わりをはっきりとは決めることができないという特徴もある。

はじめて会う人でも、会う前からいろいろとその人について思いを巡らせることもあるだろうし、友人や恋人などの場合、その人ともう会えなくなってしまったとしても、その人と交わしたメッセージを思い起こして励まされたり、悲しくなったり、はたまた反省したりと交わされたメッセージの影響力は後々まで続くこともあるだろう。このように、人は他者とのメッセージ交換を通して、永遠にマイナーチェンジを繰り返しており、その人々が紡ぎ出すコミュニケーションの意味自体も刻々と変化し、とらえどころがないという側面もある。

さらに、コミュニケーションには内容面と関係面のメッセージの2種類があるが、これが第5の特徴である。例えば、妻が夫に「今月のあなたのお小遣いは3万円ね」と言ったとすれば、内容面のメッセージはそのものずばり、「小遣いは3万円」となるが、では関係性のメッセージとは何だろうか。それは「私が、あなたの小遣いを決めることができる」や「私の方がこの家では、パワーをもっているのよ」といった2人の関係性を物語る隠れたメッセージである。このように、日常的な会話の中にもよく考えてみればじつに「深い」意味のあるメッセージが隠れていることもあり、人間のコミュニケーションは、噛めば噛むほど味の出る「するめ」のようなものともいえよう。

2-3　コミュニケーションのレベル

最後に、コミュニケーションのレベル分けについて説明しておこう。コミュニケーションには、さまざまな分類が可能であるが、最も一般的なのは、参加人数をもとにしたものであり、コミュニケーション研究ではこの分類に従って区別されていることが多い。以下がその分類である。

- 個人内（intrapersonal）レベル——相手の存在の有無にかかわらず，個人が考える，感じる，自問自答するなどの自己完結的で最も根源的な内的・精神的コミュニケーション。
- 対人（interpersonal）レベル——1人対1人の間で言語および非言語メッセージを授受・交換することによって意味を共有する目的で展開されるコミュニケーション。
- 小集団（small group）レベル——3人から10人程度の間でメッセージを授受・交換することによって意味を共有する目的で展開される会話や討論のようなコミュニケーション。
- 公的（public）レベル——1人のメッセージの送り手・話し手と多数のメッセージの授受・交換によって意味を共有する目的で展開される学校，大学，企業，役所単位のコミュニケーション。
- マス（mass）レベル——組織単位のメッセージの送り手と不特定多数の，メッセージの受け手・聴衆の間で意味を共有する目的で展開されるマスメディアを通して行われるコミュニケーション。
- 国際（international）レベル——国家の代表対国家の代表の間でメッセージの授受・交換によって意味を共有する目的で展開される主として政治的・外交的・経済的コミュニケーション。

以上が一般的なコミュニケーションのレベル分けである。しかし現在では，インターネット，携帯電話，スマートフォンなどのソーシャル・メディアを利用したコミュニケーションが普及しており，この新しい形のコミュニケーションは，従来のレベル分けの概念枠を超えたものとなっている。例えば，LINEのように参加人数を絞った小集団・コミュニケーションに使われることもあれば，動画やメッセージの投稿など，不特定多数の受け手に向けたマスレベルのコミュニケーションに使われることもあり，さらには，ニコニコ

生放送のようにインターネットでの生放送に,視聴者のコメントが同時に画面に現れるといった従来の放送形態ではありえなかった双方向性をもったメディアも現れている。今後この新しい形のメディアはさらに進化を遂げ,ますますわれわれの生活に入り込んでくることが予想されるが,われわれ人間に与える影響は未知数である。今後の研究の進展が待たれるところである。

　本項を締めくくるにあたって,留意してほしいことは,コミュニケーションは,メッセージの送り手と受け手,メッセージ,意味内容ならびにそれを取り巻く環境,コンテキストなどの構成要素があって成立する複雑な現象であるということである。さらには,各レベルのコミュニケーションにはさまざまな文化的要素が内在しているので,上述のどのレベルのコミュニケーションにおいても,その過程において関係当事者間で何らかの異文化性が生じていることもあり,そのような場合は,次節で論じる異文化コミュニケーションとしてとらえることもできるのである。

2-4　文化とコミュニケーション

　ここで文化とコミュニケーションの関係性について考えてみよう。文化は一定地域の人々が限りなくコミュニケーションを繰り返すなかで歴史的に生成された集団の思考特性や癖のようなものであることは前節で説明した通りである。では,この文化が次世代に伝わるとはどういうことかというと,しつけや教育,人との関わりを通して,その文化内では「普通」や「当然」だと多くの人が感じる言動を学ぶことであり,その学びがまた次の世代にも伝えられれば,文化の型が継承されることになる。つまり,文化が次世代に伝えられるとすれば,それはコミュニケーションを通して行われ,さらに文化が変容する場合にも,それを媒介するのはコミュニケーションで

あることになる。となると、コミュニケーションが文化をつくり出すといえそうであるが、影響の向きはじつは一方向ではない。

なぜなら、コミュニケーションによってつくり出された文化は、コミュニケーションの型にも影響を与えるからである。例えば、日本の多くの小・中・高等学校では、あまり自分の意見をはっきりいわず、他の人の顔色ばかりうかがうような生徒が数多く存在するが、それは自分の意見を表明するより、人に合わせた方がよいという価値観の存在が子どもたちのコミュニケーション・スタイルに影響を与えているせいであると考えられる。つまり、コミュニケーションと文化の関係は、「鶏と卵」の関係と同様に、どちらが先で、どちらの影響が大きいのかを明らかにすることは不可能であるほど、お互いに強く関連し、影響を与え合っていることを理解しておこう。

2-5 日本文化と対人コミュニケーション

前項では、文化とコミュニケーションが密接に関連していることを説明した。本項では、具体例として日本社会で優勢となっているコミュニケーション・スタイルのモデルをもとに、文化とコミュニケーションの関連についてさらに深く検討しよう。

例えばミイケ (Miike, 2003) は、日本を含むアジアでは、あらゆる人やものは真空状態では存在せず、さまざまな関係の中で生じるとしてコンテキストや関係性をきわめて重視する**コミュニケーション観**が主となっていることを指摘している。このような関係性重視モードの対極にあるのが、個が主体的に関係を構築するという考え方に基づき、文脈や人間関係には極力依存せず、話し言葉そのものに信頼を置くといったアメリカの主流派のスタイルであろう。

石井・クロフ (1993) は、上で述べたような関係性を重視したコミュニケーション観をもとにしたスタイルを「**遠慮察しコミュニ**

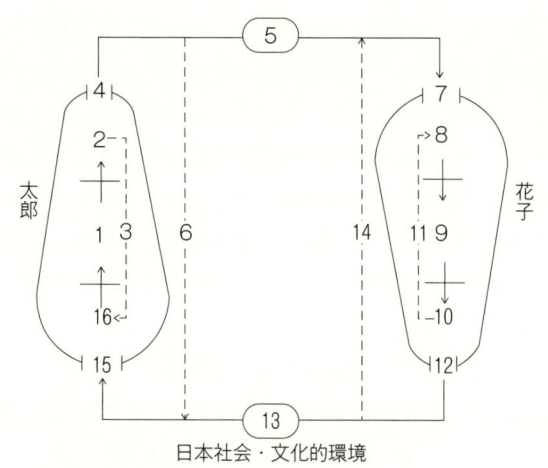

図 1-3 遠慮察しコミュニケーション・モデル

(注) 1：未記号化メッセージ（考え・感情），2：遠慮記号化，3：内部自己フィードバック，4：発信口，5．メッセージ，6：外部自己フィードバック，7：受信口，8：察し記号解釈，9：未記号化メッセージ（考え・感情），10：遠慮記号化，11：内部自己フィードバック，12：発信口，13：メッセージ，14：外部自己フィードバック，15：受信口，16：察し記号解釈。
(出典) 石井・クロフ，1993。

ケーション・モデル」として表現している（図1-3）。

　このモデルでは，メッセージの送り手はその準備段階で，相手の心証を悪くしたり，プライドを傷つけたりしないように，慎重に記号化作業を行った結果，表現されたメッセージは意図が薄められたり，曖昧化したものになる一方，メッセージの受信側では，察し能力を発揮して，薄まったメッセージの補充および拡大を行い，発展的に解釈するとしている。このモデルは，コミュニケーション・スタイルそのものが文化的な特徴を反映していることを示したものであるが，加えて，発信されたメッセージ以上のことを受信者がつけ加えて解釈するといった慣習のない文化圏の人々には，きわめて新奇に映り，日本的コミュニケーションの「異文化性」を知らしめる

契機ともなったものである。

　このように，文化はコミュニケーションのスタイルやコミュニケーション観に反映されることが一般的であり，日本やアジアに主流のパターンが存在しているのと同様に，他地域やグループにはその文化的背景に裏打ちされた特徴的なパターンが存在している。

3　異文化コミュニケーション

　これまで文化とコミュニケーションについて考えてきたが，ここでは「異文化コミュニケーション」に目を移したい。まず，異文化コミュニケーションを手短に説明すると，「異なる文化的背景をもつ人々の間で行われるコミュニケーション」となる。では，異なる文化的背景とは，何を意味するのだろうか。一般的には，国や使用言語，宗教，民族性などの大きな違いを指すことが多いが，じつは，同じ文化内に存在している少数派の人たちの文化，すなわち共文化 (co-culture) も含まれる。例えば，障害者や性的マイノリティの人たちの文化も異文化であるし，それ以外でも関西，沖縄，北海道など居住地域をもとにした違い，ジェンダーの違い，社会階級の違いなどが代表的なものである。その他にも例えば，医者と患者，教師と生徒・学生，経営者と従業員などのような立場の違いなど，じつにさまざまな「異文化性」が両者の間で成立する可能性もあり，それらの小さな文化差をもった人たち同士のコミュニケーションも「異文化コミュニケーション」としてとらえることができる。従来，「異文化コミュニケーション」といえば，外国人とのコミュニケーションのみを意味すると考えられてきたようだが，それは幅広い異文化コミュニケーション概念の一部でしかない。

その他，異文化コミュニケーションを学ぶ際に留意しておくべきことを2点に絞って指摘しておきたい。その1つ目は，「異文化性」とは必ずしもカテゴリーに付随して生じるものではないことである。例えば，外見が外国人で，外国籍であったとしても日本育ちで日本語しか話せない人や，男性でもどちらかといえば女性モードの話し方やコミュニケーション・スタイルがしっくりくる人もいる。つまり，相手が外国人だからとか異なるジェンダーだからといった理由で無条件に異文化コミュニケーションになるわけではない。むしろ，相手と話をしたり，一緒に遊んだりしているなかで何かおかしいな，とか何か相手が自分とは異なる解釈をしているなと感じるようなときに「異文化コミュニケーション」になっていると考えるべきであろう。ただ，実際はお互いに「異文化」であることに気づかず，「感じが悪い人だ」とか「常識がない」などと，自文化や自分の基準で相手を評価してしまうという問題もよく起こるので，常に自分以外の人との間には何らかの「異文化性」が存在している，つまり異文化コミュニケーションになっているかもしれないと思って臨むことが必要かもしれない。

　2つ目の留意点として，異文化コミュニケーションが起こる際には，コミュニケーションに関わる人々とその人が存在する社会・文化的環境ないしコンテキストによって生じるパワーの不均衡が常に存在していることが挙げられる。例えば，日本人と韓国人の国際結婚カップルの場合，2人が日本に暮らす際には，言語や習慣などすべてが慣れ親しんだ環境にある日本人が有利になるし，逆に2人が韓国で暮らす場合は韓国人が有利になる。これは，ちょうどサッカーなどの国際大会で，「ホーム」か「アウェー」かという試合場所のコンテキストが結果に大きな影響を与えることとよく似ているといえよう。

このように，異文化コミュニケーションの場では，それが行われているコンテキストや使用言語によって，パワー（権力あるいは権威など）の不均衡が生まれ，そのパワーの不均衡そのものが「異文化」の正体となっていることも多い。言い換えれば，少数派と多数派の人とがコミュニケーションに従事した際，お互いがもつパワーの不均衡から「異文化コミュニケーション」が生まれるともいえよう。また，このパワーの問題を複雑にしているのが，力をもつ側が力をもたない側を偏見や差別の対象とする傾向の存在であり，さらに，力をもたない側は自分たちの力を奪う人々を憎悪や憎しみの対象とするという負の連鎖が生まれ続けていることである。実際，世界中で生起しているパワーの偏在が，テロや戦争といった大きな社会問題の元凶になっており，これらのパワー不均衡の解決策が待たれるところである。

4　重要キーワード

　異文化コミュニケーションを学ぶにあたって，読者には第2章から第10章までの各章で解説され，論じられる内容をしっかり理解してほしいのだが，その際，それらの内容をより具体的にかつ実践的に把握するうえで，必須であると思われる3つの重要キーワードについて簡潔に説明しておきたい。

4-1　自民族（文化）中心主義
　「**自民族（文化）中心主義**」は，自分の属する民族（文化）の価値を基準に，他の文化を判断，評価する考え方であり，多くの場合，自分の所属する文化が他よりも優れていると思う傾向も付随する。

じつは，自民族（文化）中心主義には，軽いものから重いものまでさまざまあり，どんなに自分は違うと思っていてもたいていの人は大なり小なり自民族（文化）中心主義的な発想にとらわれている。例えば，外国旅行などでアジアの他国の人と間違われた場合，ムッとしたり，すぐ「日本人です」と否定したくなるような場合は，軽い自民族（文化）中心主義の罠にはまっているといえるだろう。一方，韓国・朝鮮で創氏改名や日本語使用を強制した旧日本軍の政策や，世界各地に民主主義を広めるためには戦争もいとわないアメリカの政策はある意味で極端な自民族（文化）中心主義の例ともいえよう。

現在，世界の至るところで，紛争や対立が起きているが，それらはすべて広い意味での自民族（文化）中心主義的発想が契機となって起きた文化摩擦という側面がある。もちろん，そのような文化摩擦には政治や経済，社会，宗教，民族，言語その他の要因が複合的に絡み合っているのだが，歴史的に振り返ってみても，最も大きな要因は，人々が他グループや異文化を見下したり，支配しようとするような自民族（文化）中心主義的思考ではないかと思われる。今日のグローバル社会に生きるわれわれに真に求められているのは，世界中の人々がみな，ともすれば自民族（文化）中心主義的な考えに陥りやすく，自民族（文化）中心主義の落とし穴は思わぬところに待ち構えているという現実を理解したうえで，理性を働かせ，その誘惑に打ち勝つ努力をし続けることであろう。

4-2 文化相対主義

「**文化相対主義**」は，世界中の文化はそれぞれに存在価値が内在しているために文化間の差異に優劣はつけられないとする考え方である。簡単にいえば，どのような文化にもそれぞれ存在価値があり，「進んだ」「遅れた」または，「優れた」「劣った」などといった価値

判断をつけるのは間違っているという主張である。文化の価値をお互いに認め合うというこの考え方が世界中に広がれば，世界中の国々や文化が，優劣を競い合うこともなく，平和的に共存，交流することが可能となろう。

　しかし，現実的には日本を例にとってみても，欧米文化を「カッコよく」思う反面，その他の地域文化は見下すなど，文化に序列や優劣をもち込む考えがはびこっている。テレビ番組を見ても，パリ，ローマ，ニューヨークといった町なら「一度は住んでみたい」「素敵でおしゃれな街角」などといった言葉で表現されるが，同じ言葉がアフリカや東南アジアの普通の町に対して使われることはまずないであろう。このように，現実社会は文化相対主義とはかけ離れた状態であり，理想郷のような平和な世界は夢のまた夢といったところである。

　ところが，この理想的とも思われる文化相対主義的考えにも欠点がある。例えば，中東，アフリカ地域に多いテロ活動，アフリカをはじめとして一部地域で行われている女性の性器切除の習慣や発展途上国での女児・女性に対する殺人，虐待，レイプの問題，さらにはアメリカでいっこうに進まない銃規制など，「文化」であるため無条件に価値判断を免れるとはいい切れない問題が山積しているからである。このような問題に対しては，「文化」という判断基準を超え，人類社会に普遍的な価値観や倫理観に基づいた新しい価値基準のようなものを創り出し対処する必要があるが，まだまだそのような試みさえ始まっていない。現実社会はわれわれの対処能力をはるかに超えた速度で悪化への道を進んでおり，一刻も早い問題解決が待たれよう。

4-3 多文化主義

「**多文化主義**」とは国家・社会内の移民，異なる民族・人種，先住民など，多様な文化を背景とする人々すべてが，偏見や差別を受けず，主流社会の人々と同等の権利を有し社会に参画し，それぞれの文化が互いに尊重されることを規範とする考え方であり，1970年代頃から，同化主義を否定する政策として，カナダやオーストラリア，アメリカなどで取り上げられるようになったものである。多文化主義の背景には，おのおのの文化に対等な価値があるとする文化相対主義があり，多文化主義の信奉者たちは，文化は継承される部分をもちつつ，社会状況によって変容していくものであるため，人々は多様性を保持しつつも，社会の統合を目指していくことが可能と考えているという。ただし，現実的には，少数派の人々に対する社会的価値や人権よりも，経済的効率性が重要視されるといった問題や，新旧の移民など社会的弱者間のコンフリクトなど，本当の意味での多文化主義が社会全体に根づくのはけっして容易ではないことが明らかである（松田，2013）。

▶終わりに

本章では，「文化」と「コミュニケーション」はともに動的で常に変化し続ける概念であり，また「異文化」や「異文化性」は男性や女性，外国人といったカテゴリーに付属した静的な概念でもないことを指摘した。また，コミュニケーションは真空状態で起きるわけではなく，いつでも自分と相手が向き合っているその場所や社会的状況，歴史などさまざまな要因が複合的に影響を与えているため，その原因や要因の分析には困難が伴うことも説明した。これらの重要ポイントを頭の隅に置きながら，次章からの学習に臨んでもらいたい。

●——石井 敏・久米昭元

コラム① 異宗教間コミュニケーション

　20世紀前半が世界戦争の半世紀であり，後半は国際的経済成長の半世紀であったとするならば，21世紀前半は世界各地で多発を続ける異宗教間対立・紛争の問題を解決ないし改善を目指す異宗教間コミュニケーション研究・教育の半世紀とする必要があろう。

　神・仏・霊魂等の超自然的な存在を崇拝・信奉する宗教は，人間の精神文化（人生観，自然観，世界観等）とそれに基づく行動規範の根源的な基層部分を形成する。超自然的な絶対者を無二・至高の存在として崇拝・信奉する人たちにとっては，他の超自然的存在を崇拝・信奉する宗教はたんなる邪教にすぎず，差別や軽蔑の対象にせざるをえなくなる。

　異宗教に対するこの種の偏見・差別観や軽蔑意識が，政治・経済的利害関係や民族意識と結びつくと，異宗教間対立・紛争やテロ事件に発展する。西欧のローマ・カトリック教徒が，イスラム支配の聖地エルサレムの奪回を主目的として，イスラムに対して11世紀末から13世紀中葉まで合計8回にわたって試みた大規模な十字軍遠征は，異宗教間対立と行動の枠を超え，大量虐殺や宝物の略奪暴動にまで発展した。これらの十字軍遠征に対するイスラム教徒の反感と敵対心に加え，キリスト教国アメリカ主導の政教分離主義に反意を主張する政教一体主義のイスラム圏の宗教イデオロギーが，現代の反キリスト教運動やテロ活動の根底にあることはしばしば指摘されている。

　実際，現代世界におけるキリスト教文化圏とイスラム文化圏の対立・紛争は，国際的事件として顕在化し，各地で勃発を続け，キリスト教徒に対する過激派イスラム教徒の暴動とテロ事件には収束の兆しが見えない。しかし，元来，愛・慈悲，幸福，救済を約束すべき宗教のうちでも，ユダヤ教に起源し，キリスト教に継承され，イスラムに至った唯一絶対神を崇拝・信奉する一神教の視点からは，三者はいわば親と子と孫の関係にあるはずである。にもかかわらず，これら三宗教の間で対立・紛争や戦争が現代まで長年続き，解決の糸口さえ見出せないという事実は，とくにわれわれ異文化コミュニケーション研究・教育関係者にとって，無視・看過でき

ない重大な問題・課題である。

　キリスト教徒が人口の1%（100万人）程度を占めるにすぎない日本社会において，数千万人の人々が商業化されたクリスマスを祝い，ゴスペル・ソングを歌う社会・文化的現象に批判的関心をもつだけでも，重要な異宗教問題・課題に向き合う契機となろう。さらに，権力争いを除けば，宗教上の対立が比較的少なく，伝統的な多神教とりわけ神仏習合に代表される寛容な宗教思想をもつ日本人ならではの観点から研究を進めれば，この複雑に絡み合った問題の解決に向けての新たな視点の提供が可能かもしれない。ほぼ手つかずともいえるこの分野に進む日本人研究者が現れ，何らかの貢献をすることが切に望まれる。

●──石井　敏

第 2 章
自己とアイデンティティ

ジェンダーフリーを推し進めるスウェーデンで作成されたおもちゃカタログの1ページ（Toys"R"Usのカタログより）

　「自己」って何だろう。自分とはどんな特徴をもっていて，自分にとって大切なものや，自分がよりどころとしているものとは何だろう。異文化コミュニケーションについて具体的に学んでいく前に，本章ではまずコミュニケーションの基軸となる「自己」について考えてみよう。そのうえで，アイデンティティのいろいろな姿について話を進め，「自己像」や「アイデンティティ」が他者とのコミュニケーションや自分のまわりに空気のように漂っている「文化」，そして自分が存在している「社会」にも多大な影響を受けていること

とを理解してもらいたい。

1 自分を映す鏡としての自己像

1-1 自己とは何か

「あなたは誰ですか。どんな人ですか」。見知らぬ人に，もしこんな質問をされたら，どんな答えになるだろうか。また，「自分の特徴について，できるだけたくさん挙げてみてください」といわれたらどのくらい多くの特徴が書けるだろうか。就職活動を経験したことがある，もしくはいまから始めようとしている人にはこの質問に答えることが意外と難しいことは身にしみていることだろう。

自分のことは自分が一番よく知っているはずで，そのよく知っている自分のことを説明するのだから，至極簡単なはずだ。ところが，毎年同じ質問を学生たちにしているが，多くの学生は5, 6個も出せば後は答えに詰まって考え込んでしまう。「よく考えてみたら，それまであまり自分について意識したことがなかった。人に説明するようなことでもないし……」ということのようだ。

では，なぜこんなに自分のことは語りにくいのだろうか。日本で学生生活を過ごすと，他の人との違いを強く意識し，自分の独自性や特性について誇りに思うといった自尊心を促すような教育はあまり受けないが，そのことが大きな要因ではないだろうか。もし，小さな頃から，「自分に誇りをもちなさい」と言われたり，「あなたが他の人より誇りに思えるところはどこ？」と説明を求められ続けたなら，きっと先ほどの質問の答えは違っていたことだろう。つまり，自分の性格や能力，身体的特徴など自己概念のもととなる性質は変わらないとしても，それらをどのように評価し，どの程度意識し表

現するかといった自己概念の把握や表出に関しては，まわりの環境，すなわち文化的慣習の影響も受けているといえる。

1-2 自己概念と文化フィルター

ここでは，自己概念についてさらに深く掘り下げて考えてみたい。まず，自己概念とは，「自分を対象として把握した概念であり，自分の性格や能力，身体的特徴などに関する，比較的永続した自分の考え」と定義される。つまり，簡単にいえば自己イメージと言い換えることもできる。

ではこの自己概念は，どのようにしていまある姿になったのだろうか。一般的には，他者の評価と社会的比較の2つが最も大きな要因とされている。例えば，「優しいけど気が弱くておとなしいと言われる。勉強は人並み程度かな……，でも理系の科目は苦手だ。背が低いのがずっとコンプレックスだったけど，最近職場ではイケメンと呼ばれている。保育士として子どもたちにも，お母さんたちにもモテモテだ。総合的に評価すると，なかなかイケテルと思うよ……」という自己概念をもった人を例にとって考えてみよう。なぜ彼はこんな自己イメージをもっているかといえば，例えば，学生時代からいまに至るまで「顔がかっこいい」とよく言われたとか，さらには親から「優しいけど，気が弱いのよね」「おとなしすぎて困る」などと言われ続けている，「これで背が高かったら，完璧なのにね」と同級生に言われた，など，他者からの評価を受けて，それを鵜呑みにしているということが第1に考えられる。また，人並み程度に勉強ができた，背が低いなど，他の人との比較をもとに判断していることもわかる。

ここで，もう一歩踏み込んで，保育士のイメージについて考えてみよう。昨今では，保育士だけでなく看護師など以前は女性の仕事

として認知されていたものが，男性へと門戸を広げつつあるため，男性で保育士といっても別におかしなことでもないと考える人も多いだろう。しかし，この男性がもし，50年前に存在していたとすると女性の仕事をしている変な人という評価を受けたのではないだろうか。実際，保育士のように，ある行動や人々に対する評価の基準は時代によってけっこう変化している。先ほど出てきた「イケメン」という言葉も比較的最近使われるようになった言葉だ。テレビを始めとするマスコミが一斉に「男性も容姿が大切」だというメッセージを伝え始めたと思ったら，またたく間に男性向きのさまざまな美容グッズや，ファッション誌が売られるようになり，最近では，男性向きのエステに通ったり，美しくなるために脱毛にいそしむ人まで現れているようだ。それこそ，50年前の日本では考えられなかった変化だろう。

　このように考えてみると，自己概念とはある社会でそのときによしとされる恣意的な基準をもとに判断される大変あやふやなものであることがわかる。例えば，「空気を読むべき」「謙虚でいるべき」「気が利く方がよい」など，社会的な行動に対してもいろいろな基準が存在しているが，それに合致した行動をとるのが苦手なら，「空気が読めない」「あつかましいやつだ」などといわれ，自己評価も下がることになる。このように容姿に関する基準や，行動の規範など，判断のもととなる基準はけっこう移ろいやすいものであるが，1つの問題は，自己概念は一度形成されてしまうと，比較的変化し難いものであるということである。例えば，「私は何をやってもだめだ」と一度思い込んでしまった人は，うまくいくことが8回で，失敗したのが2回だけだとしても，その2回に着目して，「やっぱり，私はだめなんだ」と納得する。つまり，本当はみずから進んで自己概念に合致した行動にばかり目を向けているだけなのに，本人

はそのことに気づかないということが起こるようだ。これに関連して、自己成就予言を例にとって考えてみたい。

　自己成就予言とは一般に、人の期待が個人に何らかの影響を与えてしまい、期待通りのことが起こってしまうことを指す。この期待には、自分が自分に対して抱くものと、他者からかけられる期待の両方があるが、ここでは、自分の期待を取り上げてみよう。例えば、「自分は男っぽい方だから、女の子らしい洋服は似合わない」と思い込んでいる女性がいたとしよう。彼女は、日々の生活の中でも、その自己像に合った行動をとるだろうし、かわいい服を街で見かけて「いいな」と思ったとしても、「私っぽくないから」と決めつけて諦めてしまう。結果的に、他の人からも「男っぽい」人だと思われているとしても、じつは自分がそう思い込んで自分の行動を縛ってしまっているだけということがわかるだろう。

　このように、自己概念には自己の思い込みという主観による構築物であるという側面があるうえ、一度できあがるとその姿に合わせようと無意識に努力してしまうような傾向もあるため、放っておくとますます強化されるという悪循環ともいえるサイクルが起こってしまう。また、そのイメージをつくる土台となった基準は、いまいる社会が大変恣意的に決めた移ろいやすいものである。つまり、自分が思い込んでいる自分とはただ、日本社会の影響に合わせてできあがっているだけかもしれないし、また別の時代、社会に育ったとしたら、同じ「自分」だったとしてもまったく違ったように感じられるかもしれないのだ。

1-3　自己観と文化

　外国人夫「君の本当にしたいことは何なんだ？　妻とか母とかの君じゃなくて、君自身がしたいことを言ってくれ！」

日本人妻「妻として、母としての私が私なのに、どうしてわ
　　かってくれないの！　妻や母じゃない私は、私じゃないの
　　に！」
　この2人の夫婦のように、異文化結婚をした2人の間には「自己」を巡るとらえ方の違いがもとでけんかになることもあるようだ。
　前項において、自己概念は社会的な慣習や価値観などによっても影響を受けていることを説明したが、ここでは、マーカスとキタヤマ（Markus & Kitayama, 1991）による自己観の分析を紹介しつつ、文化と自己の関わりについてさらに考えを深め、上の例のようなけんかがどうして起こるのかについても考えてみたい。マーカスらによると、自己をどのような存在ととらえるかについては、その個人が身を置いている文化の影響が大きいという。例えば、一般に西洋社会においては、個人は他者とは明確に区別された存在としてとらえられており、そのため自分独自の特徴を表現したり、自分の目標を追求し実現することが個人にとっての重要課題となる。一方、日本を始めとする東洋の社会では個人は他者と根源的に結びついたものであるととらえられているため、状況を適切に読み取り、その場に自分を合わせるように調整し、自分の分を越えずにきっちり守ることが重要な課題となるという。
　彼らの主張はあくまで仮説であるため、実証研究からは仮説を支持しないような結果も出ているようだが、この仮説が示唆するものは大きいといえる。例えば、実際、日本の若者たちを対象とした調査によると「場面によって出てくる自分は違うと感じるか」という質問に対して肯定的に答える者が多数派となっていた一方、自己の一貫性をよしと考える傾向がある西洋社会では、同じ質問に同意するものはそんなに多くないようだ（『朝日新聞』2003年5月7日夕刊；田島，2013）。とはいえ、西洋の人が相手や場面によって態度を変え

ないわけではなく、これはあくまで、どんな自分だと信じているかといった主観的な自己観を聞いているだけなので、注意が必要だ。つまり、ここでわかることは、同じ行動が日本ではお墨つきの文化的行動であり、西洋では避けるべき行動ととらえられているという違いがあることだ。

たしかに、日本では会話の相手が年上か、年下かといった事柄に始まり、相手との親しさの度合いやその場の雰囲気、その場の自分の役割など自分と会話相手を取り囲むさまざまな要因を瞬時に判断し、それによって言葉遣いから、遠慮を始めとする親疎の表出などに至るまであらゆるコミュニケーション行動をうまく変化させることがよしとされ、反対にそれができないと「しつけがなってない」「態度が悪い」「口のきき方も知らない」と直接的、間接的に非難される。また、近年盛んに使われるようになった「空気を読む」という言葉からも、まわりの雰囲気や周囲の人が求めているものを察してそれに合わせることがよしとされていることがわかる。つまり、日本では、親からのしつけを始め、保育園・幼稚園から小中学校などの教育機関に至るまで人格形成期にはうるさいほど、周囲との関係性や、その関係性の中で期待されている役割を意識するよう仕向けられているといえよう。

一方、自己とは他者と切り離されたものと考えている人が多数派であるとされる西洋社会では、小さな頃から他者と違った個性を発揮するように求められることが多いようだ。しつけや、学校教育などあらゆる場面で、他者と同じであったり、多数の中に埋没するようでは能がないといわんばかりのメッセージが浴びせられる。そのうえ、自分が何者であるのか、どんな存在かといった問いかけ("Who do you think you are?")がメディアや教育などを通してそれこそ何千回と繰り返されたとしたら、最初に紹介した夫婦のすれ違い

の原因も自己観に対する思い込みの違いからきていることがわかるだろう。西洋的な自己観をもっている夫には，妻や母といった役割に関係しない，根源的な個人や個人の考えといったものが存在しているはずだといった思い込みがあり，小さいときから役割としての自分を強く意識しながら育ってきた妻には夫の要求が自分を理解していないことの証左のように映ったに違いない。つまり，この2人のすれ違いの原因の一端は，自己観の違いであるととらえることができよう。

2 社会・文化的アイデンティティ

2-1 社会・文化的アイデンティティの特徴

前節では，自己概念を中心にしながら，文化と自己の関連について理解を深めた。本節では，**社会・文化的アイデンティティ**という概念を取り上げ，個人が文化の中で自己を構築するという意味についてさらに深く考えたい。

まず，アイデンティティとは，もともとは心理学者のエリクソンによって提示された概念であり，一般的には自分について「一貫した，同一性を与えるもの」という意味から「自己同一性」と訳されている。エリクソンの考案したアイデンティティ概念とは，他者との関連なしに存在するとした西洋的自己観をもとにつくられたものであり，個人のもつアイデンティティは1つに集約されるとしたとらえ方をされていた（Erikson, 1950）。

一方，近年の文化研究の流れでは，個人は複数のアイデンティティの総体とした見方が主流となっており，例えば前節で紹介した「自己概念」は，個人がもつさまざまなアイデンティティを寄せ集

めた総体と表現することもできよう。つまり、自己イメージの総体としての自己概念は1つであるが、個人はさまざまなアイデンティティを所有しており、その中でもとくに重要なものが、自分が特定集団に所属しているという帰属意識をもとに得られた社会・文化的アイデンティティということになる。その集団とは、例えば、国家、文化、民族・人種、宗教、階級、地域、年代、ジェンダーなどであるが、どの帰属意識が強く意識され、個人の「私観(わたくしかん)」に大きな影響を与えるかについては、その時々の社会的状況や、多数派に所属しているのか、少数派なのかといった個人の文化内での立ち位置、社会的地位、生育歴、個性などさまざまな要因によって影響を受けるため、非常に複雑である。

　次に、このアイデンティティをさらに深く理解するために、アイデンティティの特徴についてまとめておきたい。まず、アイデンティティは、けっして固定的なものではなく、新しい経験やめまぐるしく動く社会の中にあって、絶えず動的に構築され続けるものであることである。例えば、小学生、中学生、高校生、大学生、社会人、中年期、老年期と経年によってさまざまに変化するのが一般的であり、さらに時々の個人の社会的成功や承認の度合い、そしてそこから得られる自己肯定感の程度といった後天的な状況によっても大きな影響を受け、揺れ動くことになる。さらに、会社は倒産することもあるし、いくら立派な会社でもいつかは定年退職の日がやってくるように、社会的な成功や承認などは永続するものではない。また、海外生活や、離婚、近しい人との別れなど、それまで築いてきた「私観」を根底からゆさぶるような大きなショックや環境の変化によってもアイデンティティは変更を余儀なくされる。つまり、アイデンティティは、さまざまな経験を経て、コンピュータのソフトウエア同様、常に「書き換え」がなされているものといえる。

次の特徴としては，アイデンティティが社会の影響を強く受けていることである。例えば，「女性」や「男性」はどうあるべきかといったジェンダーをもとにした規範は時代によって変化するし，ある宗教や，民族グループのイメージや，「おネエ」「オタク」「フリーター」のように新しく名づけられ登場したグループに対するイメージなども変化する。さらに，それらのイメージ変化に伴って，社会における彼らの位置づけそのものが変化している例も数多くある。つまり，これらの例からわかることは，さまざまな社会的アイデンティティの意味合いを決める社会規範はめまぐるしく変化し，それに伴い，あるアイデンティティに付与されるイメージや「力」も変化し続けているということである。

2-2 社会・文化的アイデンティティの諸相

次に，社会・文化的アイデンティティとは具体的にどのようなものがあるのか，代表的なものを取り上げ，検討してみたい。

[1] ジェンダー・アイデンティティ

ジェンダーとは，生殖器や染色体などから判断される「性別」とは異なる概念であり，性別をもとにして社会的に定義された「らしさ」である。つまり，**ジェンダー・アイデンティティ**をもつとは，社会が決めた「男らしさ」「女らしさ」を知らず知らずのうちに取り入れ，男女別に取り決められたいわば，「言動べからず集」のようなものを手本にしながら生きていくことを意味する。もちろん，どの程度「女性・男性らしく」振る舞うのか，つまり自分に割り当てられたジェンダー・アイデンティティをどの程度大切にし，忠実に実践するのかについては，個人の裁量であるため，ものすごく女性（男性）らしい女性（男性）もいれば，まったく女性（男性）らし

くない女性(男性)もいるだろう。

しかし,ほとんどの社会には「女性(男性)ならこうすることが望ましい」といった思い込みが存在しており,小さな子どもの頃からその違いにさらされていることもまた事実である。例えば,多くの子どもたちは幼稚園や保育園に入る頃にはすでに自分が「男か女か」がしっかり区別できているという。親も,女の子であればピンクや水色などのパステルカラーが中心になったかわいらしい洋服を着せようとするし,あてがうおもちゃも,ママゴトのようなごっこ遊びに使う人形やぬいぐるみが中心となる。一方,男の子であれば,青や緑などの男の子らしいはっきりした色遣いの服が選ばれることが多いだろうし,おもちゃもミニカーや戦隊もののヒーローごっこに使えるような「男の子用」のものが与えられる。その後も,女の子用,男の子用と洋服から漫画,雑誌に至るまで異なった基準でつくられたものに触れ続けた結果,「男は外で働いて妻子を養うべし」とか,「女は女らしく家庭的な方がよい」などと思い込むことになる。

例えば,「『理想的な人生』または『理想の私』をそれぞれ200字以内で表現してください」と言われたら,どのような人生や私を思い描くだろうか。そして,「自分と異なった性だった場合のバージョンもつくってみよう」と言われたら,最初に書いた「人生」や「私」とどのくらい違ったものになるだろうか。多くの読者は「私」が男性の場合と女性の場合でかなり異なった役割や外見を理想としたのではないだろうか。このエクササイズからわかるように,「男性」または「女性」として育てられたこと,つまりジェンダー観は個人に多大なる影響を与えているといえる。

このように,男女は異なったジェンダー観によって規定されながらそれぞれの人生を歩んでいくが,問題を複雑にしているのは,男

性と女性は異なったコミュニケーション・スタイルを規範としているところが多いことだ。例えば、会話1つをとっても、女性らしいモードの人は人間関係の維持や気持ちの共有をその目的と考える一方、男性らしいモードの人は、自分の優位性を確立したり、何かを成し遂げることを目的とするといわれている。つまり、非常に「女らしい人」はとにかく一緒におしゃべりを楽しむことが大切で、「男らしい人」は、何の意味もない（と思われる）方向性の見えないおしゃべりにいらいらするといったすれ違いが生じることもあるようだ。このような場合、お互いに会話の目標が異なる、つまり、「異文化コミュニケーション」となっているということに気づくことが大切だ。

[2] その他の社会・文化的アイデンティティ

ジェンダー以外にも社会・文化的アイデンティティには、国家、宗教、階級、地域、年代などさまざまなものがある。ここでは、それらのアイデンティティを巡る問題を中心に取り上げつつ、自分と異なるアイデンティティをもつ他者との関わりにおける注意点を考えたい。

まず最初に、**国民アイデンティティ**について考えてみよう。例えば、日本で育った日本人にとって日本人アイデンティティとは、オリンピックやワールドカップのような国際大会以外ではとくに意識することもない空気のような存在ではないだろうか。しかし、日系アメリカ人の異文化コミュニケーション研究者であるナカヤマやマツモトは共に、幼少期から「本当の出身地はどこ？」と幾度となく聞かれ続けた経験について語っているが、アジア系のマイノリティとして多文化社会に育った彼らには、アメリカ人アイデンティティは自動的に与えられるものではなく、自分がそれをもつことを認め

ない相手から努力して「勝ち取る」，もしくは「みずから構築する」ものだという認識であるようだ。つまり，国民アイデンティティのとらえ方や重要度は，個人のその社会での位置づけによっても大きく違ってくることがわかる。

次に，宗教アイデンティティについて考えてみよう。日本は仏教徒といっても仏教の教えを深く理解している人がごくわずかなことに代表されるように，比較的緩やかな宗教観しかもち合わせておらず，他人の宗教アイデンティティの重要性が理解できない人が多いことが問題として挙げられる。つまり，日本では宗教を軽視する人が多数派となっており，何らかの宗教を熱心に信奉している人たちはときにはその権利が奪われたり，ステレオタイプの標的となるといったことも起きている。例えば，イスラム教徒に無理にお酒を飲ませようとしたり，お祈りの時間を認めず，「後でまとめてやればよい」と気楽に言ってしまうような「無自覚な自文化中心主義者」が多いようだ。

また，バブル崩壊後，「一億総中流」という言葉はあまり使われなくなったが，それでも日本は人々の間の階級差が比較的少ない国である。それゆえ，階級間に横たわる問題には無自覚な人が多いようだが，世界的には社会の中での経済格差とそれをもとにして歴然と存在する「権力格差」は大きな問題となっており，階級間のコミュニケーションは「異文化コミュニケーション」としてとらえられていることを覚えておいてほしい。さらに，地域間も「異文化コミュニケーション」となっていることもある。例えば，筆者の住む北海道では「札幌」が中心で，札幌以外はどうやら「田舎」ととらえるなど，札幌在住の人たちには，都会人としてのちょっとしたエリート意識のようなものが存在しているようだ。この話を読んで「どっちも田舎なのに……」，と不思議に思った人は自分も居住地域

2 社会・文化的アイデンティティ

や出身地域に何か意味づけをして人を見下したり、うらやましく思ったりしていないか考えてみてほしい。

3 多文化社会と多面的アイデンティティ

3-1 アイデンティティの形成

　人間はみな、さまざまな社会・文化的アイデンティティをもった複雑な存在であることは上に述べた通りであるが、この複雑さを増幅させているのが、さまざまなアイデンティティそのものが、じつは、社会の中で平等な扱いを受けておらず、主流派または多数派のアイデンティティにはさまざまな力が付与される一方、少数派のアイデンティティは、さまざまなステレオタイプにさらされ、力を奪われているという問題の存在である。

　例えば、現在では多くの社会で異性愛者が多数派となっており、同性愛者というアイデンティティは偏見や否定的ステレオタイプの対象となることを意味するばかりか、実際の社会生活の中で就職を始めさまざまな差別を受けたり、ヘイトクライム（憎悪犯罪：hate crime）の犠牲者となり生命を脅かされるようなところまである。同性愛者たちが異口同音に、自身の性的指向に向き合う際に遭遇する最初の難関が、まず自身が同性愛者であると認めること、すなわち同性愛者アイデンティティを受容することであるというのも、うなずける話であろう。つまり、社会の中には、男性は女性に、女性は男性にひかれるのがあたりまえであって、同性を好きになることはおかしなことだとか、普通じゃないことだという無言の了解のようなものが存在しているため、同性愛者アイデンティティの獲得は、社会からの冷たい視線や、少数派として被るであろうさまざまな不

利益に立ち向かう必要性も意味しているからだ。

3-2 少数派・主流派のアイデンティティ発達モデル

このように，社会的アイデンティティの構築にはそのアイデンティティの社会における立ち位置，つまりアイデンティティが主流派で力をもったものであるのか否かという問題と深く関連している。このことをさらに深く理解するため，以下ではマーティンとナカヤマ（Martin & Nakayama, 2011）のまとめをもとに，アイデンティティの発展段階が少数派，主流派でいかに異なったものになるのか検討してみよう。

[1] 少数派の文化的アイデンティティ発達モデル

まず，少数派と主流派を比較していえることは，少数派に所属する者の方が，主流派に所属する者よりずっと早くからみずからの属性をもとにしたアイデンティティに気づくことであろう。例えば，日本では国際カップルを両親にもつ子どもたちや外国人の子弟など，外見が他の子どもたちと異なっている場合，その多くは物心つくかつかないかのきわめて早い時期にみずからの異質性に気づき，そのことでさまざまな葛藤を経験しながら成長するようだが，その一方で主流派の子どもたちはみずからの国籍や文化的アイデンティティなどを意識することなく成長するのが一般的だろう。

では，少数派の人々の文化的アイデンティティはどのように発達するのだろうか。4つの段階に分けられるとした発達モデルによると，最初の段階は，無自覚なアイデンティティ（unexamined identity）である。この状態にいる人たちは，そもそも自身のアイデンティティに対する意識レベルが低く，よく考えずにただ何となく主流派に憧れを抱いたり，自分の所属グループを恥ずかしく感じたり

することさえもあるという。例えば、同性愛者の場合なら、自身の性的指向が人と違うことに何となく気づいたものの、それを受け入れることもできずとりあえず異性愛者のふりをしたり、まわりに合わせて同性愛者の悪口を言ったりしているような状態がこの段階にあてはまる。

次の段階は、すり寄り (conformity) と呼ばれている。社会に根づいている少数派の自分たちに対する偏見や差別的なまなざしをより強く感じたり、不平等な社会の構図に対しての理解が深まったりすることを契機に、この段階に進むが、この状態を特徴づけるのは、主流派に対する強い同化願望の存在である。白人の容姿に憧れ、一所懸命にヘアアイロンを使ってちりちりの毛をまっすぐにしようとする黒人の子どもたちや、同性愛者である自分を恥ずかしく感じて、「きっといつか『普通』になれる」と信じ、まわりの生徒に合わせて好きでもない異性とつき合ってみたりすることなどがこの状態の例として挙げられよう。

第3段階は、抵抗と分離 (resistance and separatism) と呼ばれている。この段階では文字通り、主流派の価値観や習慣を否定し、抗うと同時に、自身の所属文化の価値観やそこに所属する人々のみを受け入れるような態度をとるようだ。この段階に至るきっかけは、ひどい差別を受けたり、侮蔑的な言葉をかけられたりといった否定的な体験や、逆に自分と同じように少数派グループに所属している人が自身のアイデンティティに自信をもっている様子を目のあたりにしたことなどであるようだ。アイヌとして生まれたことがコンプレックスとなり、自己否定に苦しんできた青年が、世界先住民族サミットに参加し、みずからの文化的出自を誇りに思い、堂々としている数多くの少数民族の仲間に出会ったことを契機に、アイヌであることを肯定的にとらえ、積極的にアイヌ文化の維持活動に参加す

るようになったことなどがこの段階の例として挙げられよう。

　発達の最終段階であり，理想的な状態と位置づけられているのは，統合（integration）である。この段階に進んだ人は，自身の所属グループに確固とした所属感をもちつつも，同時にジェンダー，民族，宗教，性的指向など，自分とは異質なさまざまな少数派に対しても存在意義を認め，世の中に存在するあらゆる差別や偏見，不正義に対し反対の意思を表明し，それを行動に移すことができるとされている。例えば，第3段階の例として挙げたアイヌの青年の場合，アイヌの利益やアイヌ文化の維持だけを考え，アイヌの人々とばかり交流していれば第3段階となるが，自分が経験したつらい思い出をもとに，同性愛者や，国際児など他の少数派の人々に対してのエンパシー（感情移入または共感；第3章参照）へとつなげ，日本にいまだに残るさまざまな差別問題に取り組んだり，反対の声を上げるようになれば，第4段階に到達したといえよう（Martin & Nakayama, 2011）。

［2］　主流派の文化的アイデンティティ発達モデル

　では，主流派の人々はどのようなアイデンティティの発達過程をたどるのだろうか。ここでは，ハーディマン（Hardiman, 2003）の白人をもとにしたモデルを紹介しつつ考えてみたい。

　まず最初の段階は，少数派と同じで無自覚なアイデンティティ（unexamined identity）である。この段階にとどまっている人は，外見を始め世の中にはさまざまな違いをもつ人たちが存在していることを知ってはいるが，そのことに対してはあまり気に留めておらず，また，自身のアイデンティティについても意識が低い状態のままである。さらに，主流派である自分たちが社会の中で優遇され「力」をもっていることとともに，ジェンダーや性的指向，宗教などさまざまな形で少数派となっている人たちが差別や偏見の対象となり，

3　多文化社会と多面的アイデンティティ

力を奪われているという問題について考えもしない状態である。

第2の段階は，受容 (acceptance) である。この段階は，社会の中に蔓延しているさまざまな偏見や差別的まなざしを意識的・無意識的に取り入れ，不公正な社会の仕組みの維持に対してみずからも加担してしまうような状態を指す。例えば，「外国人や障害者なら，条件の悪い仕事でも我慢すべきだ」と考えたり，「同性愛者は気持ち悪い」とか，「女性は，家で男性のサポートをしていればよい」と公言してはばからず，自分自身の態度や言動が力のない人々の人権を踏みにじっていることに気づかない人や，差別や偏見を目にしても，「社会とはこういうものだ。仕方ないだろう」と諦めの姿勢でいる人たちは，この段階にとどまっていると判断できよう。

次の段階は，レジスタンス (resistance) である。第2段階との大きな違いは主流派である自分たちが社会の不公正なシステムの維持に加担しているという事実を理解していることである。第2段階の人が例えば，「黒人だって頑張ればいい生活ができるのに，頑張らないからダメなんだ」と考えていたとすれば，「黒人だというだけで，何か悪いことをするんじゃないかという疑惑の目で見たり，劣った人だと考えるような人が存在していること自体が問題だ。同じ白人として恥ずかしい」と問題の根源は主流派にあると考える人はこの第3段階に到達したといえる。

次の第4段階は，再定義 (redefinition) である。この段階では，主流派としてのみずからのアイデンティティを文字通り再定義し，肯定的にとらえ直すことが必須となる。例えば，自分たちがもっている特権や力などの存在を無理に否定したりするよりも，世の中に存在している抑圧的な状況や不公正をなくすことに尽力することの方が大切だと考えたり，自分が「男らしさ」を何よりも大切に考えているからといって，同性愛者や女性らしい振る舞いをする男性に

対して差別的なまなざしを向ける必要はまったくないと理解している。つまり、第3段階のように自分の所属グループを恥じることもなく、傲慢で自分より地位が低い人を見下すなど、社会に存在している主流派に対するステレオタイプにも揺るがず、独自の確固としたアイデンティティを獲得した人と定義されている。

　最後の第5段階は、統合 (integration) であるが、この段階は、少数派の発達段階と同じく、アイデンティティの発達における理想的な到達目標とされている。例えば、所属グループのアイデンティティをしっかり維持しながらも、人種、ジェンダー、性的指向などあらゆる少数派の存在を肯定的にとらえ、彼らに対するエンパシーも表明できている状態とされる。

[3]　アイデンティティ発達モデルの注意点

　さて、ここまで少数派と主流派のアイデンティティの発展モデルを見てきたが、これらのモデルはあくまで「到達すべき目標」として提示されたにすぎず、多くの人が一直線にまるで進化モデルのように次の段階に着実に進んでいるというわけではないので注意が必要だ。事実、アメリカやカナダ、オーストラリアなどの多文化社会に住む人たちでも、少数派、主流派ともに最終段階に到達した人はきわめて少なく、もちろん日本でも似たような状態だろう。つまり、主流派として生を受けた場合、少数派の人が被る偏見や差別についての意識がきわめて低くなりがちだし、少数派は自己否定に陥ったり、主流派への怒りを募らせるだけで根本的な問題の解決には向かわず、人種間、宗教間を始めあらゆるところで悪循環が続いているのが現状である。この状態こそが、さまざまな文化背景の人々がともに生活することを難しくしており、このモデルの意義は、このことに気づかせてくれるところにあるといえる。読者には、ぜひこの

モデルに照らし合わせながら,自分のアイデンティティを振り返ってほしい。

また,このモデルには,大きな問題があるという指摘がある。それは,人間は1つのアイデンティティによって支配されているわけではなく,さまざまなアイデンティティが同時にいくつも存在している非常に複雑な生き物であるが,このモデルはさまざまなアイデンティティの中の1つだけを取り上げその発展を語っているという点である。例えば,日本国籍をもち,一流企業に勤めている男性だといっても,同時に「ゲイ」という少数派のアイデンティティをもっている場合もあるだろうし,健常者で主流派の男性として生活してきた人が交通事故にあい,突然「障害者」という少数派のアイデンティティと向き合いながら生活せざるをえないということもあるだろう。「日本人」というたった1つのアイデンティティをもとに自分を理解しようとする人を想像してみればその問題点はすぐわかることであるが,とにかく人間は,さまざまなアイデンティティが重なり合った多面的な存在であり,そのアイデンティティそのものも,さまざまな経験を重ねながら刻々と変化している複雑な存在であることは忘れないでおきたいものだ。

3-3 多文化な人たちのアイデンティティ

ここまで,さまざまな形で自己について考えてきたが,最後に,文化の境界線上にいる人たちと称される,**多文化な人たちのアイデンティティ**(multicultural people)について考えたい。多文化な人たちとは,国際結婚のカップルの間に生まれた子どもたち(日本では,**ハーフ**と呼ばれることが多いが,半分という否定的な意味合いをもつため,本書では2つの文化をあわせもつという意味の**ダブル**を使用する),国際結婚の当事者,幼少期に比較的長い海外生活を経験した**サードカル**

チャー・キッズといわれる人たち、両親の移住先で生まれた子どもたち、さらにはさまざまな理由で海外生活の長い人たちなどのように、自身の中でさまざまな文化が交錯した状態の人たちのことを指す。このような人たちは、基軸となる文化的アイデンティティが複数あるのが特徴といえるが、複数あることで、さまざまな葛藤に遭遇するようだ。では、多文化な人たちのアイデンティティにはどのような特徴があるのだろうか。マーティンとナカヤマ（Martin & Nakayama, 2011）は、上で紹介した主流派と少数派の場合は最初の段階から次の段階へと比較的直線的に進む傾向があるのに対し、多文化な人たちは、「行ったり来たり」の複雑なサイクルをたどると主張している。

まず、最初の段階としては、まわりの人々と自分の差異に気づき、どのグループにも所属できないと悟る状態が挙げられている。例えば、アメリカなどの多文化社会でも、子どもたちは多くの場合同じ人種の子どもたち同士で固まるため、黒人とアジア人の間に生まれた子どもの場合、黒人のグループにも、アジア人のグループにも入れてもらえないことになり、自分のアイデンティティについて考えざるをえない状態となるようである。

次の段階は、1つのアイデンティティを主軸と決め、無理やり所属しようとする状態とされている。上の例で見れば、「黒人」か「アジア人」かどちらか一方のアイデンティティを恣意的に選び取り、選んだグループへの同化を試みるような場合はこの段階となる。

最後は、アイデンティティが2つあって選び取れないでいることは「どちらでもない」や「どこにも所属感がない」「何人でもない」などのように否定的なことではなく、「どちらでもある」や、「どこにいても自分は自分である」、または「自分は地球人」であるというように二重のアイデンティティをもつことや、どのアイデンティ

ティにも収まらない状態を肯定的にとらえ直す状態を指す。

　じつのところ，このような二重アイデンティティの状態はアドラー（Adler, 1976）の主張する**多文化人**（multicultural person）の概念やベネット（Bennet, 1993）の建設的周辺化の概念と重なるところが多い。つまり，どこか1つの文化のみに縛られない状態は，複眼的思考を可能にし，異文化コミュニケーションの場においては「橋渡し」として活躍できる最高の状態であるといえよう。サードカルチャー・キッズやダブルの人たちなど多文化な人たちは，育った国は違えどどこか共通の視点をもっているといわれているが，それは，自文化でも，異文化でもない，中間的な独自の視点，つまり**第三文化**（サードカルチャー）の視点の共有を意味しているのかもしれない。国の枠を超え移動する人々が増え続ける今日，このような「マルチ」なアイデンティティをもち，文化間の仲介のできる人材も同時に増え続けることを期待したい。

●――長谷川典子

コラム②　映画に見る異文化コミュニケーション①──『トランスアメリカ』（原題：*Transamerica*，2005年，アメリカ）

　このロードムービーの主人公は性同一性障害をもつ中年男性で，ホルモン療法などを続けながら名前も「スタンリー」から「ブリー」に改名して，女性としてロサンゼルスで生活していた。そんなブリーにある日，スタンリーと話したいという青年から電話がかかってくる。彼はいまニューヨーク市警の留置所にいるが，母親を亡くしているので，唯一の身寄りは生まれてからまだ一度も会ったことがない父親スタンリーだけだと言う。トビーという名の17歳の青年は，彼の身柄を引き取りにやってきたブリーを教会から派遣された宣教師だと勘違いする。一方半信半疑だったブリーは，トビーの母親と一緒に撮った昔の写真を発見し，自分が本当にトビーの父親であることを知る。これからヒッチハイクでカリフォルニアに行くつもりだと言うトビーの安全に責任を感じたブリーはオンボロの車を購入して，2人で全米横断の旅に出ることになる。

　主演のフェリシティ・ハフマンは，精一杯の努力にもかかわらず声や歩き方など，女性としてどこか「違う」外面と，退屈といえるほどきわめて普通な内面の両面から，ブリーというキャラクターを見事につくり出している。真面目で地味な性格のブリーは服装も古めかしい感じで垢抜けしない。ブリーがもし女性として生まれていれば，誰も気に留めないようなタイプの人物だったであろう。ブリーの念願はまさにそのような平凡な女性として社会に自然に溶け込むことに他ならない。しかし，そんな希望に反して，彼女はどこにいても常に自分の性別について意識することを強いられる。ブリーがアーカンソー州の田舎のレストランでメニューを見ていると，隣のブースにいた少女がブリーをじろじろ見つめて尋ねる。「あなたは男，それとも女？」。ハフマンがユーモアと哀愁を交えながら演じるブリーの姿を見ていると，しだいに性別というアイデンティティの一側面だけにとらわれることなく，1人の人間として自然に彼女に共感できるようになる。

●──桜木俊行

第3章
異文化コミュニケーションの障壁

アメリカの連続テレビドラマ『Heroes』に「日本人役」で登場するマシ・オカ
(© momento mori)

　本章では，異文化の人々とのコミュニケーションにおいて大きな障壁となる「ステレオタイプ」「偏見」「差別」を取り上げ，それらにはどのような特徴があるのか，そしてなぜ生まれてしまうのか，そしてこの3つの障壁を取り除くためにわれわれができることはあるのかについて考えてみたい。本章を通じて，人間の「知覚のパターン」には異文化の他者に対しては大変「辛口」で，自分や自分の所属している内集団には大変「甘口」であるという困った傾向があり，ステレオタイプや偏見に陥ってしまう危険性は誰にでもある

ことを理解し，自分なりにその対処法について考えてもらいたい。

1 障壁の種類

1-1 ステレオタイプ

　例えば，テレビのワイドショーで「明日の特別ゲストは，インド，アメリカ，スウェーデン，ケニアの4カ国からお招きしたみなさんです」と言っていたら，どんな面々を想像するだろうか。「インドから来るなら数学が得意な人かな」とか，「スウェーデンの女性なら，白人でブロンドのきれいな人かな」など，勝手なイメージを抱いたのではないだろうか。また，外国人だけでなく，例えば「大阪のおばちゃん」「血液型がA型の人」「IT関連企業に勤めている人」など国内に住んでいる人々に対しても，さまざまなカテゴリーをもとに一定の意味づけを行っているのではないだろうか。

　このように，現代社会に生きるわれわれは多かれ少なかれさまざまな社会的集団に対して単純化された，画一的なイメージをもっているが，これが一般にステレオタイプといわれるものである。もちろん，大阪に住むすべての中年女性が派手な服装のイメージ通りの人であるはずがないことや，すべてのインド人が数学が得意であるはずがないことはちょっと考えてみたらすぐ気づくことであるが，このステレオタイプは人間に備わった知覚プロセスの一部であるため，なかなかやっかいな代物といえる。

　ここで，まず「知覚」のプロセスについて考えてみたい。われわれのまわりを取り囲む情報はじつに多彩で莫大なものといえる。いま，本書を読んでいる読者を取り囲む環境を考えてみても，温度，湿度，部屋の明るさといった環境要因ばかりでなく，家ならテレビ，

冷蔵庫，時計，換気扇の音に始まり，外を走る車の音や，鳥のさえずり，犬の鳴き声などさまざまな音が聞こえるだろうし，図書館のようにまわりに人がいれば，鼻をすすっていたり，本のページをめくっていたり，ひそひそ声で会話をする人がいたりとさまざまなノイズが耳に入るだろう。しかし，実際，このような自分を取り囲む環境から出される種々の情報をすべて処理できるほど，われわれの情報処理能力は高くないようだ。つまり，脳は情報過多になって「フリーズ」してしまわないように，いわば情報の交通整理をする必要があり，その情報の交通整理にあたるのが，選択的知覚と，カテゴリー化といえる。

選択的知覚とは，情報過多を避けるために個人が無意識に行っている情報の取捨選択のことをいう。例えば，よくいわれるのがわれわれは基本的には自分にとって都合がよい，心地のよい，大切な，信じられ，そして理解のできるもの，つまり，自分の世界観に合う情報だけを無意識に選んで取り込んでいるということである。その意味で例えば事故を目撃したときなど，「自分の目で見た」からといって，それが客観的な真実であるとは限らないということになる。

例えば，「ちょっと怖そうなお兄さん」と「気の弱そうな学生さん」がけんかをしているのを見かけたとすれば，多くの人は当然「怖そうなお兄さん」がいちゃもんをつけたんだろうと思い込んで見てしまう。そう思って見ると，その「構図」に合致した情報ばかりに目が行くことになり，またそのような情報のみが記憶に残ることになる。その結果，最初に手を出したのが「気の弱そうな学生さん」の方だとしても，まわりで見ていた人の目に映った「事実」は，事実と違うということも起こりえる。実際，アメリカで行われたある実験では，「黒人」と「白人」のペアに大勢の学生の前でけんかさせ，後からナイフを最初に出したのは誰かと尋ねたところ，実際

1 障壁の種類　　63

は「白人」だったにもかかわらず「黒人」だったと答えた者がけっこう多かったということなども報告されている。このように，われわれは無意識に見るものと見ないものを決めているため，われわれが「見た」「聞いた」「経験した」ものは，かなり主観的なものであるといえそうである。

次に，情報を取り込んだその次の段階について考えてみよう。われわれは選択の結果取り入れた「一部の」情報を，さらに加工して理解しやすくする作業をしているが，それが「カテゴリー化」である。新しい情報が入ってくるたびにいちいち，「これは何だろう」「これは，どんなことに使うのだろうか」「食べることができるのだろうか」など，考えていたら日が暮れてしまう。至上命題はとにかく，さっさと判断してその情報に対処することである。そこで，登場するのがまず，同じような種類のものでひとまとめにする，つまりカテゴリーによって分けて，同じようなものは同じものとして処理するという作業になる。例えば，「ニャーと鳴きながら道を歩いているふわふわの毛の30 cmくらいの大きさの生き物」を見たとして，それを「猫」というカテゴリーに入れると，その「猫」は自分にとって危害を加えるようなことはないという判断も同時にでき，便利である。しかし，「猫」を見たことがなく，「猫」カテゴリーが自分の中に存在しない場合，実際にその生き物に近づき触れてみるなど，時間をかけて判断する必要が生じ，不便きわまりないことになる。

つまり，情報処理という観点からいえば，カテゴリー化は必然であり，われわれが社会生活をするのに必要な作業であるといえる。しかし，問題は人についてのカテゴリー化に関しては，ステレオタイプがどうしても付随してしまうということである。例えば初対面の人に出会った際には，国，ジェンダー，年齢，経済状態，居住地

域などさまざまなカテゴリーをもとにその人を判断しようとするが,メディアが発達した現代社会においては,どうしてもそのカテゴリーごとに決まりきったイメージがつくられており,それが一度できると延々と維持されるということになる。

例えば,多くのアメリカ人がもつ日本人のイメージは,ハリウッド映画に登場する日本人からきているようであるが,男性なら「丸く,扁平な顔で,出っ歯でめがねをかけて,背が低く,あまり知的ではなく,どちらかというとコミカルな」役どころで,女性なら「ミステリアスで何を考えているかわからないけど,とにかく男性には従順で,オリエンタル・フェロモンをまき散らすフェミニストの敵?」といった役どころが多いのではないだろうか。このようなイメージをもとに,「日本人女性だから,いろいろ尽くしてくれると思っていたのに……。君は日本人らしくないね」などと批判されたら「大きなお世話だ!」と怒りたくなるのではないだろうか。

1-2 偏　　見

次に,障壁の2つ目として偏見について考えてみたい。偏見とは,「非好意的な態度で対象の人々を眺めたり,考えたり,感じたりする傾向」のことをいう。つまり,簡単にいえば,否定的な気持ちで相手に向き合うことである。先ほどのハリウッド映画に登場する日本人のステレオタイプの例をもとに考えれば,このような日本人イメージと,日本人に対しての否定的な感情である偏見とが,独立して存在しているわけではないことがわかるだろう。つまり,社会的なグループに対する偏見とは,一般的には,凝り固まった単純化したイメージであるステレオタイプがもとになってできあがっており,さらに,否定的な感情である偏見があるからこそ,否定的なステレオタイプが消えることがないという悪循環になっていることもわか

るだろう。

　近年では，偏見をもつことはよくないことだという社会的通念が広がったために，あからさまに偏見をもっていることを表現する人は減ったといわれている。しかしながら，表現しないことは，偏見をもっていないこととイコールではなく，その分「隠れた偏見」は人の心にしっかりと根づいており，ふとしたところで表れるといえよう。例えば，多文化社会となっているアメリカであるが，いまだに異人種間でのデートや，結婚などに対しては及び腰の人も多く，また，テレビドラマなどに登場するカップルなども，異人種間の組み合わせは少ないようだ。さらに，例えば，少ないながらも黒人男性と白人女性や，アジア系女性と白人男性のカップルが登場することはあっても，黒人女性と白人男性，アジア系男性と白人女性のカップルはめったにないなど，人々の心の中に，何らかの形で偏見が息づいていることがわかる。

1-3　差　別

　障壁の3つ目の差別とは何だろうか。差別とは，簡単にいえば，相手に対する否定的な気持ちを行動に移したものといえる。つまり，ステレオタイプがイメージで，そのイメージをもとに相手に対して否定的な感情を抱くことが偏見であり，その偏見を行動に移してしまうと，差別となる。

　差別の中で，最も悪名高いのは，**人種差別**（racism）であろう。人種差別といえば，南アフリカで長年行われていたアパルトヘイトや，アメリカでの黒人奴隷の制度などを思い出した読者も多いだろうが，第二次世界大戦でアメリカ在住の日系人が財産を没収され強制的に収容所送りになったことなども，人種差別の例といえる。これらは，すべて過去の例だが，現代の日本に目を向けてみれば，例

えば外国人らしい外見であるというだけで，自転車に乗っていると呼び止められて何回も職務質問にあって「泥棒扱い」される，アパートやマンションなど，なかなか貸してもらえる物件が見つからない，外国人であるということで，安い賃金でこき使われるなど，外国人差別が公然と行われているようである。

　また，人種差別以外にも，年齢によって異なった扱いをされる年齢差別（ageism）問題，男女不平等や，女性蔑視，ジェンダー役割の強制などの性差別（sexism）問題，同性愛者や，トランスジェンダーなど性的指向の少数派に対する差別，さらには，肥満の人に対する偏見（anti-fat prejudice）をもとにした差別の問題など，さまざまな問題が取り上げられ，盛んに研究されている。差別行動と聞くと，「不当な扱いをする」といった程度の比較的軽いものを想像する読者も多いと思うが，実際には，相手に危害を加えたり，ひどいときには死に至らしめるという結果にまでなってしまった事例も枚挙に暇がない。

　例えば，女性に対する差別を見てみると，現在でも女性差別が公然と行われる習慣のあるところでは，持参金が少ないからといった理由で婚家の家族によって焼殺されたり，学校に行って勉強しようとするなど宗教的な教えに逆らったという理由で狙撃されたりするなど，女性として生を受けたことで生命権が脅かされるという問題もある。また，同性愛者だという理由だけで，リンチされたり，ひどい場合には，殺されてしまうという事件は，アメリカを始めとする西欧諸国において頻発している。

　さらに，歴史を振り返ると人種差別に端を発する殺人もしばしば起こっている。例えば，ユダヤ人や同性愛者に対する大虐殺や，近年では，ルワンダでのツチ族に対する大虐殺など（コラム③参照），集団虐殺事件に発展した事例も数多い。これらの問題は現代に生き

るわれわれにとって人ごとではすまされない懸案課題といえよう。

2 偏見・ステレオタイプはなぜ生まれるか

　第1節では，ステレオタイプや偏見，差別という3つの障壁を取り上げて概説した。本節では，これらの障壁がいまだになくならないばかりか，多文化化が進む社会においてますます増加している理由について，さまざまな研究結果をもとにしながら考えてみたい。

2-1　個人のパーソナリティ
　偏見研究の流れを見てみると，まず古典的なものとしては，ユダヤ人の大虐殺などの悲劇を受けて，第二次世界大戦直後から始まった，個人の性質に着目した研究が挙げられる。つまり，当初偏見は個人に根差すものと考えられたため，偏見の強い人に共通の性質を探求しようとしたのである。

　この試みの中で，最も有名なものが権威主義的パーソナリティ研究であろう。権威主義的パーソナリティをもった人とは，自分の所属する集団や権威に対しては盲目的に同調・服従する一方，他集団や弱者に対して敵意をもち服従を求めるといった，弱い自我を守るために他者を攻撃するような人であるとされ，このようなパーソナリティを測定するF尺度（ファシズム傾向尺度）が開発された。実際の研究結果としては，ユダヤ人や黒人といった被差別グループに対する偏見の強さと権威主義的パーソナリティの度合いに相関関係がある，つまり，F尺度の高い人はユダヤ人や黒人に対しての偏見が強いことが証明されたが，社会の偏見や国同士の偏見が急激に強まったり，時代によって変化するといった現実社会の問題に対して

説明力を発揮できず、徐々に下火になっていった。

2-2 カテゴリー化

次に、個人の認知の仕組み、つまりカテゴリー化に着目した一連の研究を見てみたい。これらの研究は、カテゴリー化をすることによって他者や外集団といった区分けが生まれ、この区分けに付随する認知の癖によって、自分と異なる他者や自分の所属しない外集団に対する偏見の「種」が生まれることを証明したものである。

例えば異なるカテゴリー間における差異性、および同一カテゴリー内における類似性の強調をもたらすという**強調効果**（久保田、2001）の存在が指摘されている。これは、つまり、違うカテゴリーに入れた瞬間、実際よりも、差異を大きなものと感じてしまい、逆に、同じカテゴリーに入っている人は、実際よりも共通点が多いと感じてしまうことを意味する。アルバイト先で知り合った人とけっこう親しくしていたのに、じつは自分より年下の高校生だったとか、同じ大学の学生だと思って会話をしていたら、違う大学の人だったと判明したときなど、急にその人との差異を感じたといった経験はないだろうか。また、男性と女性なども異なるカテゴリーに所属していると思うだけで、実際よりも、大きな違いがあると錯覚してしまいわかり合えないなどと思い込んでしまうのもこの強調効果のせいといえよう。

また、類似性の強調については、とくに自分から見て外の集団に属する人が「みな同じ」に見えるという**外集団均質化効果**（唐沢、2001）が有名である。例えば、AKB 48 や SKE 48 など女性アイドルグループのタレントがみんな似ているように見える（ファンの人にはもちろん差異が明白であろうが……）、黒人はみな似ているように見える（東洋人カテゴリーに属さない人たちからは、東洋人はみな同じに見

えるとよくいわれているが……），大学生には，女子高生たちがみな同じように見える，など，枚挙に暇がない。

これらの効果をまとめると，自分以外の外の人たちを，さまざまなグループに分けて理解し，そしてそのグループ内での差異は見ず，自分たちとはすごく違うように感じる一方，自分と同じグループだと認知したら，今度は似ている人だと勝手に思い込み，安心するという流れがあるということだ。つまり，外の人に対しては，ステレオタイプを貼りつけて，自分とは異なった人たちだと感じることが普通であることがわかる。

また，ステレオタイプ的認知が維持されることに対しても，さまざまな理由があることが明らかにされている。例えば，アメリカ人，黒人，障害者など，社会的集団に関する情報は，自分の期待感に合致したものの方が記憶に残ることや，少数派に属する人が行ったよくない行動に対しては実際よりも頻繁に起こっていると記憶する幻相関といわれる事象が報告されている（Stephan & Stephan, 2001）。つまり，アメリカ人は陽気だというステレオタイプが一度できてしまえば，暗いアメリカ人と出会った記憶は忘れやすく，一方ステレオタイプ通りの明るく陽気なアメリカ人に会った記憶はしっかり残っていることになる。また，外国人が起こした犯罪のニュースを見れば，外国人は犯罪を起こす怖い人たちだというイメージが簡単にできてしまうこともわかる。

さらに，外集団に属する人の起こしたよくない行動に関しては，まわりの状況よりもその人の性格や態度が原因として認識されやすいという集団対応バイアスが起こることも，人々が外集団の人々に対して否定的なステレオタイプをもち続ける原因の1つと指摘されている（岡，1999）。例えば，自分の中学時代の友人が暴行事件で逮捕されたと聞けば，「何かよほどの理由があったのだろう」と考え

るのに，外国人が同じことをしたと聞けば「やっぱり，怖い人たちだ」とその人たちの性質に原因があると思い込むことなどがよい例である。

これら一連の研究結果から，とにかく人は外国人や，少数派など自分と関係のない外集団に対しては「非常に辛口」になりやすいうえ，ステレオタイプは一度できるとなかなか消えず，人の目を簡単に曇らせてしまう難物であることがわかる。

2-3 脅威

次に，否定的な態度（negative attitude），すなわち否定的な心のあり方である，偏見の生成に関連しているといわれている脅威について紹介したい。例えば，ステファンとステファン（Stephan & Stephan, 2001）によると偏見を生むもととなるのは，人々が外集団の人に対して感じる**脅威**であり，その脅威には，自分の属する内集団が政治的，経済的に脅かされる，もしくは成員の健康，富などが脅かされていると主観的に感じる**現実的脅威**と，外集団と内集団のモラル，価値観，信念，態度などの差異のため，みずからの生活スタイルが脅かされたと感じる**象徴的脅威**，さらには，外集団の人々とつき合うことで，恥をかいたり，否定されたり，ばかにされたりするなど，否定的感情を抱くことになるのではないかという**集団間不安**の3種類が挙げられるという。

例えば，9.11テロの後，アメリカ社会でイスラム教徒に対しての偏見が急激に強くなったのは，彼らによって自分たちの安全が脅かされているととらえるなど，アメリカに住む人々が「現実的脅威」を強く感じるようになったことに端を発しており，また，近年移民の多いヨーロッパの国々で，ヘジャブなど顔を覆うスカーフでの外出を禁止する動きが盛んになったのは，イスラム教徒に対して人々

が「象徴的脅威」を感じていることと無関連とはいえないであろう。また，歴史を振り返ると，基本的にどの国も隣国の住民に対しては偏見が強く，隣国同士は仲が悪いことが多いが，それは，隣り合っているとお互いから感じる脅威もその分強くなるという理由からきていることも理解できよう。

2-4 社会的要因

最後に，研究の視点を「社会」に置いた2つの理論をもとに偏見の流布の要因を考えてみたい。まず最初は，**現実的葛藤理論**といわれるもので，この理論では人々が抱く他者への偏見は，個人の不満や葛藤が原因となっているととらえられている。実際に経済状況と，外国人や少数派に対する偏見の度合いに関連があることが見出されており，例えば，アメリカやヨーロッパなど世界中で実際に，経済状態が悪くなると，移民排斥運動が激しくなったり，少数派に対するヘイトクライムや暴動が増えたりすることが確認されている。不満が強くても，内集団に対してそれをむき出しにすると社会的に疎外されるなどの問題もある一方，関係のない他者，それもみずからにとって「脅威」であると認識されたものを攻撃することに対しては，良心の呵責も感じにくく，不満を抱える人々にとっては最も安易な「ガス抜き」方法となっているのかもしれない。

次に，**社会的アイデンティティ理論**を見てみたい。この理論は，簡単にいえば人間には，自分が所属する集団つまり，内集団を肯定的に知覚する，**内集団びいき**の傾向があることを示している。自分の国や，大学，所属するサークル，会社などが他者からほめられたり，肯定的な評価を受けるとなぜか自分もほめられたような気がして嬉しかったという経験はないだろうか。つまり，人間は誰しも他者より優れているという自尊感情を抱きたいものであり，また，自

分の所属する集団の価値は自分に反映されると感じるため，無意識に人は自分の所属する集団に甘い評価を与えるが，この行為を裏返せば，自分の所属しない集団には評価が「辛口」になる傾向があるということになる。

　ここで，上に挙げた2つの理論をもとに，ユダヤ人に対するジェノサイドが起きたドイツの場合を例にとって考えてみたい。第一次世界大戦敗戦の後，賠償金の支払いなどから経済的に疲弊した当時のドイツでは，失業者が溢れかえっており，多くの庶民にとっては未来に希望がもてないような絶望的な状況であった。そんな中，アーリア人の優性を説き，すべての問題をユダヤ人起源とするかのような扇動的なナチスのスピーチは生活に困窮した一般ドイツ人には熱狂的に迎えられ，あっという間に社会の雰囲気を反ユダヤに変えてしまったという。その後，起こってしまった悲劇については，読者の知る通りであるが，この例も含め現在までに起こってしまったジェノサイドを振り返ってわかることは，人間は簡単に「洗脳」されてしまう生き物であり，さらに社会の中で「偏見の強い流れ」が一度できてしまうと，それがどんなにおかしなものであっても，個人の力で阻止するのは大変難しいという絶望的ともいえるような事実である。

3　偏見の逓減に向けて

3-1　接触仮説

　前節では，偏見やステレオタイプが生起する要因を取り上げ概説したが，本節では研究結果をもとに，それらの逓減方法について考えてみたい。実際，ステレオタイプや偏見の逓減についてはさまざ

まな研究者が懸命に取り組んできた。まず,初期の試みで最も有名なものは,オルポート (Allport, 1954) の提唱した**接触仮説** (intergroup contact theory) をもとにして行われた一連の研究である。この仮説は,ただたんに異文化の他者とコミュニケーションをすれば偏見が逓減されるわけではなく,偏見の逓減につなげるにはさまざまな条件が整っている必要があるとし,それらの条件を探求したものである。現在までに行われた数々の研究からは,協力的依存関係であること,友人となる可能性が生じるような個人的な接触であること,双方の地位・立場が同じであること,社会的・制度的に認められている接触であることの4つが主要な条件であり,またこれらの条件下での接触は偏見の逓減につながると結論づけられている (Pettigrew & Tropp, 2006)。

　これらの研究結果からわかることは,例えば同じ大学の中で一緒のプロジェクトに参加して,個人的な関係へとつながるような出会いは,お互いに対する偏見を逓減させる可能性がある一方,アパルトヘイト時代の南アフリカの黒人と白人のように社会的・制度的に交流が認められていない社会の中での接触は,偏見解消に結びつきにくいことである。また,その他,短時間の触れ合いではあまり効果がないことも確認されており,旅行やパーティでのような短期間の接触だけでは偏見逓減効果はあまり期待できないようだ。

3-2　カテゴリーの変更効果

　接触仮説による研究は,偏見を逓減させる条件は明らかにしたが,なぜ偏見が逓減するのかという問いには理論的に答えていない。そこで,人間が内と外というように人々をカテゴリー分けするという認知のメカニズムをもとにし,異なったグループ間のコミュニケーションにおいて互いのカテゴリー認知の仕方を変化させることが偏

見の逓減につながるとして,その方法についての理論化が進められた(Brewer, 1997)。

その1つは,カテゴリー化をしないという**個人化モデル**である。このモデルは相手を日本人,アメリカ人といったカテゴリーをもとに認識するよりも,花子,ジョンといった個人として認識する方がよりよい関係を結ぶことができるという考えをもとにしているが,このモデルに従って実験を試みた結果,お互いのカテゴリー化があまりなされないような状況をつくり出すことで偏見を減らすことができたという報告がなされている(Bettencourt et al., 1992)。

次に,カテゴリー化を減らすには,内,外の集団の両方を包括するような上位のカテゴリーに注目するような状況,つまり,内,外の両方の集団を「われわれ」と認識するような状況をつくり出せばよいという考えをもとにした,**共通内集団アイデンティティ・モデル**が挙げられる。このモデルをもとに,さまざまな実験が行われ,実験参加者たちが内,外の2つの集団を1つの集団と認識する程度が増加するに従って,以前の「外集団」を肯定的に評価するようになることが明らかにされている(Brewer, 1997)。

この2つの考えと異なったアプローチをとっているのが,**明白な社会的アイデンティティ・モデル**(distinct social identity model)である。このモデルは,異なった集団間での接触が心地よく協力的なものであった場合,その接触を個人間のものよりむしろ,集団間の接触であると見なした場合の方が,相手の集団全体に対しての印象もよくなる,という考えに基づいている(Deschamps & Brown, 1983)。先ほどの例とまったく反対のことをいっているのではといぶかる読者もいるだろうが,例えば,中国人の友人ができた場合を例にとって考えてみよう。個人的な接触であることにのみ注意が払われた場合,「とても親切で賢くて,それでいてユーモア感覚あふれる面白いA

君」という特別なカテゴリーはできても，A君が所属する「中国人」というカテゴリーに付随しているステレオタイプや偏見はそのままということがよくあるようだ。この例のように，目の前の相手が所属する外集団に対するステレオタイプはそのまま維持したうえで，新たにカテゴリーをつくり出して対処しようとする場合には，「A君は，中国人である」ということを強烈に意識するような経験をさせた方が，「中国人全体のイメージ」の修正へと向けた動きへとつながるということを意味している。

3-3 エンパシー効果

最後に，ステレオタイプや偏見の逓減に向けての教育，訓練の分野からエンパシー（empathy；感情移入または共感）効果に注目した研究について紹介しよう。例えば近年では，偏見逓減教育において個人の感情的受容を視野に入れたプログラム開発の重要性が指摘され始めている。つまり，感情レベルでの受容の伴わない学習においては，相手の苦境や置かれた状況について認知的に「理解」はできても，さまざまな情報はたんなる知識として受け取られるのみとなり，心の深層に根差す偏見を逓減するまでの強い効果を生まない。したがって，個人のステレオタイプや偏見を減らすためには，まず，個人の感情レベルでの受容に向けての試みが必要となるという（Hill & Augoustinos, 2001）。

このような感情レベルでの受容に関してとくに近年注目されているのは，エンパシーである。エンパシーとは，「他者の立場に立って物を見，その人の気持ちや感情に情緒的に反応すること」（Eisenberg, 2005）と定義することができるが，このエンパシーは，偏見の逓減と何らかの関連があることが近年の研究結果から示唆されている。例えば，移民や先住民などの少数派に対しての態度と彼

らに対するエンパシーのレベルには負の相関があり，実験参加者に感情移入をするような指示を与えることにより偏見が逓減されるという効果が確認されている。

また，ベイトソンら (Batson et al., 1997) やペティグルー (Pettigrew, 1997) はエンパシーの能力を高めるための方法として，「外集団」と認識するような相手の立場に立ってものを見る (perspective taking) 訓練の有効性を主張している。彼らによると，異文化の相手の視点で物事を見る努力をすることにより，異文化コミュニケーションで最も大切な資質の1つととらえられているエンパシーの能力が高まり，それがひいては，偏見や否定的感情のような認知的障害を克服することへとつながるという。また，異文化間で友情を培うことにより相手の所属する集団全体に対しても感情移入し，ひいてはこの「外集団」への感情移入の体験により，個人の「異文化」に対してのとらえ方に変化が起こり，友人が所属する集団だけでなく「異文化」の人々全体に対しての偏見をも減少させたという研究結果も報告されている (Pettigrew, 1997; Wright et al., 1997)。

3-4 偏見の逓減に向けてわれわれができること

ここまで読み進めてきた読者は，外集団に対するステレオタイプは大変辛口になりがちであるうえに，一度できてしまうとなかなか払拭できず，またステレオタイプは偏見と表裏一体になっており，一歩間違えば，他者を抹殺することもいとわないような負の心を生んでしまう可能性があることも理解できたと思う。ここで，この状況を少しでも改善するために，研究結果をもとにしながらわれわれができることについて考えてみたい。

まず，接触仮説やカテゴリーの変更効果をもとに考えれば，例えば大学，会社，地域などで，文化背景が異なる人々が同じチームに

所属して1つのプロジェクトに取り組んだり，友人関係になりお互い個人として向き合い，関係性を深めることは偏見の逓減につながる可能性があることがわかる。よって，異文化協同プロジェクトや関係構築に向けた歩み寄りがさまざまな教育機関や地域ぐるみの活動の中で増え続けることが望まれよう。一方，接触仮説は，無条件に異文化の他者とのコミュニケーションを増やせばよいという考えは間違いであり，かえって偏見を強める可能性もあることを教えてくれる。当事者になった場合は，これらのモデルを参考にしながら，ぜひ手探りで自分なりの方法を試みてほしい。

　次に，偏見は外集団の人に対して何らかの脅威を感じることから生じることを考えれば，「脅威」を減少させることにつながるような経験をすることが大切であることがわかる。その意味で，ヨーロッパで始まり近年日本でも広がりを見せつつある「リビング・ライブラリー」のように，異文化の他者と直接対話をする機会を与えてくれる活動などが大学だけでなく，小，中，高等学校などの教育現場で，また市町村などの地域コミュニティで日常的なものとして根づく必要があるだろう。

　さらに，個人レベルでできる小さな試みとしては，異文化の友人をつくって，その人との人間関係を通して，違った世界観，価値観があることを直接知ることが望ましいことになろう。また，それ以外では，外国で製作されたものや，自分の知らない世界の人々を主人公にしたドラマや映画などを「感情移入」しながら視聴するのはどうだろうか。実際，筆者が行った韓流ドラマの視聴者を対象とした研究からは，ドラマへのエンパシーと韓国や韓国人に対する偏見の逓減には相関関係があり，「韓国人が大嫌い」と公言していたような人がドラマに感情移入をして何度も視聴した結果，「韓国人は日本人より温かい。口は悪いかもしれないけど，はっきりいえるの

は人間関係が濃いからだ」などととらえるようになり，その結果いままで抱いていた偏見も解消もしくは，大幅に減るという研究者も驚くような劇的な変化さえ起こることがわかった。この例のように極端ではなくても，さまざまな背景の自分の知らない世界に住む人々の立場に立って，その人の気持ちになり新たな視点で世界を見るという経験は，自分の視野を広げかつ，心も柔軟にしてくれ，結果的には異文化の他者と対峙(たいじ)したときに役立つことになるのではないだろうか。

　このように，ときにメディアは偏見の逓減に向けて大きな力を発揮することもあるが，実際は偏見やステレオタイプの流布に貢献してしまっている例の方が多いといえよう。例えば，同性愛者といえば，おネエ系のタレントさんしか思い浮かばない，中国人や韓国人はみな日本が嫌いだ，イスラム教徒は何となく怖い，などと思っている人はメディアの影響を強く受けている可能性が大である。メディアは，限られた時間で不特定多数の人にメッセージを伝える必要があり基本的には単純化しがちであるうえに，テレビや映画などは多くの人に受け入れられる必要もあるため，すでにあるイメージや世界観に合致し，安心して観てもらうことができるような画像を流し続けている。つまり，メディアはステレオタイプの温床となっているといっても過言ではないだろう。さらに，ときに他国民に対する偏見を煽るような報道をするなど，異文化コミュニケーションの阻害要因となっていることもある。つまり，メディアに踊らされ，ステレオタイプに陥ることのないよう批判的な目をもつ「賢い」視聴者となる必要があろう。

　ステレオタイプ的に相手を見てしまうことは人間に備わった認知の癖のようなものであるため，完全にやめることはできないが，大切なことは，自分がステレオタイプで他者を見がちなこと，とくに

3　偏見の逓減に向けて

初対面の外集団の人に対しては，それまでメディアなどを通して培ったステレオタイプを総動員して相手を見ていることに気づくことである。そのことに気づくことができてこそ，目の前の相手との関係構築に向けて歩み出すことができよう。

最後に，覚えておいてほしいことは，偏見やステレオタイプの負の連鎖を止めるためには，もちろん「おかしなことに，おかしいと声を上げる」という個人の勇気が必要であることはいうまでもないが，その勇気より前にまず，「自分が相手の立場だったら」と被差別の立場に思いを馳せて考える「エンパシー力」をもつことが重要だということだ。

世の中は，基本的には主流派と少数派がいるものであるが，問題は主流派の人々は少数派に対して何らかの形で偏見の目を向けてしまう傾向があるがそのことにまったく気づかない，もしくは，主流派の自分たちが少数派に対してまき散らしている負のパワーについて理解できていない人が多いということである。しかしながら，例えば自分がアメリカに日系人として生まれ，小さなときから「白人より劣った人種」という偏見にさらされながら育ったとすれば，そのことが自己概念にどんな影響を与えるか考えてみてほしい（第2章1-2の自己成就予言を参照）。もし，自分が同性愛者だったら，日本で生まれ育ったブラジル人だったら，障害者だったら……と少数派となった場合を想像してみるだけでも，他者から向けられる偏見の存在とその問題点の大きさに気づくことができるだろう。1人ひとりがそのような小さな問題に気づき，自分の態度を修正し続けることが，大きな社会レベルの問題解決に向けた力になるのではないだろうか。

●――長谷川典子

コラム③　映画に見る異文化コミュニケーション②――『ホテル・ルワンダ』（原題：*Hotel Rwanda*，2004年，南アフリカ・イギリス・イタリア）

　ポール・ルセサバギナ氏の実体験を描くこの映画の舞台，アフリカ中部の国ルワンダでは1994年にフツ族によるツチ族のジェノサイドが勃発し，推定50万～100万人ものツチおよび穏健派フツの人々が殺害された。ポールが支配人を務めるホテルは暴徒と化したフツ過激派に追われて来た難民の避難所となり，食料や水も底をつく極限状態の中，彼は長年培ってきた国内外の要人との人間関係を利用して難民を守ろうと懸命の努力をする。

　ルワンダにおけるフツとツチの歴史において，両者の間に明確な民族的違いは元来存在しなかったが，近代までには農耕をおもに営むフツと牧畜をおもに営むツチという職業カーストの性格が顕著になっていった。さらに，ルワンダを植民地化したドイツとベルギーは，「ツチ＞フツ」という人種としての序列を制度化し，間接統治に利用した。このように植民地支配者の身勝手な理論に従って誇張されてきたフツとツチの区別は，しだいにルワンダ人自身に内在化し，ルワンダ独立後もこの「民族」間の対立はルワンダ人みずからの手により増幅されていった。

　フツとツチの区別の恣意性はルワンダのジェノサイドを眼前にした外国人の多くを困惑させたが，このような恣意性はどの文化にも存在する。例えば，筆者がアメリカの大学の授業で部落問題を取り上げると，アメリカ人学生から決まって困惑した反応が返ってくる。被差別部落民とされる人々と他の日本人との間に人種・民族的違いがないこと，さらに被差別部落が多くの地域で消滅した後も結婚差別や就職差別が続けられてきたことを知ると，そのあまりの不条理さに「どうして？」という言葉が学生たちの口々から漏れてくる。このように1つの文化の歴史の中で形成されてきたカテゴリーをその文化の外側の視点から見たときに，その恣意性がより鮮明に認識されることはまれでない。

●――桜木俊行

第 4 章
深層文化の探究

落語の専門寄席「天満天神繁昌亭」の地鎮祭で鋤入れする桂三枝・上方落語協会会長（当時）（写真提供：時事）

　文化とは氷山のように，上に出ていて外から観察できる部分はほんの少しで，海の中に沈んでいて見えない部分がほとんどであるといわれている。本章ではこの見えない部分である深層文化の中から，とくに，「文化的価値観と思考パターン」に焦点をあてて検討する。日本という文脈において優勢となっている価値観や思考パターンを中心にしつつも，他文化との比較という視点を随所に盛り込んでおいたので，読者には，ぜひ社会に漂う「空気」のようであり，それでいてさまざまなところで絶大な影響力を発揮する深層文化の姿を

客観的に見る目を養い，実際の異文化コミュニケーションの文脈において生かしていただきたい。

1 文化的価値観の学習過程

文化的価値観とは何だろう。価値観とは，一般には，よいとか悪いとか個人や集団が下す価値判断を集めたものと定義される。したがって，文化的価値観とは，「ある文化で善悪や望ましい行動などについて一般的に支持される考えの総体」となり，その考えをもとにして多くの人は自分の行動を律し，方向づけているとされる。本節では，この文化的価値観が多くの人に共有され，継承されるに至っているそのメカニズムについて考えてみたい。

1-1 しつけと教育

日本の文化的価値観として最も有名なものは，何といっても「和」の精神であるが，もちろんそれだけでなく，和と関連して，礼儀，思いやり，助け合い，義理，謙遜，甘え，勤勉，規律，忍耐や努力などさまざまな価値観の存在が指摘されている。この和の精神とその他の価値観の関連は，例えば，東京スカイツリーを日本の価値観の総体とすれば，「和」は真ん中でツリーを支えている心棒で，その他の価値観はまわりで心棒を支えている鋼鉄の柱のようなものといえるのではないだろうか。つまり，集団の中での結束を乱さないよう義理や礼儀，規律を重んじつつ年齢や経験による序列を守り，個人は集団の中で自分の与えられた役割を果たすべく勤勉に努力しながらも，集団の和を乱すことがないよう自分の功績や利点は謙遜する。さらにメンバー間ではお互いに思いやり，助け合い，

甘え甘えられるような確固とした相互依存関係を築き上げるといった行動の1つひとつが，最終目的であるグループ内の「和」の維持に貢献しているという図式が一般的な日本文化のイメージである。

　もちろん，文化は徐々に変化するものであり，同じ文化に所属していても，異なる年代に所属する人はお互い「異文化」だと感じるほど異質な価値観をもっており，そのうえ，いつの時代でもアウトローな存在や，人に合わせるのが苦手な「個性的な」人もたくさんいたというのも事実である。しかし，この「和」の精神のように文化の中心に一度鎮座した価値観は，長年にわたって維持されることが多く，きわめて変わりにくいといえる。近年とくに比較的若い世代の中に蔓延している「空気を読め」という圧力の存在を考えても，この「和」の精神が引き継がれている証左ともいえよう。ここでは，和を取り囲むさまざまな日本的価値観が継承され，現在に至るまである程度維持されている理由について，しつけと教育の観点から検討してみたい。

　まず，しつけについては，若干古典的ともいえるが最も有名な比較研究の結果をひも解いてみよう。東（1994）は，1970年代初頭に日米の母子を対象として大々的な心理的調査を行ったが，その結果，日本とアメリカ（といっても，西海岸の比較的裕福な親のみを対象としていることに注意すべきであるが……）の母親がイメージする「よい子」プロトタイプは異なっているため，当然のように異なったしつけがなされていることを見出した。例えば，日本では，素直で，従順に決まりに従い，行儀のよい，いわば「**共生型よい子**」が理想とされる一方，アメリカでは，言語的自己主張ができ，リーダーシップを発揮することができるような「**独立型よい子**」が理想とされているという。また，日本のしつけについては，他者の気持ちについての情報に価値を置く「**気持ち主義**」が強調され，状況に従って自

分の期待されている行動を読み取り演じる，すなわち「和を重んじ」「空気を読む」ことのできる子どもになるようにさまざまな働きかけがなされていたことが報告されている。

また，教育についても例えば，日米の小学校で使用されている国語の教科書を分析した今井（1990）は，日本では「和」が強調されたつくりになっていることを指摘している。さらに，この傾向は，「発信」を意識したつくりへと変貌を遂げつつある現代の国語の教科書においても依然として続いており，それは例えば「主人公の気持ちはどのようなものだったか想像してみよう」などといった指示が数多く挿入されていることからもわかる。つまり，東の指摘した「気持ち主義」は国語の教科書の中ではいまだ健在であるといえる。

これらの研究結果からわかることは，少なくとも，東の研究が行われた40年前から日本では，空気が読め，まわりの人や状況に合わせることができるような子どもが理想とされていたという事実であり，さらに，「和」を重んじたしつけや教育の流れは現時点でもある程度は続いているということであろう。

1-2 マスメディア

文化的価値観は，しつけや教育の文脈で学習されるだけではなく，普段何気なく接しているテレビや雑誌，漫画やインターネットといったメディアを通じても伝えられている。ここでは，接触時間の長さと影響力の大きさを考え，おもにテレビを取り上げて検討しよう。

まず，メディアの影響を最も強く受けそうな幼い子ども用につくられているものといえば，アニメや戦隊ヒーローの出てくるテレビドラマといえるが，これらの作品にはどのような特徴があるのだろうか。筆者のゼミ生たちが調査したところによると，たまごっちや

アンパンマンなど日本でつくられた幼児用アニメは、「みんなで協力しよう」というメッセージ、つまり、「和が大切」という教えが満載であるようだ。また、「〇〇レンジャー」のようなヒーローが活躍するいわゆる「戦隊ヒーローもの」といわれるドラマも近年人気を博しているようだが、その中では、戦隊という言葉からもわかるように、ヒーローたちは複数で協力して活躍するのが定型パターンのようであり、ここでも「みんなで協力」がお約束となっている。これは、スーパーマンや、スパイダーマンなど、ヒーローはたいてい孤独な存在で1人でかっこよく戦うという描かれ方をしているアメリカのヒーロー像とはかなり異なったものといえよう。つまり、日本の子どもたちはテレビから、仲間と協力して行動することの大切さ、すなわち「和の精神」の重要性を学び取り、一方アメリカに住む子どもたちは、ヒーローが1人でかっこよく活躍する姿から、自助や独立といった価値観を学んでいることがわかる。

　ここまで、子ども向きのメディアを見てきたが、価値観の学習は何も子どもに限ったことではない。多くの場合、人は大人になった後でもメディアからさまざまなメッセージを浴び続け、大なり小なり影響を受けているといえる。例えば、どの文化にも、その文化圏内の共通の価値観といったものがあり、それがさまざまなメディアを通して継続的に伝えられている。

　例えば、しつけや教育で指摘された「気持ち主義」は、ワイドショーなどの報道ぶりにも見受けられるし、ドラマにおいても表現されている。ワイドショーでレポーターが「いまのお気持ちは？」と当事者やその家族にしつこく聞いていたり、「反省しているかどうか」など、法廷での犯人の気持ちを想像してこと細かく伝えているのもよく目にする光景であるが、アメリカなどでは、メディアは客観的事実しか伝えてはいけないことになっているため、主観的に

ならざるをえない犯人の気持ちについては言及されないのが普通である。さらに刑事もののドラマなどでは，犯人が捕まった後や捕まる前に，どんな事情で罪を犯してしまったかについての説明を長々としたり，どんなに後悔しているのかを詳細に語るような「犯人独白タイム」が挿入されるなど，気持ち主義だけではなく，「罪を憎んで人を憎まず」や，「善悪は単純に決められない」といった価値観も一緒に表現されている。これは，犯人は悪人なので捕まって終わりもしくは，狙撃されて終わりといった単純な勧善懲悪パターンのアメリカの刑事ドラマやアクション映画とはかなり異なっているといえる。

　ここまで，比較対象の相手国としてアメリカばかり引き合いに出してしまったが，近年日本で人気を博している韓国ドラマを分析的に見てみると，日本のドラマの価値観とはずいぶん異なったものが表現されていることがわかる。例えば，韓国では基本的には「しつこく粘る」「諦めない」ことが重要視されているようで，どんなに罵倒されようとも，嫌われようとも，いじわるされようとも，絶対に引き下がらないような粘り強く頑張る主人公が非常に多い。これは，自信なさげで，ちょっとのことですぐ諦めてしまうような気の弱い登場人物が数多く登場する日本のドラマと大違いといえるし，「潔く諦める」「水に流す」など，粘らずさっさと諦めることをよしとする日本の価値観とは大きく異なったものが表現されていることがわかる。

　また，韓国ドラマでは友人，恋人，家族などのつき合いが非常に濃密で，「お互い干渉しすぎ」だったり，「本音をはっきり言いすぎ」で驚いたというのも日本の視聴者によく指摘されることだ（逆に韓国側から見れば，日本のドラマは人間関係があっさりしすぎで冷たく感じられ，そのうえ，登場人物が本音を言わなすぎていらいらするという

ことになるようだ)。その他にも，人との「和」というよりも,「自尊心」をしっかり守ることを大切にし，そのためには人との「競争」や「争い」もいとわないといった「戦う主人公」が多いことや，母や父，兄弟姉妹，さらには祖父母といった「家族」が非常に重視されていることなど，自尊心の維持などにはまったく関心がなく，親はうっとうしい存在と感じているような能天気な主人公が数多く登場する日本のドラマとは大違いといえる。このように見てみると，日々ぼんやり見ているドラマの中にも，じつは文化的価値観が見え隠れしており，視聴者は知らず知らずのうちに登場人物の言動を通して常識的な行動や，人として望ましい姿を学び取り，幼児期に培った文化的価値観を増幅させていることがわかる。

　ここまで，メディアによる価値観の維持について見てきたが，もちろんメディアはいつも同じ価値観を伝えているわけではなく，人々の心に芽吹いた新しい価値観にいち早く気づき紹介し，その変化を手助けするという役割も果たしている。例えば，男性の家事参加度は諸外国に比べてまだまだ少ないといわれている日本社会であるが，若い世代を中心に徐々に変化の兆しが見られているようだ。そんな中で登場したのが,「イクメン」すなわち，育児をする男性という造語であるが，この言葉の存在は，積極的に子育てする父親が理想的であるという新しい価値観を伝え，広げる役割をしているといえる。

　また，テレビ以外でも，漫画や雑誌も新しい価値観の流布に一翼を担っている。例えば，漫画雑誌の『少年ジャンプ』は1968年の創刊以来，一所懸命努力する主人公を描いて人気を博していたというが，近年では，主人公が努力したり，練習したりする場面が続くと人気が落ちるようになったため，そのようなシーンは描かれなくなってきたという。また，昔のヒーローたちは世界制覇のような大

きな目標をもって戦っていたのに，近年では何のために戦っているのかわからず悩んだり，すぐくよくよするような等身大の主人公が中心になるなどメディアがロールモデルとして描き出す姿にも大きな変化が見られるようだ（『朝日新聞』2007年8月8日）。これらの変化は，バブル崩壊後景気が低迷するなかで育ち，未来に対する希望があまりもてないという子どもたちの気分を投影した結果生じたともいえるが，同時に幼い頃から目にしてきたのが，あまり努力をしない，等身大の主人公であるとすれば，その姿が新しい世代に与える影響力はいかばかりのものであろうか。日本文化の価値観から「努力」や「我慢」が消え去る日も近いかもしれない。

2 価値志向モデルと価値観の国際比較

前節では，文化的価値観がいかにして多くの人に共有されるに至ったのかをしつけや教育，メディアの影響を通して見てきたが，本節では，各文化が独自に培ってきた価値観のパターンを俯瞰的に見るための試みを紹介しつつ，日本で共有されている主たる文化的価値観とはいかなるものかについての検討をさらに続けたい。

ここでは，文化人類学者のクラックホーンとストロットベックの2人が考案した**価値志向モデル**（クラックホーン・モデル）をもとに話を進めよう（表3-1参照）。このモデルは，価値観の中でも，生活や人間のあり方に根源的に関わる問題を5つの質問の形で提示し，その答えのパターンは大きく分けると3種類ずつあるとしたものだ。もちろん，実際の社会にはさまざまな共文化が存在しており，答えの中である1つのパターンだけが優勢という単純な場合はまれであるため，注意が必要であるが，このモデルには利点もある。それは

表 3-1 価値志向モデル（クラックホーン・モデル）

志向性	範囲		
人間性	（生来）悪	中立的／善悪混合	（生来）善
人間-自然関係	人間が自然に服従	人間が自然と共存	人間が自然を支配
人間関係志向	縦関係 （権威主義的）	横関係 （集団的意思決定）	個人主義 （平等な権利）
行動志向	自然体	内的成長	活動的
時間志向	過去志向（伝統的）	現在志向 （状況依存的）	未来志向 （目標志向的）

（出典） Kohls, 2001 より作成。

　世界中に存在しているさまざまな文化を大きく3つに分けたパターンにあてはめることによって比較的単純に比較が行え，自文化の客観視にも資する点である。

　彼らが注目した問題とは，①人間性，②人間と自然の関係性，③人間関係の志向，④行動志向，⑤時間志向の5つであるが，まずは①人間性について考えてみよう。具体的な質問は，「人間の性質とはどのようなものであるか」であり，その答えとしては，「生来，善である」「どちらでもない，または善悪兼ね備え」「生来，悪である」の3種類が提示されている。日本での多数派は，「生来，善」とする見方ではないだろうか。それは例えば，先ほど取り上げたテレビドラマでも，よく話を聞いてみるとじつは犯人もよい人だったという描かれ方をする方が圧倒的に多いし，近年よくメディアで取り上げられる少年法なども「少年は更生できるはず」という信念をもとにつくられたものであることなどもその表れともいえよう。このことは，実際に日本では犯罪率が低いうえに，スーパーや商店などでおつりをごまかされることもまずないなど，安全かつ安心な国であることとも関連しているかもしれない。

　②の人間と自然の関係では，「人間が自然を支配する」「人間が自

然と共存する」「人間が自然に服従する」の3種類の答えが用意されている。自然支配のモードが多数派のところであれば、自然災害の危険性があったり、自分たちの生活に不便なことがあればそれを解消するために、ダムをつくったり、山を削って海を埋め立てたりと自然に手を加えるのがあたりまえとされるばかりか、自分たちの生活を便利にするために自然を利用するのは当然の権利とまで考えるようだ。また、自然と共存のモードが支配的なところでは、人間以外の動物も人間と同等もしくは人間の兄弟のように感じたり、岩や木、森や山などの無生物にも魂が宿ると考えるなど人間と自然の境界線が曖昧であり、自然は敬意をもって遇するものととらえられているようだ。最後の、自然に支配されるモードのところでは、自然は人間に脅威を与える「恐ろしい」存在ととらえられており、そこでは人間は自然の脅威のもとではきわめて無力な存在であり、いわばなすがままの状態となるという。

　では、現在の日本で主流な考えは3つのうちのどれだろうか。読者も知っている通り、近代から現代にかけての日本は基本的に自然支配の考えを主流として、全国の開発に邁進してきた。例えば、山を削って海や川、沼などを埋め立ててニュータウンを造り、山にはダムを建設するなど、やりたい放題ともいえる乱開発ぶりであった。しかしながら、古来から大切にされてきた自然との共存モードもまったくさびれてしまったわけではなく、自然支配の考えとうまく共存している状態となっている。例えば、筆者の授業では毎年学生たちに「もし、おじいさんから相続した土地に、立派なご神木が立っていたとすれば切れますか？」と聞いているが、「切れる」と答えるのはいつもかなり少数派で、たいていは、「いや、ご神木を切ったらたたられそうで怖い」とか「何となく気が進まない」など、自然に生命が宿るというアニミズムの考えがまったく失われてはい

ないことがわかる。また、新しい家や建物を建てるときに地鎮祭を行うという習慣も引き継がれており、古い価値観も健在であるといえそうである。

③人間関係の志向では、「人間関係のあり方はいかなるものか」という問いに対して、「縦関係が基軸」「横関係が基軸」「個人主義が基軸」の3種類の答えが想定されている。「縦関係が基軸」のところでは、家柄・血筋のように昔から受け継がれたものが大切であると考えられ、「横関係が基軸」のところでは、さまざまな問題がもち上がったときには、家族や親戚などに相談するのが普通であり、家族間ではお互いに助け合うという考えになる。これは、「個人主義が基軸」の人たちが、自分の運命は自分で切り開くものであり、人生の大切な選択にあたっては自分で考えるべきととらえるのとは対照的といえよう。

日本では、先祖代々から受け継いだ土地を大切にしたり、政治家など二世、三世が数多く存在しているところを見るとある程度「縦関係が基軸」という価値観が残りつつも、近年では、個人主義的な人たちも増えており、縦の価値観と個人主義的価値観がせめぎ合っているといったところだろうか。韓国を始めとする他のアジア諸国では家族同士が助け合うという「横関係」の価値観が幅を利かせているのと比べると日本はアジアの中では異質な存在であることがわかる。

④行動志向については、「好まれる行動様式は何か」という質問に対して、「活動的」(doing)、「内的成長」(growing)、「自然体」(being)の3種類の答えが想定されている。まず、「活動的」に関しては、WASPといわれる白人アメリカ文化層がその典型例として有名である。例えば、人は常に活動的であることがよしとされるため、忙しく何かに従事している必要があるうえ、何ができるかといった

能力や，その行動の成果によっても個人の存在価値が判断されるため，成功者となり人から賞賛を浴びるためには「活動や結果のアピール」を常にし続ける必要があるような競争社会となっている。その一方で，活動の価値観に合致しない，すなわち何の成果も残せないような人は「負け犬」(loser) と呼ばれ社会の落伍者の烙印を押され，冷たい目を向けられるような厳しい社会といえる。次の，選択肢「内的成長」とは，仏教を始めとする宗教の修業をイメージするとわかりやすいかもしれない。つまり，瞑想のように外から見ていると，何も活動していないように見えても，精神的には一段高い階層へと進歩しているような目に見えない成長を理想とするような考え方である。

　一方，最後の，「自然体」が幅を利かせているところでは，「活動的志向」のように人生で何かを成し遂げるべきだという発想がそもそも存在せず，人々は現状の生活を楽しむことができればそれでよしとするような考えが主流となるという。この「自然体」重視の考えは，中央・南アメリカとギリシャやスペインなどで支持されているようだ (Martin & Nakayama, 2011)。日本では，仏教や神道などの精神修行の発想に共感を覚える人や，アメリカ主流派に支持される「活動」を志向する人，さらには未来にはあまり期待もできず，いまはとりあえず生きていくだけで精一杯と考える「自然体」志向の人などさまざまな人が混じり合っている状態ではないだろうか。

　⑤時間志向では，「人々の意識はどこに向かっているか」という質問に対して，「未来」「過去」「現在」の3種類の答えが想定されている。「未来」志向の集団として最も有名なのは，上述したアメリカの主流文化の人たちであり，そこでは，未来は現在よりも明るくよいものとなるという信念をもとに，定められたゴールに到達するために将来設計や計画にいそしむといった行動がよしとされると

いう。また,「過去」志向のところでは,過去の習慣や伝統,歴史など過去から学ぶことが重要視され,最後の「現在」志向では,未来は先のことでよくわからず,さらに,過去との関連性はたいして感じられないため,「いま現在」が大切だとする考え方となるようだ。日本では,「未来志向」や「現在志向」の人も存在しているが,「前例主義」で,「伝統を大切にする」など,どちらかというと過去志向の考えが社会の主流となっているといわれている。例えば,未来志向や現在志向の国からやってきた人たちが,「前例がありませんから」という理由で提案などを断られ,「前例がないからだめなら,何も新しいことができないじゃないか」と怒るというのもよく聞く話だし,華道,茶道,柔道,剣道などの伝統文化から創業300年の和菓子店のようなお店に至るまで社会生活の中で過去の遺産が大切に引き継がれていることからも過去志向の広がりが理解できよう。

3 思考パターンの文化比較

前節においては,深層文化の中でも価値観を取り上げ,それらが長年にわたって引き継がれ,人々の行動にさまざまな影響を与えてきたことを解説した。本節では,思考のパターンを取り上げ,それらに文化的差異が表れるとした学者たちの議論を追いながら,深層文化の探究を進めたい。

3-1 スチュワートの仮説

フランスおよびスイス系のブラジル人として生を受け幼少期はブラジルで過ごし,大学教育はアメリカで受けた心理学者のスチュ

ワートは，自身の多文化経験をもとに，独自の視点で鋭いアメリカ文化論を著している（Stewart, 1972; Stewart & Bennett, 1991）。ここでは，彼の分析のうちアメリカ，ヨーロッパ，アジアで主流の思考法に関する部分に焦点をあてつつ，深層文化についての理解を深めたい。

[1] 機能・実用主義的思考

まず，アメリカ的思考法の最も顕著な例として，スチュワートは機能主義を挙げている。つまり主流派のアメリカ人たちにとって，あるアイディアや考えに対する重要性の判断はそれが機能的・実用的に利用可能か否かに基づいてされるとしている。このことは，思想や哲学など，いくら深淵で人間の真理に迫っていたとしても，有用でないと判断されれば無視されるような風潮も生むことになる。このような考えを進めてできたのが，物事の真理を実際の経験の結果により判断し，効果のあるものは真理とする実用主義（プラグマティズム）であろう。

この機能・実用主義の考えはアメリカ社会の至るところに影響を与えているといわれているが，最も顕著なのは，大学教育やそこで扱われる研究だろう。例えば，心理学，経済学，教育学，コミュニケーション学などいわゆる社会科学の学問においても主流となっているのは，数値データを収集した後，統計学を駆使して結果を判断するような，つまり「可視化できる」方法論となる。一方，哲学や宗教学のような基本的には数値を使った分析を行わず，研究成果の是非の判断がつきにくく，生活に密着した結果が出るわけではないような学問はどちらかというと軽視される傾向にあるようだ。これは，抽象的思考そのものが尊いものととらえられ重要視される，ヨーロッパ社会の傾向とは大違いといえよう。現代の有名な思想家

たちを思い浮かべても,ほとんどがドイツやフランスなどヨーロッパ大陸で生まれているのもけっして偶然ではないだろう。

[2] 帰納法と演繹法

この機能・実用主義の考えと関連して,スチュワートはアメリカでは帰納法的アプローチに比重が置かれ,対してヨーロッパでは演繹法的考えが好まれると指摘している。帰納法とは一般にデータや事例の積み重ねをもとに一般原則を導く方法であり,上述した観察や質問紙調査の結果をもとに,モデルや理論を構築するといった研究方法がまさにその一例である。ヨーロッパで好まれる演繹的考えとは,簡単にいえば,帰納法の逆であり先に理論構築を行って,出てきた理論を現実世界にあてはめるという流れになる。つまり,ヨーロッパの演繹的思考家たちは,帰納法にとらわれたアメリカ主流派の学者たちのように理論の構築には,観察に基づいたデータや事実の裏づけが必要であるという思い込みに支配されることなく,自由にみずからの理論や主張を展開している一方,帰納法が好まれるアメリカ社会においては,客観的な事実の計測やデータの収集に執心するあまり理論が軽視されるという問題が起こっているともいえる。このように見ると,一般的には「西洋」とひとまとめにして理解されることの多いヨーロッパとアメリカであるが,好まれる思考の流れには違いがあるといえそうである。

[3] 分析的思考と相関的思考

では次に,日本や中国と西洋社会との違いについて主として理論の構築に資する思考の型に焦点をあてて考えてみたい。スチュワートは,東洋と西洋の差異について,西洋では分析的思考(analytical thinking)が好まれ,東洋では相関的思考(relational thinking)が好ま

れると主張している。分析的思考とは,事物や概念を細かな部分に分けて,それらを因果関係の流れに基づいて並べ,大まかなカテゴリーに再度分類するといったもので,この分析において最も大切なことは主観と客観を区別することとされている。一方,相関的思考では,個人の経験に焦点があてられ,何かを考えたり,何かについて感じたりする場合,類推や,隠喩,直喩といった比喩表現を用いて物事との関連性を考えたり,人や物事との関係性を視野に入れながら理解される。また,分析的思考と異なり,客観的な事実や概念と観察者の主観を区別する必要もなければ,分析的思考のようにトピックや事物を抽象的に区分けする必要も感じられないという。

アメリカではとくに分析的考えが強く支持されており,この傾向は小学校から大学までの学校教育の中で顕著に見られるようだ。そのため,相関的思考が主流の文化からの転校生や,分析的思考が身についていない子どもたちは,教師から一方的に「主観と客観の区別もできない思考力に欠ける生徒」という烙印を押されてしまうという問題が起きているという。

たしかに,アメリカの大学教科書は,日本の教科書に比べて分類そのものが多いし,日本人学生にアメリカの教科書を読ませると必ずといっていいほど,「○○の例として,8つに分けてあるけど,よく見てみると同じような概念が並んでいる。2つ目と3つ目,4つ目と5つ目は同じようなことをいっているのでは? だいたい,そんなに細かく分けることにどんな意味があるのだろう」といった類の疑問が提起される。相関的思考に慣れていると概念間の関連性を見出そうとする癖がつく一方,小さいときから分析的思考にばかり触れていると,概念間の違いを探し,分類しようとするといった違いが生じるのかもしれない。

[4] 母語に見る思考の偏り

次に,「思考の偏り」についてさらに話を進めたい。スチュワートは思考の型と母語との関連性も指摘している。例えば,英語で「雨が降る」と表現するとき,読者もご存じの通り,"It rains."と主語の It を立てなければならず,"Is raining."とすることはできないが,これはフランス語,スペイン語,イタリア語などのラテン語起源の言語には見当たらない特徴だという。このように物事を生起させた主体を必ず主語として先に置かなくてはならない言語の型と,アメリカで一般的な,何か物事が起こったら,必ずそれを起こした人または原因があるという思い込みや,因果関係そのものへのこだわりの間には何らかの関連性があるというのが彼の主張である。

たしかに,日本語と英語を比較してみると,彼の主張にはうなずけるところもある。例えば,日本語は主語を自由に省略できるうえ,むしろ「自然発生的に何かが起こった」という言い方をする方が自然に聞こえることの方が多くないだろうか。例えば,目の前で友達がガラスのコップを落として割ってしまったようなときどのように表現するだろうか。たぶん,「○○ちゃんがコップを割った」というより「コップが割れちゃった」といった受け身の表現を選ぶ人の方が多いのではないだろうか(ちなみに,同じ文脈の場合,英語では"He broke the glass."のように必ず主語が必要となるし,受動態にするのは大変不自然だ)。その他でも,「バイト先をクビになった」「結婚(離婚)することになりました」「戦争が起こった」など,自然に起こるはずのないことを,まるで自然に起こったかのように表現している例も多く,日本語の話者の中には因果関係をあやふやにし,原因や物事を起こした主体をあまり明確にしない思考の癖のようなものが生まれている可能性もあろう。これは,常に行動主体や原因を明らかにする必要がある英語の世界の発想とはかなり異なったもの

といえよう。

3-2　思考法と論理構成

本節では，思考の型から一歩進め，具体的に話をどう進めていくか，エッセーや論文などの作品においてどのように論を組み立てて進めていくかといった「論理の組み立て方」に目を向けたい。

ではまず，文章に見る論理構成のもととなる日米の思考パターンの比較研究の検討から始めよう（くわしくは第5章を参照）。岡部（1996）は，日米で主流となる思考の型には差異があり，アメリカ型は「線的」で，日本型は「点的」もしくは「間的」と形容できると主張している。線的とは，分析的思考で細部に分けたものを，首尾一貫性を第一に，筋道を追って並べ替え，詳細に考察する様子を表現している。「線」というだけに，話がずれたり，途中で違う話が挿入されてはいけないことになっている。

一方，日本で好まれる型は，話がずれたり，飛んだりすることを問題視しないばかりか，むしろ楽しんでしまうような「自由な」コミュニケーションであり，そこでは話が飛んだり，ずれたりするような「欠けた」思考の流れは聞いている相手が察して，補うことが期待されているという。このような「点的，間的」なコミュニケーションが成立するためには，双方が相手の思考の流れをある程度理解しているという基本的前提が必要であり，それは同質性を基軸として文化が成立してきたからこそ生まれた型だといえるかもしれない。

このような日米の思考パターンの差異は，あらゆるところに見出すことができるが，ここでは，日本の新聞に掲載されたエッセーを取り上げ検討してみよう。鳥飼（1998）は，『朝日新聞』に毎日掲載される「天声人語」の英語版に注目し，英語母語話者の受け取り

方についてちょっとした調査を行っている。「天声人語」の英語版とは，日本語版の文章を1文ずつ完璧な英語に直したものであるため，1つひとつの文章は英語として完璧であるものの，文の流れは日本語のままという，日英折衷の形になったものである。この英語版であるが，調査ではじつに評判が悪かったようだ。「話が変わりすぎて，何が言いたいのかよくわからない」「話がぐるぐるまわっていて，どこに進むのかわからない」「自分の学生が書いた文なら，書き直しをさせる」など，文の構造が日本語のままで，英語のエッセーの基本を無視した構造になっていることに起因した問題点が数多く指摘されていた。天声人語といえば，日本でも入学試験に取り上げられる，いわばエッセーのお手本ともいえるような「名文」のはずなのに，このように悪評であるということは，すなわち，英語と日本語では論理の並びに関するルールにかなり違いがあるといえそうである。

　同様の指摘は，カプラン（Kaplan, 1966）も行っている。彼は，外国人を対象に英語を教えていて，学生たちのエッセーには母語ごとにある程度の特徴が見られることに気づいたという。例えば，英語母語話者のエッセーであれば，直線で表せるが，日本や中国などアジア圏出身者では，話がぐるぐるまわっているため渦巻きで表現できると主張している。もちろん，アメリカ人といっても，教育の程度でかなり差があるため，みなが直線的な文章を書くことができるという意味ではないだろうが，少なくとも大学でよい成績をとるためには必要なスキルであるといえるだろう。

　では，このような差異はなぜ起きるのだろうか。なぜ，日本語を母語とする者が書く英語はぐるぐるまわるといわれるのだろうか。この理由は，まず日本では先ほど挙げられたような，「点的」な思考法が問題視されていないこととともに，段落にこだわった作文教

育が行われてこなかったということが挙げられよう。その一方，英語の文章には「1つの段落には1つのテーマしか入れてはいけない」とか，「最初にその段落で言いたいことを表現したトピック・センテンスを入れるべき」とか段落に関してはけっこう厳しいルールがあり，ある程度の教育レベルの人であればそのルールに則った直線的な論理構造の文章が書けるのが当然視されるという違いがある。

　実際，筆者の勤務先でも，大学1年生の英作文の授業で英語母語話者の教員が日本語母語話者の学生に必死に教えるのが，「英語らしいパラグラフの書き方」であるが，それまでかなり自由な段落構成に慣れてきた学生には，そのような厳しいルールはかなり不評であるようだ。例えば，「ルールに縛られて文を書くなんて変だ」とか「トピック・センテンスで言ったことを最後にまた繰り返すなんてしつこい感じがする」「ルール通りの文章を書く意味がわからない」などが代表的な例であるが，とにかく，ルールに従って文章を書くという作業そのものがけっこう難しいようで，多くの学生が何度も書き直しをさせられているようである。

　ここまで，文化や言語にまつわるさまざまな思考の型やその違いについて取り上げてきたが，もちろんこのような差異はそんなに大きなものではないともいえる。例えば，いつも鞄を右側にかけているために，右肩がちょっとだけ下がっているとか上がっているといったように，日々の生活の間に身につけたちょっとした考え方の「癖」のようなものであるため，異なる思考法の人同士は理解し合うことができないとか，一度身につけた思考法は二度と抜けないということではない。大切なことは，自分の「癖」をしっかり理解して，異なる思考法の相手に遭遇した際に，自分を基準に判断しないことである。また，異なった思考法や思考の型が世界には存在して

いるため，自分には「非論理的」に思えることが非常に「論理的」だと感じる人もいるし，自分では，「普通に」自信満々に話をしていても，それを「非論理的で，ぐるぐるまわっている」と感じる人もいるかもしれないと，理解しておくことも大切である。

最後に，「論理」や「論理的」といっても，じつはかなり「恣意的」に決められたもので論理そのものが「相対的」なものといえるため，例えば「日本人は，論理的じゃないよね」とか「日本語は論理に向いていない」などという人がいれば，「論理的とはその文化で決めたことだから，日本には日本の論理があるんだよ」と反論すればよいということを覚えておこう。

▶終わりに

本章では，深層文化の中から，文化的価値観と思考法に焦点をあて，それらの文化差について考えてきた。ここで，まとめとして文化差を考える際に大切なポイントを2つ挙げておきたい。

まず第1に，日本やアメリカなど同国内での価値観や思考法はけっして一様ではなく，そこにあるのは「こうした方が望ましい」と空気のように漂っている教えだけであるということである。文化的な教えとは，コンピュータのソフトウエアのように絶対的な命令ではなく，むしろ家で行われる「しつけ」のようなものだととらえてみてはどうだろう。兄弟が3人いたとすれば，親は同じような理想を掲げ，同じようなお小言を言いつつ3人の子育てに励むだろうが，結果的に子どもたちはみなそれぞれバラバラで個性的であり，けっして親のコピーのようにはならないだろう。例えば，親の言うことをいつも素直に聞いて，その通りにする子もいれば，親の言うことはいつも「右から左に」聞き流して「自由人」の子もいるというのが世の常だ。文化も同じで，「空気のように漂っている文化的

指令」をしっかりキャッチしながら育つ人もいれば，文化的指令は感じるけど「うっとうしい」から無視をする人，はたまた文化的指令があることさえ感じない人など，さまざまな人がいる。

　このパターンはどの文化でも同じなので，文化の教えに忠実な人もいれば，自文化が合わず，窮屈に感じる人ももちろんたくさんいるのがあたりまえである。つまり，「こうした方がよい」という教えが存在していることと，実際にそこで生活している人たちがその教えに合わせるかということは，まったくイコールの関係ではないということを覚えておく必要がある。このことさえ，しっかり頭に入れておけば，「○○人なのに，ちっとも○○人らしくない」といったステレオタイプの罠に陥らずに済むかもしれない。

　第2に，異なる価値観や思考法に出会ったら，「変」とか「ありえない！」とかではなく，「そうくるか！」とか「そんな考えもあるんだ！」と柔軟に受け取れるだけの「心のゆとり」をもちたいものだ。「これでないとだめ」や「こうしないといけない」などと決めつけてしまうと人生の幅も狭まってしまうし，せっかくの異文化コミュニケーションも楽しくないだろう。ぜひ「広く，柔軟な」そして「柔らかい」頭と心で異文化に体あたりしてみよう。きっと，世の中にはさまざまな考えがあることが身に染みて理解でき，それまで自分を縛っていた「理想」や「正しさ」は1つの視点から見て導き出された限られたものでしかないことにも気づかせてくれるだろう。

●───長谷川典子

コラム④　異文化コミュニケーションにおける倫理

　倫理とは，人が何らかの行動や言動をするときに守るべき社会的規範，道徳心あるいは道義的ルールであり，モラルである。いわば，倫理は「人として守るべき道」といってもよいもので，物事の善悪，正邪，公正・不公正，さらには個人的良心，社会的慣習，世論といった意識に基づいており，一見世界共通のようだが，実際はきわめて文化的な色彩の濃いものである。

　当然のことながら，同一文化内よりも，異文化コミュニケーション状況の方が倫理上の問題が浮上しやすく，同時にそれが表面化すると解決がかなり困難になる。したがって，国内外の異文化コミュニケーションが行われる場では，対人レベルから国際レベルに至るまで，言語および非言語メッセージの送り手は，そのコミュニケーションがなされているコンテキストに潜在する倫理的側面を意識しておくことが必要であり，さらにはメッセージの受け手の倫理意識を傷つけないように注意する必要がある。

　異文化的状況で倫理的なジレンマが浮上する例としては，死刑制度の是非，臓器移植と脳死，尊厳死など人の命に関わる問題，さらには，人身売買，ストリートチルドレンなど人間の安全保障，人権，あるいは尊厳に関わる問題などが代表的なものだろう。また，2013年1月のアルジェリア人質事件の折，アルジェリア政府はテロリストとの交渉を拒否し，犯人との銃撃戦に突入したが，日本的に考えると，「人質の命」を優先するのが倫理的行動ととらえられるため，アルジェリア政府の決定には，違和感を抱いた人も多かったのではないだろうか。

　その他，経済的活動にも倫理観が見え隠れする。例えば，先進国の経済的覇権主義による普遍的倫理として伝播している欧米文化主導の倫理観は，経済至上主義と享楽的生活様式追求のイデオロギー・価値観をもたらし，その結果，日本社会に限らず世界各地で，弱肉強食的物欲・金銭欲による経済格差，自然環境破壊，精神の荒廃，犯罪の日常化などが蔓延している。

　しかし，途上国の中には，必ずしも先進国がたどってきたような形で発展を望んでいないところもある。例えば，経済力に基づく国内総生産

（GDP）の代案としてヒマラヤ山麓に位置する平和な仏教王国ブータンは，「経済的に貧しくても，心は豊か」の思想に基づく国民総幸福（GNH：gross national happiness）の導入を提案している。この国民総幸福という考えをもとにした価値観への転換は，とくに経済・物質至上主義の思想・イデオロギーに支配されている現代日本社会の人々にとって，倫理上重要な啓蒙的かつ教訓的な意味をもつといえよう。

　人間は1人で生きることはできない。人間として人間らしく生きるためには，家族集団に始まり，さまざまな集団の一員にならなければならない。そして，集団の秩序の確立，堅持のためには，さまざまな社会・文化的倫理規範が存在し機能している。2011年3月に発生した東日本大震災，巨大津波，そして原子力発電所事故は，経済的豊かさを第一に追求する利益社会（ゲゼルシャフト）の限界を示し，同時に人間関係を重視する共同社会（ゲマインシャフト）の重要性とともに，人々の間における絆，すなわち連帯意識や相互支援のような倫理意識の重要性を世界各地にあらためて発信したといえる。

　従来，比較的軽視されてきた感のある，倫理的問題・課題は異文化コミュニケーション研究の価値ある挑戦領域となるだろう。

●——石井　敏

コラム⑤ リサーチ・リテラシーのすすめ

　メディア・リテラシーという言葉の意味を知っているだろうか。メディアの伝える情報の真偽を見抜き評価・識別する能力のことである。メディアの情報が玉石混交であることは読者も理解しているだろうが、じつは世の中に溢れる研究結果にも、同じことがいえ、「賢い」読者になるためには、メディアに対するのと同様にしっかり評価・識別できる能力（リサーチ・リテラシー）が必要だといえる。

　このことを理解するために、非常に有名なホフステードの価値志向に関する研究を例にとって考えてみよう（Hofstede et al., 2010）。この研究は、世界53の地域と国々のIBM社員に対して行った質問紙調査のデータを「因子分析」という手法で読み解き、導き出した5つの価値次元をもとに各国の文化比較を試みたものである。「個人主義と集団主義」「権力格差」「女性らしさと男性らしさ」「不確実性の回避」「長期志向と短期志向」という5つの次元に対してさまざまな国で得られた結果が図示されており、具体的に目で見て確認のできる数少ない文化比較研究という希少性も手伝い、とくに多文化経営や教育の分野では必ずといっていいほど引用されるほど有名な研究である。結果や解説の部分は説得力をもって書かれており、仮説的なものと考えれば大変興味深く読めるのだが、じつはかなり問題のある研究としても有名である。

　例えば、5つの次元の1つ「個人主義と集団主義」は、どのようにして導き出された結果だろうか。じつは、個人主義的な国は、「個人や家族のために十分な時間がとれる仕事」「自分らしいアプローチを取り入れることができる自由裁量の余地のある仕事」「自分が何か成し遂げたと思えるようなチャレンジングな仕事」の3項目の重要性に肯定的に回答した人が多い国を指し、集団主義の国は「自分の技術を改善したり、新しい技術を学ぶ機会がある」「換気や明るさなど良好な仕事環境が保たれている」「仕事において、自分のもっている技術や能力を十分発揮できる」の3項目の重要性に肯定的に回答した人が多い国を指している。しかしながら、一般的に「個人主義」文化とは、人は自律的で独立したものとされ、人生のさ

まざまな決定に際しては個人の判断が優先されるようなところとされ，「集団主義」文化とは人は相互依存的で，人生のさまざまな決定に際しては個人の目標よりも集団の目標が優先され，たとえ不利益を被るようなことがあっても関係性の維持が優先されるようなところとされている (Triandis, 1995)。この定義と比較するまでもなく，ホフステードが使った項目群が，集団主義や個人主義を測っているとはいえないことは明らかであろう（ちなみに，計測しているはずのものを計測できていないような質問紙調査は，妥当性に問題があるという言い方をする）。

　さて，統計的にしっかり分析したはずの研究にどうしてこんな問題が起きるのだろうか。統計の勉強をしたことがある人ならわかることだが，統計はただ，数字に関する判断をするだけである。例えば，この研究で使用した因子分析は，同じように数字が動いているということをもとにグループ分けしてくれるだけである。ホフステードの研究でいえば，集団主義を計測した3つの質問群に対する回答の動き方が似ていることを教えてくれるだけで，その3つの質問群に名前をつけるのは，研究者である。つまり，この例のように「集団主義」を計測しているのだという主張もできてしまう。普通は，計測したいものを先に考えてから質問事項をつくるため，ここまで不一致であることはまれであるが，この研究のように，先にあった膨大な質問の中から同じように動いている項目を抜き出して，後から理屈を考えるといった流れで行われた場合，このような問題も起こりうることになる。本に出ていたから，論文に書いてあったからといってやみくもに信用せず，引用するときにはまずしっかり内容を理解してからにしよう。また，「賢い」読者となるためには，最低限度の統計の知識も必要であることを覚えておいてほしい。

●──長谷川典子

第 5 章
言語コミュニケーション

ピーテル・ブリューゲル「バベルの塔」(1563 年)

　言葉は人と人を結びつける力をもつと同時に，ときには人を傷つける道具となりうる。異文化コミュニケーションにおいては，言葉が誤解を生み出す危険性にとくに注意を払う必要がある。本章では，言語コミュニケーションを分析する視点をミクロ的視点からマクロ的視点へとシフトさせながら，最初に言語の構成要素，次に言語メッセージの意味と用法の問題，さらにコミュニケーション・スタイルについて解説する。そして最後に，異文化コミュニケーションにおいて相手のコミュニケーション行動を解釈する際に重要となる

文化差,個人差,そしてコンテキストの諸要因の相互関係について考察する。

1 言語の構造

1-1 発音・語彙・文法

　言語を構成する基本要素について,おもに英語を例に考えてみよう。言葉を話すには,まず口から音が発せられなければならないが,学校の英語の授業でそれまで意識的に出したことがないような音の発音に苦労した経験をもつ人も多いだろう。また,日本人の多くが / r / と / l / の違いの聞き取りに苦労する例のように,意味の違いを生み出す音の区別の習得も必要となる。このように各言語において区別できる最小単位の音は「音素」と呼ばれる。

　音素はさらに「音節」と呼ばれる音の塊を形成する。例えば,morning は morn-ing の2音節と認識される。ちなみに日本語の場合は,手拍子における「拍」のような一定の長さをもつ「モーラ」と呼ばれる単位が特徴的である。ひらがなは基本的にそれぞれモーラとして発音される。

　1つの音節あるいは複数の音節の並びが何らかの意味を担うと「形態素」になる。さらに,意味の最小単位である形態素を組み合わせることによって単語ができあがる。例えば,unthinkable という単語は "un-" "think" "-able" の3つの形態素からなると考えられる。

　このように形成された単語をさまざまな規則に従って組み合わせることによって文が生まれる。語順を例にとると,英語は主語(subject),動詞(verb),目的語(object)を基本語順とする SVO 型

言語である。

　このような発音から文の生成に至るまでの規則は言語学の諸分野で研究されてきた。発音に関しては，音声学が発音の物理的側面に注目するのに対して，音韻論では音素や音節など，音声の各言語における機能に焦点があてられる。さらに，単語の内部構造の研究は形態論，文構造の研究は統語論と呼ばれる。コミュニケーション学では言語表現を「文」よりもさらに幅広い「メッセージ」という単位で考察するのが一般的なので，文の構造や構成要素自体が研究対象となることは少ない。

1-2　言語の思考に対する影響

　言語構造に関連するトピックの中でとくに異文化コミュニケーション学者の関心を集めてきたのは，言語と思考の関係である。20世紀前半，アメリカの人類学・言語学者サピアは，アメリカ大陸先住民の言語を研究しながら，各言語の構造が思考に及ぼす影響の重要性を説いた。サピアから言語学の指導を受けたウォーフは，ヨーロッパの言語に見られるような時間に関する表現がホピ語（アメリカ先住民ホピ族の言語）に存在しないなどの調査結果を示し，サピアの主張を引き継いだ。やがてサピア＝ウォーフの仮説と呼ばれるようになった考え方の支持者の中には，言語構造が思考様式を決定するという「言語決定論」を唱える学者も当初存在したが，言語を介さない思考の存在が心理学における実験研究で確認されるようになると，言語決定論の立場は否定された。しかし，言語構造が思考に影響を及ぼすという「言語相対論」についての論争は現在も続いている。

　言語相対論に関連する研究においてとくに多くの学者の注目を集めてきたのは，色の認識についての問題である。中でもバーリンと

ケイ (Berlin & Kay, 1969) による基本色彩名称の研究は後年の研究に大きな影響を及ぼした。バーリンとケイは数多くの言語における色彩名称を調査した結果、白と黒の区別はすべての言語に存在し、その他の色については、3つの色彩名称しかもたない言語では白と黒に赤が加わり、その次は緑または黄が加わるなどの規則が存在すると結論づけた。彼らはさらに、各社会においてより細かい区別が必要になるにつれて色彩名称の数が増えていき、最終的には多くの言語に共通する11の基本色彩名称（白，黒，赤，緑，黄，青，茶，オレンジ，ピンク，紫，グレー）に落ち着くと予想した。このような規則は、人間にとって認識しやすい色の基本的な種類が言語の違いと関係なく存在する可能性を示唆する。

　さらに、言語間に存在する色の語彙の違いが、実際に色を識別する能力に影響を与えるかという問題についても研究がなされてきた。その中でもとくによく知られているのが、色を表す語彙がきわめて少ない（基本的に2つしかない）ニューギニアのダニ語を調査したロッシュ (Heider, 1972; Heider & Olivier, 1972) による研究である。この研究では、英語の基本色彩名称が表す色（赤，青，緑など）の方が英語で表現することが困難な色よりも、ダニ族の実験参加者にとって記憶に残りやすいなどの結果が報告された。この研究結果もバーリンとケイの研究と同様に、色に認識における普遍性を示唆し、言語相対論に矛盾する。しかし、これらの研究における調査方法や結果の解釈に対する批判、さらに反駁が今日に至るまで繰り返されてきた。

　言語相対論との関連で近年研究者の注目を集めたもう1つのトピックは、方向に関する言語表現である。日本語における「右」と「左」のように、多くの言語は話者の視点を基準とする相対的指示語を有する。しかし「東西南北」のような絶対的指示語のみを用い

る言語も存在し，この種の言語の話者は，たとえ室内にいても方角を認識する能力に長けているという説が唱えられるようになった (Brown & Levinson, 1993)。

このような言語の1つである中米マヤ語族のツェルタル語と相対的指示語を有するオランダ語の話者を比較した一連の実験 (Levinson, 1996, 2003) では，まずテーブル上に置いてある色や形の異なる物の位置関係を覚えてもらった後，180度振り返って後ろのテーブルの上でこれらの物を「同じ」ように並べることを求めた。その結果，オランダ語話者が「右，左」の概念に従って並べたのに対して，ツェルタル語話者の多くは「東，西（あるいは南，北）」の判断に従って並べた。これは言語相対論を支持する結果と解釈された。しかしながら，この現象をさらに検証するべく行われた研究 (Li et al., 2011) では，実験条件によってはツェルタル語話者も方向を相対的に判断する場合があることを示す結果が報告されている。

これまで行われてきた実証研究の結果を概観すると，言語相対論を支持する結果はそれほど多くなく，その内容も少なくとも現時点においては概して末梢的といわざるをえない。それでも，各自の経験に基づく印象や直感のレベルでは，二人称代名詞に親称と敬称の区別があるヨーロッパ言語（例：フランス語における tu と vou の区別）や複雑な敬語規則を特徴とする日本語の話者が，そのような規則のない英語で話すと「自由」な感じがするなどの例がよく挙げられる。しかし，このような例についても，各言語の構造そのものが思考にどの程度影響を与えているのかを推測するのは困難である。一方，言語相対論に反対する立場からは，英語にも過去に thou と you の区別が存在したことや，現代英語で話していても「自由」な感じがしない状況・場面（例：軍隊）が存在することなどを指摘することが可能である。

1 言語の構造

このように，言語相対論についての議論は尽きないが，各文化の成員の興味や価値観が各言語の特徴に反映されていることに異論を唱える人は少ないだろう。さらに，各言語においてテクノロジー関係の語彙が急速に変化していることなどは，環境の変化に適応する言語の柔軟性を示唆している。

2 言語メッセージの意味と用法

2-1 明示的意味と暗示的意味

ハイキングなどで見慣れない動植物に遭遇したときに，その名前が知りたくなった経験が誰にもあるのではなかろうか。そして，名前を知っただけで，何となく「わかった」ような気になることもあるだろう。

一方で，言葉が表現する内容である「意味」は人それぞれの頭の中に存在するものであるから，自分の言ったことが自分の意図と違う意味に相手に誤解されてしまうこともまれでない。この「意味」問題を，明示的（denotative）意味と暗示的（connotative）意味の2つのレベルに分けて考えてみよう。

明示的意味とは，言葉の表面的な「文字通り」の意味のことである。例えば，「鉛筆」は木の軸に黒鉛と粘土からなる芯を入れた筆記用具を意味する。この例のように，抽象度の低い単語の明示的意味は比較的安定しているといえるが，それでも言葉の使用者によって意味のブレが生じることがある。例えば，テキサスなどアメリカ南部において coke という単語はコカコーラに限らず，炭酸飲料水一般を意味することが多い（ちなみに，ニューヨークなどの東部およびカリフォルニアなどの西海岸では soda，ミネソタやアイオワなど中西部で

はpopと呼ばれることが多い。さらに，日本語では果汁がまったく入っていない飲み物がジュースと呼ばれることがあるのも，英語を母国語とする人を戸惑わせることがある）。

暗示的意味は，明示的意味よりもさらに個人的，文化的，状況的な要因に強く影響される性質をもつ。例えば「田舎」という言葉は「都会から遠く離れた地域」という明示的意味の他にも，「なつかしい」「あか抜けない」などさまざまなイメージや感情を暗示する。また，ある言葉の暗示的意味が時代によって変化する場合もある。例えば，アメリカにおいて黒人（アフリカ系アメリカ人）はみずからを1960年代まではNegroと呼ぶのが普通であったが，1960年代から70年代にかけてBlackおよびAfro-Americanという言葉が好まれるようになり，さらに1980年代にはAfrican-Americanが「正しい」言葉として広く受け入れられるようになった。現在はAfrican-AmericanとBlackのどちらも広く使用される一方，Afro-Americanはほぼ廃語となっており，Negroは差別的な意味で受け取られる可能性が高い。

明示的／暗示的意味の区別は単語レベルに限らず，あらゆる言語メッセージの理解においても重要である。例えば，"Do you know what time it is?" という英語の質問の明示的意味のみに注目すると，"Yes, I do." という答えは「正しい」といえる。しかし，この答えは現在の時刻を知りたい人に対してはきわめて不適切である。あるいは，これが門限を過ぎて夜遅く帰宅した子どもに対する質問であったら，期待される反応は謝罪であろう。このような暗示的意味の理解は自文化・母国語においては一般的に自然に身につくコミュニケーション能力であるが，異文化コミュニケーションにおいて，とりわけ外国語で会話する場合には，メッセージの暗示的意味を見落とし，明示的意味のみに反応してしまう危険性が高くなる。

2　言語メッセージの意味と用法

例えば，日本に住み始めて間もない外国人が近所の人から「どちらへお出かけですか」と尋ねられた場合，このような質問がたんなる挨拶であることを理解しないと，プライバシーの侵害と感じるかもしれない。

　明示的意味と暗示的意味が正反対になるように意図されたメッセージは，アイロニーと呼ばれる。花見に出かけた先で土砂降りの雨に見舞われたときに，「いやはや最高の花見日和になりましたね」というのはアイロニーの例である。アイロニーは「皮肉」と日本語に訳されることがあるように，意地悪く相手を非難する目的で使われる他に，ユーモアを生み出す方法の1つであるが，異文化コミュニケーションにおいては誤解を生み出す可能性が高いメッセージの種類といえる。

2-2　メッセージの用法

　ある種の言語メッセージが，どのような場面でどのように使われるかという「用法」の問題も重要である。とくに「謝罪」「依頼」「約束」などのメッセージは，発話自体がその行為を遂行することから「発話行為」(speech act) と呼ばれ，言語学（とくに語用論という領域）およびコミュニケーション学において研究されている。ここでは文化が言語メッセージの用法に与える影響の問題を「謝罪」を例にとって考えてみよう。

　謝罪メッセージにはさまざまな分類方法が提唱されているが，比較的単純な分類（Olshtain & Cohen, 1983）に従うと以下のようにまとめることができる。

・直接的な謝罪表現（例：「謝ります。」「どうもすみません。」）

・過失が生じた状況の説明（例：「バスが遅れてしまったんです。」）

・過失責任の認識表明（例：「私の責任です。」）

- 補償・償いの申し出（例：「弁償いたします。」）
- 過失を繰り返さぬことの約束（例：「今後気をつけます。」）

このような謝罪のメッセージの用法に関する比較文化研究の代表的な例として挙げられるのが，バーンランドとヨシオカ（Barnlund & Yoshioka, 1990）による日米比較調査である。さまざまな過失状況および謝罪の仕方の選択肢からなる質問紙を使ったこの調査では，日本人大学生とアメリカ人大学生の両グループが直接的な謝罪表現を最も頻繁に選択したものの，2番目に選ばれた選択肢は日本人グループでは補償を申し出ることだったのに対して，アメリカ人グループでは過失が生じた状況の説明だった。とりわけ日本人が「状況の説明」を選択する頻度はアメリカ人の約半分で，この結果は「弁解」が嫌われる日本文化の特徴を反映していると解釈できる。

3 コミュニケーション・スタイル

私たちのまわりには「物事をはっきり言う人」「堅苦しい人」「おとなしい人」などと評されるさまざまなタイプの人がいる。これは**コミュニケーション・スタイル**，つまりコミュニケーション行動に関する特徴的な傾向についての多様性を示している。このようなコミュニケーション・スタイルの多様性は，個人差だけでなく文化差としても観察できる。ただし，コミュニケーション・スタイルについて論じる際には，相手の個人的性格のよし悪しを判断するような表現を極力避けることが肝要である。そこで，ここではコミュニケーション・スタイルの文化差を理解するのに役立つと考えられる概念をいくつか紹介する。

3-1 高コンテキスト文化と低コンテキスト文化

日本では対人コミュニケーションの下手な人が「空気が読めない」と批判されることがある。このコミュニケーションおける「空気」という要素を，文化人類学者エドワード・ホールは**コンテキスト**（文脈）という言葉で表現した。ホール（Hall, 1976）はコンテキストを，コミュニケーションが行われる空間的・物理的環境に加えて，コミュニケーションの背景となる歴史や人間関係など，心理的・社会的・時間的な環境すべてを指す概念と定義した。コンテキストは言語によって表現された情報の意味を理解するために不可欠な要素であるが，言語情報とコンテキストにどのような比重を置くかについてはさまざまな場合が考えられる。ホールは言語情報とコンテキストのこのような関係を図5-1で表現した。

言語メッセージよりもコンテキストに頼る度合いの高いコミュニケーションは，**高コンテキスト**（high-context）・コミュニケーションと呼ばれ，逆にコンテキストに頼る度合いの低いコミュニケーションは，**低コンテキスト**（low-context）・コミュニケーションと呼ばれる。コミュニケーションの形としての高／低コンテキストの区別は，間接的／直接的の区別と同義であると考えることができるが，コンテキストという概念は，どうして異なるコミュニケーション・スタイルが現れるのかを理解するのに役立つ。

例えば，長年連れ添った夫婦の間では，お互いについての豊富な知識がコンテキストとして存在するので，ほとんど言葉を交わさなくても相手の気持ちを理解できることがあるかもしれない。これと対照的な例として，過去に働いた経験がまったくない若者を店のアルバイトに雇った場合を考えてみよう。店長は，この若者に仕事を教える過程において「過去のアルバイト経験」というコンテキストに頼ることができないので，仕事の手順を逐一詳細に説明する必要

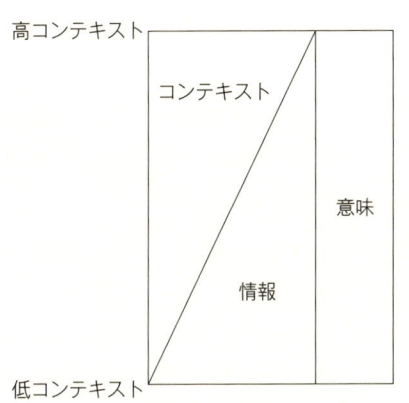

```
高コンテキスト
         ┌─────────────┬───┐
         │ コンテキスト │   │
         │         ╱   │   │
         │       ╱     │意味│
         │     ╱       │   │
         │   ╱   情報  │   │
         │ ╱           │   │
低コンテキスト
```

図 5-1　コンテキストと言語情報の相互作用
(出典) Hall, 1976.

があるだろう。このような意味で，レストランチェーンなどが作成する「マニュアル」は低コンテキスト・コミュニケーションの典型的な例といえるかもしれない。

　コンテキストに頼る度合いの多様性は個人レベルだけでなく，文化レベルでも観察され，コンテキストに頼る度合いの高い文化は高コンテキスト文化，言語メッセージに頼る度合いの高い文化は低コンテキスト文化と呼ばれる。ホール (Hall, 1976; Hall & Hall, 1987) は高コンテキスト文化の例としてアジア，アラブ，地中海地方，そして低コンテキスト文化の例としてドイツ，スイス，北欧，アメリカなどを挙げた。

　とりわけ日本とアメリカは，高コンテキスト文化と低コンテキスト文化の対比の例としてホールや他の研究者によって頻繁に言及されてきた。民族の同質性および集団の和を強調する伝統的な日本文化では「以心伝心」「遠慮と察し」などの言葉に象徴されるように，「言わなくてもわかる」ことが理想とされてきた。一方，民族の多様性と個人主義の価値観を特徴とするアメリカでは「言わなければ

3　コミュニケーション・スタイル

わからない」が基本的な前提として受け入れられているといえる。ただし，日本社会において多様性を尊重することの重要性が高まる一方，アメリカでも「空気を読む能力」がawarenessなどの言葉で表現されることがあるように，高／低コンテキストの区別は程度の問題であることを忘れてはならない。

3-2　アサーティブネス

　直接的なコミュニケーションをさらに別の視点から理解することを可能するのが，アサーティブネス（assertiveness）という概念である。アサーティブネスは1970年代にアメリカで一般読者向けに出版された *Your perfect right* という本（Alberti & Emmons, 1974）が大きな反響を呼んで以来，おもに心理学において活発に研究されてきた概念で，「自己主張」や「主張性」と日本語に訳されることが多い。アサーティブネスにはいろいろな定義が存在するが，それらに共通する中心的要素は，他人の権利を尊重しつつ自分の権利をはっきりと主張することだといえる。

　アサーティブなコミュニケーションが必要とされる典型的な場面としては，依頼や勧誘が挙げられる。例えば，友人からの借金の依頼を断りたい場合，「あなたのような大事な友人からの依頼を断るのは心苦しいのですが，私はビジネス以外の場で金銭の貸し借りはしないことにしているのです」と言うのはアサーティブな対応といえる。

　アサーティブネスの概念はアメリカで建設的なコミュニケーション・スタイルとして提唱されて以来，他の多くの国々に広まったが，このようなコミュニケーション・スタイルの受け入れられる度合が文化によって異なるのは当然であろう。人間関係において遠慮と察しが重んじられる日本では，先の例のようなアサーティブネスの

「お手本」通りの話し方も,思いやりに欠ける,あるいは自己中心的と解釈される可能性がある。日本人をアメリカ人(Thompson & Ishii, 1990; Singhal & Nagao, 1993),さらにフィリピン人,マレーシア人(Niikura, 1999)と比較した実証的研究でも,日本人のアサーティブネスの度合いの低さが報告されている。

アサーティブネスの概念の中心要素である自己の尊重は,依頼や勧誘の他にも,「ほめる・ほめられる」場面における行動にも反映される。例えば,人から自分の眼鏡をほめられた場合,「気づいてくれてありがとう。最近家の近所にできた眼鏡屋で偶然見つけたフレームで,私も気に入っているんです」というような反応の仕方はアメリカのアサーティブネス訓練で使われる例である。逆に,「いえいえ,安物ですよ」などと答えるのはアサーティブでない反応とされる。日本文化では伝統的にこのような謙遜が重んじられてきたが,現代の日本人の中には,個人主義的な文化的価値観への変化を反映してか,ほめ言葉を素直に受け入れる人が増えているような印象も受ける。それでも,日本人が異文化コミュニケーションにおいてアサーティブネスに関する文化差を感じる場面は少なくない。例えば,アメリカ人男性が自分の妻を"This is my beautiful wife, Jane."などと言って紹介することは珍しくないが,日本ではあまり見かけない光景ではなかろうか。

3-3 議　論

アサーティブネスは「自己主張」と訳されることがあるとすでに述べたが,自己主張という言葉を聞いたときに,その典型的な場面として議論を思い浮かべる人も多いのではなかろうか。職場の同僚や学校の友人などを見渡すと,議論好きといわれる人物がいるかもしれない。反対に議論をできれば避けたいと思う人も多いだろう。

このような議論を好む度合いを表す概念として，コミュニケーション学では**議論志向**（argumentativeness）という言葉が使われる。議論志向をアサーティブネスの概念に包括する理論もある（Infante, 1987）ことから明らかなように，議論の場での自己主張も相手の権利や人格を尊重する範囲内で行われるべきとされている。したがって，相手の意見に異論を唱える行為と相手の人格を攻撃する行為は区別される必要がある。後者は非建設的なコミュニケーション形態とされ，このような人格攻撃をする傾向を表すのに**対人攻撃志向**（verbal aggressiveness）という用語が使われる。

議論志向についても日本はよく西洋文化，とくにアメリカおよびイギリスと対比されてきた。このような比較では，イギリス議会における与党と野党の対決型議論の伝統やアメリカの高校・大学におけるディベート教育の歴史に対して，それらに匹敵する日本の伝統が見当たらないことが指摘されることが多い。また，議論志向尺度（Infante & Rancer, 1982）を使った実証的研究でも，日本人大学生はアメリカ（Prunty et al., 1990），さらにはフィリピン，インド，シンガポール，マレーシアなどアジアの国々（中野, 2006）の大学生よりも議論志向が低いという結果が報告されている。

議論を好むか，あるいは避けるかという問題に加えて，議論の展開の仕方にも文化差が存在する可能性がある。例えば，日米文化のレトリック・スタイルの特徴をまとめたオカベ（Okabe, 1983）は，アメリカでは自分の主張したい要点を最初に述べてから具体例などの詳細に言及するのを好む傾向があるのに対して，日本ではその逆に，要点を最後に述べる傾向があると指摘した。さらに岡部は，議論において理論的な理由づけを明確に表現する必要性の度合いについても文化の違いを指摘した。つまり，アメリカ文化においては「問題の提起→解決法の提示」や「原因→結果」のように，連鎖的

に順序立てて結論まで導く「線的」な議論の形態が理想とされるのに対して、日本では厳格な論理性はそれほど重視されず、議論の内容は飛び石のごとく散らばっていることが多く、発言者が聞き手との協力関係の中で結論までたどり着こうとする「点的」な議論構成が好まれるという。

　岡部が指摘したこのような文化の違いは、さらにスズキ（Suzuki, 2010）による実証的研究で綿密に検証されている。この研究では「死刑制度の是非」というトピックについて日米の大学生に意見文を書いてもらい、その中に現れる議論の構造を分析した。その結果、主張の配置に関しては、予想通り日本人グループは主張を議論の終わりの方に置く「漸層的」（climactic）構造を好む一方、アメリカ人グループは主張を議論のはじめに置く「漸降的」（anti-climactic）構造を好む傾向が見られた。ただし、理由づけの使用に関しては、日本人の方がアメリカ人よりも主張に理由づけが伴わない「水平的」（horizontal）構造を頻繁に使用するという予想通りの結果が得られたものの、主張に理由づけが続く「垂直的」（vertical）構造は日米グループともに多数の参加者による使用が観察された。この結果は、日本人の水平的（岡部のいう「点的」）構造を好む傾向が、必ずしも論理的に議論を組み立てる能力の欠如を意味するわけではないことを示唆している。

3-4　フォーマル／インフォーマル

　どの社会においても子どもは大人へと成長する過程で、コミュニケーションの状況や相手にふさわしい言動をとる必要性を学んでいく。このような注意を怠ると、「無礼」「不真面目」などと批判されるかもしれない。逆に「正しい」言葉遣いに意識過剰になると「堅苦しい」印象を与えてしまうこともあるだろう。しかし、状況や相

手によってどの程度話し方を変えるかには個人差があるのも事実である。このようなコミュニケーション・スタイルの違いを価値判断を避けながら表現するために，ここでは**フォーマル／インフォーマル**という用語を使用する。

　フォーマル／インフォーマルのスタイルの違いは文化レベルでも観察することができる。日本はフォーマルなコミュニケーション・スタイルが特徴的な文化といわれる。例えば，丁寧語，尊敬語，謙譲語の選択には，会話の相手との心理的距離および上下関係に加えて，第三者について言及する場合は「ウチ・ソト」の要素にも注意を払う必要がある（ちなみに，敬語運用に関して日本語に似ている韓国語においてもこれらの要素が考慮されるが，心理的距離およびウチ・ソトの要素よりも上下関係に重点を置く傾向があるといわれる）。

　日本と対照的に，アメリカはインフォーマルなコミュニケーション・スタイルを特徴とする文化の典型例といえる。例えば，アメリカの大学では教授同士はもちろん，教授と学生の間でもお互いをファーストネームで呼び合うことは珍しくない。このように，お互いが社会的地位や年齢の違いを相手にできるだけ意識させないように振る舞う対人関係の形は**対称的関係**と呼ばれることがある。一方，日本でよく見られるようにお互いの間に存在する社会的地位や年齢の違いを認め合い，そして強調する人間関係の形は**補完的関係**と呼ばれる（Watzlawick et al., 1967）。

　日本文化における補完的関係志向，そしてアメリカ文化における対称的関係志向がコミュニケーション・スタイルに与える影響は「接客」の場面でも観察できる。日本においては店員と客の言葉遣いに大きな違いがあるのがごく普通であるのに対して，アメリカではそのような違いが観察されないことが比較的多い。それどころかアメリカでは店員の方から客に対して冗談を言ったり，おつりを渡

す店員よりも受け取る客の言葉遣いの方が丁寧だったりする場面も珍しくない。このような違いを反映して、アメリカを訪れた日本人の中には接客態度の悪さに不満を漏らす人が多い一方、日本を訪れたアメリカ人の中には日本人の客（とくに中年以上の男性）の態度が「横柄」だという印象をもつ人もいる。たしかに、これらの解釈が的を射ている場合もあるだろう。しかし、別の解釈の仕方として、このような状況でお互いを「店員」と「客」という社会的役割を通して認識する、あるいは「個人」として認識する、という2つの視点の間のバランスに関連するコミュニケーション・スタイルの違いとして理解することも可能であろう。

3-5 シャイネス，コミュニケーション不安

先に紹介した「アサーティブネス」がコミュニケーションにおける積極性を特徴とするのと対照的に、コミュニケーションにおける消極性を表す概念として広く知られているのが**シャイネス**（shyness）である。日本語でも、人見知りする人や恥ずかしがり屋をシャイな人と呼ぶことがあるように、シャイネスとは、知らない人と話すときに緊張したり、さらには対人コミュニケーションの場を避けようとしたりする傾向を表す概念である。シャイネスの個人差を生み出すメカニズムについては、自尊心などの心理的要因に加えて、近年は遺伝的要因に関する研究も行われている。

シャイネスの文化差についての研究で最もよく知られているのは、1970年代にスタンフォード大学の心理学者ジンバルドーが複数の文化グループについて行った大規模な調査（Zimbardo, 1977）である。この調査で報告された文化差の中でとくに目立ったのは、日本と台湾で報告されたシャイネスの頻度の高さであった。つまり、「自分はシャイな人だと思いますか」という質問に対して、41%のアメリ

カ人参加者が「はい」と回答したのに比べ、同様の回答をした台湾人参加者の割合は55%、そして日本人参加者の割合は60%にも上った。

ジンバルドーはさらに特筆すべき結果として、自分がシャイであることが好きであると回答した率が最も高かったのも日本人参加者グループであったと報告している。もちろん、この調査が行われた1970年代と現在とでは日本人の意識に大きな違いがある可能性が高い。それでも、シャイネスに文化差が存在するのは明らかである。

シャイネスと似た概念として、コミュニケーション学の分野には**コミュニケーション不安**(communication apprehension)という用語がある。コミュニケーション不安はシャイネスに比べると、公的なスピーチの場面に関する研究を多く生み出してきたという傾向があるものの、これら2つの概念には重複する部分が大きいといえる。コミュニケーション不安の尺度を使った日米比較調査でも、日本人大学生の方がアメリカ人大学生よりもコミュニケーション不安の度合いが高いという結果が報告されている (Klopf & Cambra, 1979; McCroskey et al., 1985)。

シャイネスの文化的要因としては個人主義・集団主義の文化的価値観が早くから注目されてきた。例えば、ジンバルドーは日本人のシャイネスを「甘え」や「恥」の概念に言及しながら説明した。しかし、実証的研究において集団主義とシャイネスの関係を示す結果は得られていない (Jackson et al., 2000)。その一方、日本人とアメリカ人の両参加者グループにおいて補完的関係志向とシャイネスの間に相関関係が報告されている (Sakuragi, 2004)。この結果は、相手との社会的地位や年齢の差を考慮してふさわしい言動をとろうと努める度合いが強いほど、対人コミュニケーションに対して慎重になる傾向があることを示唆している。

3-6 自己開示

対人コミュニケーションにおいて，自分に関する情報を相手に伝えることを**自己開示** (self-disclosure) という。「何でも話せる友達」という表現があるように，人間関係が深まるのに比例して自己開示が増えるのは人類共通の現象であろう。また，一般的に相手の自己開示の度合いに見合った自己開示を自分も行うことが人間関係を深めるのに役立つともいわれている。このように，自己開示は対人関係の形成の過程において重要な役割を果たすが，自己開示の度合いは文化の影響も受ける。

自己開示と文化の関係についての研究として有名なのは，バーンランド（1979; Barnlund, 1975, 1989）が行った日米比較調査である。バーンランドはこの研究にあたって，まず対人関係の種類のリスト（信用できない人，知らない人，父親，母親，異性の友人，同性の友人）と会話の話題のリスト（テレビ・映画，職業の選択，宗教，収入，病気，性生活など）を準備した。そして，参加者には対人関係の各種類にあてはまる特定の人物を思い浮かべてもらったうえで，その人物と各話題についてどの程度話をしたことがあるかを回答させた。この調査の結果，一般的にアメリカ人の方が日本人よりも，いろいろな人といろいろな話題について話す傾向が強い，つまり自己開示が大きいことが確認された。このような結果をまとめたのが図5-2である。

日本						アメリカ				
(相手)					〈話題〉	(相手)				
知らない人	父親	母親	同性の友人	異性の友人	信用できない知人	知らない人	父親	母親	同性の友人	異性の友人	信用できない知人
					意見						
					宗教						
					共産主義						
					人種問題						
					性規範						
					社会規範						
					趣味・嗜好						
					食物						
					音楽						
					読書						
					テレビ・映画						
					パーティー						
					仕事 (勉強)						
					短所						
					長所						
					野心・目標						
					職業の選択						
					仲間						
					金銭						
					収入						
					借金						
					貯金						
					必要状況						
					家計						
					人格						
					欠点						
					自制心						
					性生活						
					罪・恥						
					プライド						
					身体						
					顔かたち						
					理想的外観						
					体型						
					病気						
					性機能						

□ 0〜50　□ 51〜100　▨ 101〜150　▧ 151〜200　■ 201〜250

図 5-2　会話における自己開示の日米比較

(注)　スコア：0 =「自分のこの点については何も話していない」,
　　　200 =「この点についてはくわしく全面的に話した」。

(出典)　Barnlund, 1975 を元に作成。

4 文化差・個人差・コンテキストの諸要因

　ここまで言語コミュニケーションについて，文化差に重点を置いて解説してきた。しかし，実際の異文化コミュニケーションは，文化差に加えて，個人差，さらには特定のコミュニケーションの「コンテキスト」の特徴の影響を受けることに留意することが重要である。

　まず，文化差と個人差の関係についてあらためて考えてみよう。前節でおもに「度合い」の差として紹介したコミュニケーション・スタイルは，性格や気質を含む「パーソナリティ」の問題として研究されることがあることからもわかるように，個人差が重要な意味をもつ。しかし，先に紹介した日米比較研究の例のように，文化というグループ・レベルでコミュニケーション・スタイルを観察すると，さらに違いが見えてくることもある。したがって，異文化コミュニケーションにおいては，個人レベルとグループ・レベルの2つの視点から，個人差と文化差の両方の存在を認識することが重要である。

　このような各文化グループ内に存在する個人差とグループ差の関係を表したのが図5-3である。この図において，横軸は特定のコミュニケーション・スタイルの度合い，縦軸は各文化グループ（Aグループ，Bグループ）の成員の人数を表すと理解していただきたい。例えば，横軸をアサーティブネスとすると，右へ行くほどアサーティブネスの度合いが高くなる。そして，アサーティブネスの度合いが極端に低い，あるいは高い人は少ないという傾向がA，Bの両グループに共通して見られる一方，両グループの平均値を比較すると，Bグループの方がAグループよりもアサーティブネスの度合

グループ差

A グループ平均値　B グループ平均値

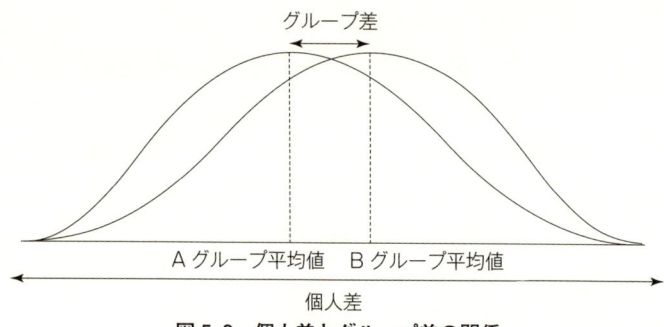

個人差

図 5-3　個人差とグループ差の関係

いが高いことがわかる。

　これら 2 つのグループからそれぞれ無作為に 1 人ずつ成員を選び，2 人を比較する場合を考えると，全体的な傾向としては B グループの成員の方が A グループの成員よりもアサーティブである可能性が高いが，逆の結果になることも多いはずである。したがって，例えば，ある日本人がアサーティブな文化といわれるアメリカ出身の人と話していて，自分の方がこのアメリカ人よりもアサーティブだと気づくようなケースもあって当然だろう。

　加えて注意が必要なのは，文化グループには「国」という単位以外にも，地域，性別，宗教，社会階層などに基づくさまざまな種類が考えられ，これらのグループ（共文化）それぞれに特徴的なコミュニケーション・スタイルが存在する可能性があることである。再びアサーティブネスを例にとると，この概念が 1970 年代にアメリカで頻繁に雑誌や新聞などのメディアで取り上げられるとともに「アサーティブネス訓練」を行う心理学者やカウンセラーが増えた背景には，当時のフェミニズム（「ウーマン・リブ」）の気運の高まりがある。このようなアサーティブネスの歴史は，過去のアメリカ社会において「自己主張」がおもに（白人）男性の特権であったこと

第 5 章　言語コミュニケーション

を示す。また、アメリカ国内の地域的特徴として、東部の大都市出身の人は中西部の田舎出身の人に比べるとアサーティブであるなどの傾向が見られる (Sigler et al., 2008)。さらに職業という文化グループの種類に注目してみると、弁護士はアサーティブな傾向、とくに議論志向が比較的強いと予想される。このように、各個人は常に複数の文化グループに属しているので、コミュニケーションの相手がどのような文化的アイデンティティをもっているかについて注意を払う必要がある。

個人差と文化差に加えて、コミュニケーションが行われる場の物理的環境や社会的・心理的背景を含めた「コンテキスト」の影響も忘れてはならない。例えば、日本を訪れた外国人が比較文化的視点から日本人の「高コンテキスト」(間接的)、あるいは「フォーマル」なコミュニケーション・スタイルだけに注目していると、学校の友人間で交わされる打ち解けた会話や、会社の忘年会などでの「無礼講」の様子に驚くかもしれない。

異文化コミュニケーションにおいては、語学力もコミュニケーション・スタイルに大きな影響を与える。例えば、外国語で話さなくてはいけない状況がシャイネスおよびコミュニケーション不安を増長するのは当然である。普段は大変おしゃべりなアメリカ人学生が外国語の口頭試験中は緊張のあまり手が震えて何も言えない、などの光景は珍しくない。また、コミュニケーションの場面と相手に合わせて言葉遣いを選ぶことは母国語でも容易でないのだから、外国語ではなおさらである。例えば、日本留学から帰ってきたアメリカ人学生が、日本で覚えてきた「学生言葉」で日本語の先生に話しかけて無礼な印象を与えてしまうが、英語で話し始めると以前の「礼儀正しい」フォーマルなコミュニケーション・スタイルに戻るようなこともある。

4 文化差・個人差・コンテキストの諸要因

このように，異文化コミュニケーションにおいて相手の言動の解釈に影響を与える個人的特徴，文化的アイデンティティ，さらにコンテキストの諸要因の相互関係は複雑である。この解釈の問題に単純な解決法は存在しないが，各自にできる対策の1つとしては，自分の解釈・判断を常に仮説の1つととらえ，新たに得た情報に照らし合わせて随時仮説を修正していく思考の柔軟性を維持することが挙げられる。

●──桜木俊行

コラム⑥　英会話で対等になるには

　英語は、「国際共通語」といわれ、事実、多様な文化を背景とする人々によって用いられている。ここでは、パワー（力関係）という観点から「国際共通語としての英語」を取り上げ、英語で異文化コミュニケーションを行ううえで重要となる「対等な関係」の構築に必要なものについて考えてみよう。

　英語話者を大別すると、母語話者と非母語話者がいる。当然のことだが、英語運用能力という点で、母語話者の方が非母語話者より優れていることが多く、優位な立場に立ちやすい。言い換えれば、母語話者がより大きなパワーをもち、母語話者と非母語話者の間には必然的に上下関係が生まれてしまう。例えば、2人で会話をする場合、非母語話者は思ったように自分を表現できなかったり、相手の言うことが理解できなかったりといろいろとハンディを背負うことになり、気づいたときには、母語話者に主導権を握られてしまう。

　多様性を尊重し、相互理解を深めることを目指す異文化コミュニケーションの思想的立場からすれば、こうしたパワーの差は好ましい事態とはいえず、目指すべくはもちろん、対等な関係の構築であろう。では、どうすれば対等な関係が築けるのだろうか。「ネイティブ」なみの英語をマスターすればよいと考える読者も多いかもしれないが、答えは No である。非母語話者がどんなに努力してもネイティブにはなれない。つまり、ネイティブ英語を目指す限りいつまでたってもこちらは「二級市民」のままで彼らを超えることはできないのだ。

　ここで大切なことは、「中身」で勝負、と発想を切り換えることである。たとえ表現がつたなくても、話したいことや話している内容が立派であれば、そこで相手と「対等」になることができるはずだ。実際、帰国生やインターナショナルスクールに通っている学生など、日本人の耳にはペラペラときれいにしゃべっているように聞こえても、じつは内容が「ペラペラ」であったり、教養がまったく感じられないような発言しかできず、教養のある母語話者とはまったく対等な関係が築けていないということもよ

くあるようだ。

　つまり，ネイティブ話者と中身のある話をして対等な関係を築きたいなら，ある程度の語彙や表現力はもちろん必要なので，英語力を高めるための地道な努力は必須だが，それ以上に世の中で起こっていることに興味をもち，本，雑誌，新聞，テレビ，インターネットなどのさまざまなメディアから情報収集を忘らず，そのうえで自分の考えをしっかりもてるように日々努力をすることが求められよう。自分の意見や考えに自信をもち，どんな相手にも堂々と対峙することができる，そんな人を目指してこそ，「対等」な関係構築への近道といえるのではないだろうか。

●──石黒武人

第6章
非言語コミュニケーション

天皇皇后両陛下と面会するバラク・オバマ米大統領
(写真提供：AFP＝時事)

One cannot not communicate.

　人はコミュニケーションせずにはいられない。

(Watzlawick et al., 1967)

　誰かに話しかけられたときに反応しないと，その沈黙自体が相手に「メッセージ」として解釈される可能性がある。また，とくに何かを伝えようとするつもりがなくても，私たちの服装，表情，視線，姿勢，相手との距離などが，さまざまな意味で相手に解釈されるのを避けることはできない。本章ではこのような非言語コミュニケー

ションに焦点をあて、まずその特徴を言語コミュニケーションとの比較を通して解説した後、非言語メッセージのおもな種類を比較文化的視点から紹介し、最後にコミュニケーション・スタイルとの関係について考察する。

1 非言語コミュニケーションの特徴

　非言語コミュニケーションとは言葉以外の手段によるコミュニケーションのことである。この定義を見る限り、言語／非言語の区別は絶対的であり、両者は相反する関係にあるような印象を受けるかもしれない。しかし、言語と非言語の中間に位置づけられるようなメッセージの種類も存在するのに加えて、実際のコミュニケーションにおいては多くの場合、言語メッセージと非言語メッセージには密接な関係が存在し、両者を切り離して理解することは困難である。

1-1 非言語コミュニケーションの性質
　非言語コミュニケーションの性質をよりよく理解するために、いくつかの側面について言語コミュニケーションと比較してみよう。

[1] 音声化の有無
　世界には現在も文字をもたない言語が多数存在することからわかるように、人間の言語にとって音声は第一義的な要素である。一方、非言語メッセージの多くは音声を介さずに創出される。しかし、このような傾向から外れる例も存在する。書き言葉は音声化を伴わない言語コミュニケーションであるのはいうまでもない。さらに、手

話も言語コミュニケーションの一種として理解すべきだと考えられている。また，会話においては発言の内容だけでなく，声の大きさや高さ，さらに話す速さなども聞き手によっていろいろな意味で解釈されるが，このような発声の特徴は言語と非言語コミュニケーションの中間的存在といえる。

[2] メッセージの形と意味の関係

次に，言語・非言語コミュニケーションにおいて使用される**シンボル**（言葉や動作）と**対象指示物**（シンボルが指し示すもの）との関係に注目してみよう。エクマンとフリーセン（Ekman & Friesen, 1969）はシンボルと対象指示物の関係の度合いを**必然的－類像的－恣意的**という形で表現した。言葉と対象指示物の関係は通常恣意的である。例えば，日本語で「いぬ」，英語で「dog」と発音される言葉と，これらの言葉が指し示す動物の間には何ら必然的な関係は存在せず，その関係は文化によって恣意的に規定されている。このようなシンボルの恣意性は多くの場合手話にもあてはまり，これは手話が言語コミュニケーションの一種と見なされる理由の1つである。

対照的に，シンボルと対象指示物の間に必然的な関係が存在する例は非言語コミュニケーションにおいて多く見られる。例えば，口論をしている相手の紅潮した顔から憤慨ぶりがうかがえる場合には，その表情と感情の間には必然的（この場合は生理的）な関係が存在すると考えられる。

必然的関係と恣意的関係の中間に位置する類像的関係においては，シンボルと対象指示物の間にある程度の類似性が存在する。言語における類像的関係の例としてよく挙げられるのは擬声語である。「ゴクゴク」「ワンワン」「ザーザー」などの言葉と，人が水を飲む，犬が吠える，雨が降る様子との類似性は明らかである。また，象形

文字である「山」や「川」などの漢字もその対象指示物との類像的関係を保持している。非言語メッセージの中では、ジェスチャーに類像的シンボルの例が多く見られる。指で何かを指し示したり、両手を広げて大きさを表現したりするジェスチャーが文化を超えて比較的理解しやすいのは、その類像性のおかげだろう。また「食事」を表現するジェスチャーも、食べ方（箸、スプーン、手など）は文化によって多少異なっても、全体的には似たような動作が観察されることが多い。

[3] 意識の度合い

言語コミュニケーションと非言語コミュニケーションを意識の度合いという視点から比較すると、言語は意識的、非言語は無意識的という傾向の違いが見られる。会話の際に、発言の内容や言葉遣いには注意を払っても、自分の声の調子や顔の表情、さらには体の姿勢にまで気がまわらないことはよくあるだろう。先に挙げた口論の際に怒りで顔が赤くなる例のように、相手に送る非言語メッセージをコントロールすることが不可能な場合さえある。とりわけ外国語で話さなくてはならない場面では言語メッセージに気がとられがちになるが、異文化コミュニケーションにおいては普段「自然に」現れる非言語行動が各自の文化の影響を受けている可能性に留意することが重要である。

ここまで解説してきた言語コミュニケーションと非言語コミュニ

表6-1 言語／非言語コミュニケーションの性質

非言語コミュニケーション		言語コミュニケーション
音声化しない		音声化する
必然的	類像的	恣意的
無意識的		意識的

ケーションの比較をまとめると表6-1のようになる。

1-2 非言語コミュニケーションの機能

ここまで言語コミュニケーションと非言語コミュニケーションの性質の違いに注目してきたが，実際の対人コミュニケーションの過程においては，言語・非言語コミュニケーションは相互に影響し合いながら同時進行していく。そこで，非言語メッセージが機能的に言語メッセージにどのように関連しているかについて考えてみよう。

[1] 補完・代用作用

店員にさわやかな笑顔で「いらっしゃいませ」と迎えられて，その店に対して好感をもった経験は誰にもあるのではなかろうか。これは，非言語メッセージと言語メッセージが補い合ってコミュニケーションをより効果的にする一例である。また，お葬式の場では，厳粛な表情や声の調子がお悔やみの言葉を補完する。さらには，悲しみのあまり，言葉が出ない場合もあるだろう。それでも悲しみの表情，涙，落とした肩などが気持ちを十分に伝えるかもしれない。このように非言語メッセージが言語メッセージに代用されることもある。

[2] 反復・強調作用

非言語メッセージが言語メッセージと同じ意味で使われると，反復の機能を果たす。「私ですか」と言いながら自分を指差すのは反復の例である（このようなとき，日本人は自分の鼻を指差すことがあるが，これは世界の中でも珍しいようである）。また，アメリカでは大統領などが演説中にとくに強調したい部分に入ると，各単語をゆっくり，はっきりと発音し，その各単語を発音するテンポに合わせて指を

第35代アメリカ合衆国大統領ジョン・F. ケネディ
(写真提供：CNP/PANA)

振ったり演壇を叩いたりするのはよく見られる光景である（写真参照）。これは日本語の文書における強調点（傍点）と同じ原理である。

[3] 相反作用

プレゼントをあげた相手が「どうもありがとう。とてもすてき」と言ってくれたが，本当はあまり気に入らなかったようだ，あるいは，夕食に招いた客が「とてもおいしかったです。」と言ってくれたが，どうも料理が口に合わなかったようだなどと，「何となく」わかることがある。これらの場面のように，言葉の意味と相反する表情やしぐさが観察された場合，言葉よりも非言語行動の方が「正直」なメッセージとして解釈される可能性が高い。しかし，異文化コミュニケーションにおいては，感情表現に関する文化的規範の違いが存在する可能性に加えて，外国語で話さなくてはならない緊張感から感情をうまく伝えるのが困難なこともあるので，相反するよ

うに見える言語・非言語メッセージの解釈には慎重を要する。

意図的に言語メッセージと非言語メッセージを相反させる場合もある。誰かがつまらない冗談を言ったときに「おもしろーい」などと皮肉を言うのがその例である。すでに述べたように，とりわけ外国語で会話する場合には言葉の明示的意味を理解するのに一所懸命で，声の調子などが表現する暗示的意味にまで気がまわらないことが多いので，アイロニーは異文化コミュニケーションでは誤解を生み出す危険性が高い。

［4］調節作用

非言語メッセージは会話の流れを調節する作用も有する。学校で生徒が手を挙げて発言の機会を求めるのはその極端な例といえるが，普段の対人コミュニケーションにおいても私たちは常に無意識のうちに非言語メッセージを使って会話の流れを調節している。例えば，相手の方に体を向けて目を合わせる，うなずく，「ふーん」「へえ」などの声を出すなどの非言語行動は相手に話を続けさせる効果がある。逆に相手の発言を終わらせたい場合には，これらの非言語行動を控えることになる。このような会話の流れの調節の仕方にも文化の違いが存在し，日本人はとりわけ相槌(あいづち)を頻繁に使う傾向があるといわれる。

▶ *2* 非言語メッセージの種類

非言語コミュニケーションの特徴についての前節の記述を読んで，非言語メッセージの多様性に気づいた読者も多いだろう。ここでは，非言語メッセージにどのような種類が存在するか，さらにくわしく

見ていこう。非言語メッセージの形はじつに多様で,すっきりと分類するのは容易でないが,非言語コミュニケーションを専門とする研究者によってさまざまな分類法が提唱されている。これらの中でもとくに広く利用されている分類法（Ekman & Friesen, 1969; Knapp et al., 2013）を参考にしながら,周辺言語,身体的特徴,身体的動作,時間と空間,という順序で解説していくことにする。

2-1 周辺言語

声の大きさや高さ（ピッチ）,話すテンポやリズムなど,言葉そのものよりも話し方に関連するコミュニケーション行動は,**周辺言語**（paralanguage）と呼ばれる。ロンドンの地下鉄内のアナウンスを担当する女性が,「親愛なるアメリカ人観光客のみなさまにお知らせします。会話なさっているあなたがたの声は間違いなく大きすぎると存じます」などのパロディー場内アナウンスをインターネット上で公開したために解雇された事件が,イギリスの新聞（*Sunday Times*, 2007年12月2日）で報道されたことがあるが,この失笑を禁じえないニュースは,英語を母語とする人々の間でも周辺言語に関する文化規範に違いが存在する可能性を示している（ちなみに,アメリカ人は声が大きい,というのは比較的頻繁に言及されるステレオタイプであるが,物静かなアメリカ人もたくさんいるのはいうまでもない）。

先に触れたように,周辺言語は会話の際の相槌においても重要な役割を果たす。相手の発言に対して「ふーん,そう」などの発声を通して反応する頻度が比較的高い方だと言われる日本人は,とくに電話でアメリカ人などと話す場面では相手の反応の少なさに戸惑うかもしれない。逆にアメリカ人の感覚からすると,日本人は英語で話す際に"yeah, yeah"などの反応を多用しすぎて落ち着かない感じがすることもまれでない。

このような違いに関して，筆者自身が遭遇した例を1つ挙げよう。アメリカで外国語・第二言語能力試験官のための研修に参加したときのことである。この研修では数多くの模擬面接試験を観察する機会があり，その1つでは日本人留学生が英語の面接試験を受けていた。そこで試験官を務めていたアメリカ人女性は，うなずきもせず，無言でじっと受験者の話を聞いていた。日本人受験者は試験官の反応のなさに困惑気味で，面接開始後まもなく何度も試験官に"Do you understand?"と確認し始め，どんどん自信を失っていく様子がはっきり見てとれた。この試験官の相槌の少なさには，文化差および個人差の影響に加えて，このような面接では試験官は大げさな反応を控えるべきだという考えもあった可能性があるが，ほんの少し相槌を打つだけでも会話がもっとスムーズになったはずである。

2-2 身体的特徴

人間関係は第一印象が重要といわれるように，私たちは人に会った瞬間しばしば無意識のうちに，相手の体型や身だしなみなどの**身体的特徴**に何らかの意味を付与する。どこにいても最新のファッション情報がインターネットなどを通して容易に入手できる現在，理想とされるスタイルは世界中で均一化する傾向にあると考えられるが，それでも身体的特徴が文化によって異なる意味をもつことがある。例えば，アメリカ社会における肥満の問題は世界的に有名だが，逆にアメリカ人の目には，平均的な日本人（とくに男性）は非常にやせているように映ることが多い。ブルカなど，顔を覆うヴェールの公共の場における着用がフランスやベルギーで禁止されたことが世界中で議論を巻き起こしたように，服装が異文化関係において問題となることもある。

さらに体臭もデリケートな問題である。例えば，アメリカの大学

で留学生に英語を教えている筆者の友人の女性教員は，1人の男性留学生の体臭の問題の扱いにとりわけ困ったことがある。この男性の体臭とスパイスの強い香りのせいで，クラスでは誰も彼の近くの席に座りたがらなかったが，本人はこのことにまったく気づいていないようだった。他の学生からの苦情もあって，友人の教員が学期半ばに仕方なくこの学生に毎日シャワーを浴びるようにアドバイスすると，彼は感謝すると同時に，できればこのようなことを女性から指摘されたくなかったと語ったという（それでも彼女はその後この留学生から大変親われ，彼の卒業パーティーにも招待された）。

日本では個人主義的価値観への移行を反映してか，身体的特徴に関する文化的規範は近年急速に緩やかになってきているようだが，それでもアメリカなどに比べると学校や職場における規律は厳しい傾向がある。多くの学校や会社で制服があるのに加えて，病院におけるマニキュアの使用の規制なども比較的厳しいようである。また，入れ墨やサングラスの使用に強い文化的制約が存在するのも特徴的といえよう。

2-3　身体的動作

身体的動作によって生み出される非言語メッセージの種類はじつに多様であるが，以下のようないくつかのタイプに分類することが可能である。

[1] ジェスチャー

非言語コミュニケーションという言葉を聞いて，おもに手を使って行う**ジェスチャー**を真っ先に思い浮かべる人が多いのではなかろうか。ジェスチャーにもいくつかの種類があるが，親指と人差し指で円をつくるジェスチャー（図6-1(a)）が英語で"O.K."と「訳す」

(a) O.K.　　(b) Shame on you　　(c) 指をつまむジェスチャー

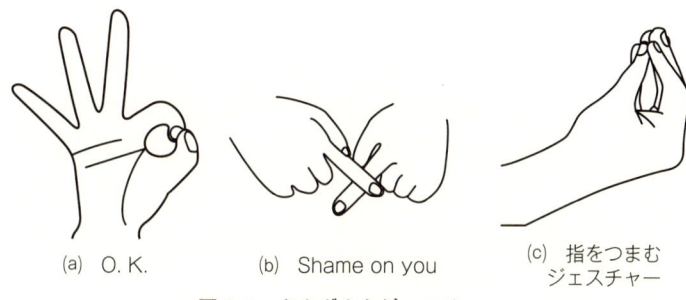

図6-1　さまざまなジェスチャー

ことができるように，言葉に置き換えることが可能なジェスチャーは**エンブレム**（emblem）と呼ばれる。エンブレムの中には，文化によって違う意味で使われるものもあれば，特定の文化以外ではまったく使われないものもある。英語の"O.K."サインは日本語では「お金」の意味で使われることがあるが，フランスでは「ゼロ」（さらに，価値がないことなど）を意味することが多く，さらに文化によっては侮辱的な意味で解釈される場合もある。図6-1(b)はアメリカで（おもに子どもによって）使われるエンブレムだが，"Shame on you."（恥を知りなさい）を意味することを知っている日本人は比較的少ないのではなかろうか。この例のように，シンボルとそれが指し示すものとの関係が恣意的である場合が多いという点で，エンブレムは言語に近い性質を有する。

　先に述べたように，発言内容を補ったり強調したりするのもジェスチャーの重要な機能である。スピーチにおいて強調したい部分を示す手の動きなど，発話に伴うジェスチャーは指揮者のバトンの動きにたとえられることがある。このようなジェスチャーの形および頻度にも文化差が存在し，日本人は会話中の手の動きが比較的少ないようである。対照的に，イタリア人は「手を縛ると話せなくな

2　非言語メッセージの種類

る」と冗談を言われるように、ジェスチャーを多用する傾向がある。例えば、手を上に向けて何かをつまむようなジェスチャー（図6-1(c)）は、「何が言いたいの？」などの問いに伴って使用されるが、指のつまみ具合の強弱と手の振り方で話し手の感情を表現する（ちなみにこの手にキスをして広げると「おいしい！」「完璧！」などを意味するエンブレムになる。この指をつまむジェスチャーは、さらに他の文化でもさまざまな意味で使用される）。

緊張や退屈などの心理状態を反映して無意識に現れるジェスチャーもある。例えば、日本や中国で（とくに男性が）照れたり困ったりしたときに頭をかくしぐさは、他の文化ではあまり見られないようである。例えば、筆者がアメリカの大学の授業で黒澤明監督の映画を見せたときに、三船敏郎が頭をかくしぐさについて学生から質問されたことがある（そう言われてみると、黒澤監督の映画では男性がよく頭をかいているのに気づく）。

[2] 体の動き・姿勢

体全体の動作や姿勢にも文化の違いが現れる。お辞儀はアジアおよびヨーロッパの国々で見られるが、日本人を代表するイメージとしてお辞儀を思い浮かべる人は海外に多い。対照的に、アメリカ人は形式的な儀礼を避け、お互いに地位の差がないかのように振る舞うことを好む傾向があるので、お辞儀はなじみにくい行動といえる。例えば、オバマ大統領が2009年に天皇・皇后両陛下と面会した際に深々とお辞儀したことが世界中でニュースとなった（冒頭の写真参照）。日本では、彼のぎこちないお辞儀から日本への敬意を感じ取った人が多かったようであるが、アメリカではそのような意見の他に、アメリカの尊厳を損なう行為であるなどの批判も目立った。

アメリカの大学で長年日本語を教えている教授がある学生に「君

の日本語は上達したが,頭が動いていないね」と相槌の重要さを説いたように,会話中にうなずく頻度が比較的高いのも日本文化の特徴といえる。また,日本ではデパートなどで店員が客を待たせないように走っている光景は珍しくないが,このような行動は落ち着きがないと否定的に解釈される文化も多い(筆者自身も,大学のキャンパスでアメリカ人の同僚から「また走っているね」と指摘されることがある)。

姿勢もさまざまな意味を伝えるメッセージとなりえる。一般的に,硬く緊張した姿勢が相手に対する敬意を表すことは多くの文化にあてはまるが,このような姿勢に関しても日本とアメリカは対照をなす。就職面接などの場面において,日本ではかしこまった姿勢が普通であるが,アメリカではある程度リラックスした姿勢の方が好印象を与えることが多い。このような違いのせいで,アメリカ人の姿勢が日本人に「無礼」「横柄」「不真面目」「だらしない」などの印象を与えることがある一方,目上の人に対する日本人の姿勢はアメリカ人の目にはへりくだりすぎているように映ることもあるだろう。

[3] 顔の表情

「顔色をうかがう」という表現があるように,顔は人の気持ちを理解するうえで重要な情報源である。顔の表情と感情の関係は心理学において長年活発に研究されており,人類の普遍性を強調する学者たちと文化の影響を強調する学者たちの間で議論が続いている。一般的にいえば,文化を共有する人の顔の表情の方が理解しやすいという可能性もあるが(Elfenbein & Ambady, 2002; Elfenbein et al., 2007),顔の表情に基づく感情の判断の仕方に関しては,さまざまな文化間でかなりの共通性があることが明らかになってきている。とくに,基本的な感情(怒り,嫌悪,恐怖,喜び,悲しみ,驚き,軽蔑)の表情

の認識の普遍性は数多くの研究で確認されている (Ekman, 1972, 1989, 1992; Matsumoto, 2001 等を参照)。さらに，嬉しいときや悲しいときに無意識のうちに顔に現れる表情については，生まれつき目の不自由な人にも同様の感情表現が見られることからも，人類共通の普遍性があると考えられる。

しかし，まわりの人の存在を意識する場面における感情の表現は，文化の制約を受ける可能性が高くなる。例えば，マツモトら (Matsumoto et al., 2008) による 30 カ国以上を対象とした調査では，日本はアメリカやカナダに比べて全般的に意識的な感情表現の度合いが低いことが報告されている。たしかに，日本では伝統的に控えめな感情表現が美徳とされてきた。日本の伝統芸能である能を例に取れば，能面を微妙に下に向けて悲しみ，上に向けて喜びなどを表現する技は，日本文化における繊細な感情表現の美学を体現しているといえるだろう。

感情表現の度合いに加えて，ある種の表情が文化によっては微妙に異なる意味で使われる場合もある。例えば，子どもが先生に怒られたときなどに，ばつの悪さを表す「照れ笑い」は日本の他にもアジアやアフリカの多くの文化で見られるが，このような表情が不真面目あるいは不誠実だと解釈される文化も多い。アメリカは謝るべき場面では笑ってはいけない文化の 1 つであるが，その一方でアメリカ人は他人と目が合ったとき，その人の存在を認識したこと，逆にいえば無視しようとしないことを示すのに笑顔を見せることが多い（これは都会よりも田舎で，そして男性よりも女性によく見られる傾向がある）。このような笑顔は，日本人が知らない人にでも軽くお辞儀するのと同じように，礼儀としての機能を果たしているといえる。さらに，アメリカでは身分証明写真は笑顔が普通である（ただしアメリカでもパスポートは規則が厳しくなり，「普通」の表情が求められるよ

うになったが，それでも笑顔で写真を撮りたい人が多いようである）。アメリカ人のこのような笑顔が他の文化（例：ロシア）において不誠実あるいは軽薄などと解釈されることはまれでない。

[4] アイコンタクト
「口ほどにものを言う」といわれる目も，非言語コミュニケーションにおいて重要な役割を果たす。とくに**アイコンタクト**（視線を合わせること）は会話の流れを調節する役割を果たす場合が多い。まず会話が始まる以前に，人と目が合ったときにほんのわずかにうなずくと同時に眉を上げる動作は，言葉を交わすことを容認するサインとして多くの文化で使われることが知られている（Eibl-Eibesfeldt, 1972; Grammer et al., 1988）。日本ではこのようなしぐさは胡散臭く感じられる可能性があるが，わずかながらこのような目の動きが観察されることもあるだろう。

始まった会話の流れにもアイコンタクトは影響を与えるが，会話を続けるためにどの程度のアイコンタクトが必要とされるかは文化によって異なる。日本ではかつて，目上の人と話すときには目を伏せがちにするのが礼儀とされていたが，このような文化的規範は他のアジアやラテンアメリカの国々にも存在する。対照的に，アメリカ人やイギリス人と話すときにはアイコンタクトを忘れないようにと，英語の授業などでアドバイスされることがあるのではなかろうか。実際，アメリカで車の助手席に座っていると，道路から目を離してこちらの目をわざわざ覗き込むようにしながら話してくれる（？）ドライバーもいる。また，英会話の試験においてアメリカ人試験官の相槌の欠如が日本人受験者とのコミュニケーションの障害となった例を先に紹介したが，実際にはこのアメリカ人女性はアイコンタクトを使って，相手に話を続けることを促していたのである。

このように会話中のアイコンタクトを強調する文化では，会話が終わりに近づくとアイコンタクトが急激する傾向がある。

アラブ諸国では（とくに男性間で）誠実さを表現するためにアイコンタクトが強調される傾向があり，アメリカ人でさえ，これらの国々を訪れるとアイコンタクトの強さに圧迫感を感じることがある。ただし，イスラム文化では男女間のアイコンタクトは制約される。

「眼をつける」というスラングが表現するように，日本では公衆の場で知らない人と視線を合わせることに制約が存在するが，この種のアイコンタクトについても文化差が観察されることがある。人をじろじろ見てはいけないというのは，アメリカでもよく親が子どもに与える注意なのだが，アメリカ人向けに書かれたフランス旅行ガイドブックには，知らない人と視線を合わせないように，というアドバイスがわざわざ書かれていることが多い。実際にフランスを訪れたアメリカ人の中には，街中を歩いたり買い物をしたりしているときにフランス人が他人と視線が合うのを巧妙に避けるテクニックに感心する人が少なくない。これはアメリカ人が「フランス人は愛想がない」という印象をもつ要因の1つでもある。

逆の見方をすると，フランスで見知らぬ人とあえて視線を合わせる行為は，特別な意味をもつと解釈される可能性が高いといえる。とりわけ，女性が男性から向けられた視線を拒まずにアイコンタクトをとると，性的好意の表現として解釈され，さらに男性からアプローチされることになりかねない。このような傾向は，フランスの他にイタリア，スペイン，さらにはラテンアメリカなどの文化でも見られる。先に触れたように，アメリカ人女性は他人と目が合うと，礼儀として笑顔をつくることが多く，この行為がさらに誤解を増幅させることもまれでない。

[5] 身体的接触

親とのスキンシップ（和製英語らしいが便利な言葉である）が子どもの身体的・知的成長に重要な役割を果たすといわれる（Montagu, 1971）ように，人間にとって「触れ合い」は必要不可欠である。しかし，誰の体のどの部分をどのような頻度で触れてもよいかという規範は文化によって異なる可能性がある。タイなどの文化で子どもの頭をなでることが無礼であることはよく知られているが，これは各文化特有の規範を学ぶ重要性を示す例といえる。

身体的接触の度合いに関する文化の違いを表すのに**接触文化**および**非接触文化**という用語が使われることがある。アラブ，（北欧を除く）ヨーロッパ，ラテンアメリカなどは概して接触文化であるのに対して，アジアは非接触文化といわれている（Hall, 1966; Watson, 1970; Remland et al., 1991; McDaniel & Andersen, 1998; Dibiase & Gunnoe, 2004 などを参照）。北アメリカは初期の研究では非接触文化とされていたが，近年は接触文化の方向に変化してきているようである。このような変化に対応するかのように，アメリカでは校内での生徒間の身体的接触，とりわけ挨拶としてよく使われる抱擁（hugging）を禁止する学校が目立つようになってきた。

日本語でも「ハグ」という言葉が使われるようになったが，それでも日本は世界の中でも身体的接触が控えめな文化といえる。筆者がアメリカの大学でこのような話をしていたとき，1人の学生が高校のときに目撃した例について語ってくれた。彼女の高校には日本から2人の交換留学生が来ていて，学年度の終わりに2人を自宅に招いてお別れパーティーをした。彼女は，そのときに日本人留学生の2人が別れを悲しんで泣いていた様子がなぜかずっと忘れられなかったが，非接触文化のことを聞いて，いまやっとその理由に気づいたと語った。つまり，アメリカ人（とくに女性）なら間違いなく

「ハグ」している場面であったにもかかわらず、2人の日本人女性はただ肩を寄せ合って泣いていたという。

ただし、接触文化・非接触文化いう用語はおおまかで精度に欠ける区別であり、実際の接触行動の解釈にはさまざまな要因を考慮する必要がある。例えば、アイコンタクトと同様に、イスラム文化では男女間の接触には厳しい制限が存在する場合が多い。また、同性愛に対する態度は文化によって大きく異なるのに加えて、特定の文化内で現在急速に変化している場合もある。例えば、アメリカの大都市において同性愛者のカップルが手をつないで街を歩く光景は珍しくもないが、田舎ではこのような行動に依然として文化的制約が存在する。

さらに、ここまで述べてきた接触は意識的に行われる行為であることに留意する必要がある。日本のように人口密度の高い国では混雑する状況が多く、通勤電車で人と肩が触れたりするような接触を無視することは、目を閉じて視覚からの刺激を遮断するのと同様、プライバシーを確保するために必要な適応方法である。逆にアメリカの田舎などでは、わずかでも思わず人と接触してしまった場合には謝罪が必要とされることが多い。

2-4　時間と空間

文化人類学者ホールは文化に関する数々の創造的な理論を提唱して、異文化コミュニケーションの学問分野としての確立に大きな貢献をしたが、中でもとくに有名なのは空間と時間に関する理論である（Hall, 1959, 1966, 1976, 1983; Hall & Hall, 1987）。ホールはコミュニケーションにおける対人距離の研究を**近接学**（proxemics）と名づけ、各種のコミュニケーション場面に適切な対人距離が文化によって規定されていることを説いた。彼が行った実験の1つでは、会話中に

実験参加者との距離を徐々に詰めていくことにより，実験参加者を無意識のうちに部屋の端や角に移動させることができたという。

対人距離に関する文化差にも，先に述べた接触文化・非接触文化の区別があてはまる。つまり，接触文化では非接触文化よりも身体的接触およびアイコンタクトの度合いが強いのに加えて，対人距離も短い傾向がある。例えば，筆者は大学で同僚のフランス人教授に話しかけられると，私の顔を覗き込むようにしてアイコンタクトをとる彼女の立つ位置が「一歩近すぎる」ような気がして，思わず後ずさりしてしまうことがある。

ホールはさらに時間感覚に関する文化の違いを分析するために，**単一的時間**（Mタイム；monochronic time）と**多元的時間**（Pタイム；polychronic time）という概念を提唱した。単一的時間と多元的時間の基本的な違いは，前者が物事を一度に1つずつ順番に行う傾向を表すのに対して，後者が複数の事柄を同時に行う傾向を表すことだといえる。したがって，単一的時間文化では締め切り，約束時間の厳守や予約の必要性が強調されるのに対して，これらは多元的時間ではそれほど重要ではない。単一的時間は，限られた時間内に予定された仕事や作業を完結させるのに適しているため，産業革命以降，生産性が重視されるようになった多くの文化に普及していったと考えられる。一方，人間関係に重点を置くのには多元的時間が適している。例えば，深刻な悩みついて相談に来ている友人に対して，予定していた時間に達したので帰ってくれとは言いづらいだろう。ホールは単一的時間文化の典型的な例としてスイスとドイツを挙げ，ギリシャなどの地中海文化，アラブ，ラテンアメリカなどを典型的な多元的時間文化とした。

時間と空間の関係は哲学および科学における重要なテーマであるが，これはホールの理論にもあてはまる。物事を1つずつ集中して

行うのには,外部から遮断された空間が適している。ゆえにホールは,単一的時間文化においては時間と共に空間も細かく区画することが重要であることを指摘し,その例として,ドイツの会社において各部屋のドアを閉めて仕事する習慣を挙げた。このような空間の細かな区画は,柔軟性を重視する多元的時間文化とは相容れない。ホールによると,地中海文化では多くの会社や役所のオフィスに広い待合室があり,社員や職員が待合室に出てきて,そこに居合わせる来客者たちの間を渡り歩いて話を聞き,みなの用件に同時に対応しようとすることもまれでないという。

3 非言語メッセージとコミュニケーション・スタイル

　前章では言語面に焦点をあててコミュニケーション・スタイルについて解説したが,実際には言語メッセージと非言語メッセージはお互いに補い合いながら,全体的なスタイルを生み出す。ここではフォーマル／インフォーマル・スタイルと自己開示スタイルの日米比較を通して,非言語メッセージがコミュニケーション・スタイルの形成にどのように関与するのか考えてみよう。

3-1　フォーマル／インフォーマル

　フォーマル／インフォーマルなコミュニケーション・スタイルは,状況や相手によって話し方を変える程度を表す概念として第5章で紹介した。さらに,日本文化における補完的関係志向,そしてアメリカ文化における対称的関係志向がそれぞれフォーマル／インフォーマルなコミュニケーション・スタイルとして反映されるこ

とに言及した。

　このような日米のスタイルの対比は，非言語コミュニケーションにも注目するとさらに鮮明になる。つまり，日本ではお辞儀や「硬い」姿勢・表情・声の調子などの非言語メッセージが敬語と相まってフォーマルなスタイルを形成する。一方アメリカでは，リラックスした姿勢，表情，声の調子，そして相手の腕や肩に触れる行為などが，ファーストネームやユーモアの多用などの言語コミュニケーションの特徴とともにインフォーマルなスタイルを織りなす。アメリカの大学の講義スタイルを例にとると，教授はTシャツにジーンズ姿で，机に腰かけて両足をぶらぶらさせながらユーモアを交えて対話形式で授業を進める一方，学生も空いたいすに足を投げ出したり，片膝を立てたり，あぐらを組んだりして座りながら，ときには教授にファーストネームで呼びかけて質問をするような光景さえ見られる。

3-2　自己開示

　前章では自己開示に関する文化差の例として，バーンランド (1979; Barnlund, 1989) の日米比較研究を紹介した。ここで再度128ページの図5-2を見ていただきたい。この図は，アメリカ人の方が日本人よりも言語コミュニケーションによる自己開示の度合いが大きいことを視覚的にわかりやすく表現している。

　この1970年代〜80年代の研究が今日に至るまで高く評価され続ける大きな理由の1つは，バーンランドが自己開示を言語コミュニケーションのみならず，非言語コミュニケーションの現象としても調査したことである。バーンランドは，会話と同様に，身体的接触も人に自分を「開く」手段であると見なした。彼はこの認識に従って，異性の友人，同性の友人，母親，父親との関係において，体の

異性の友人　同性の友人　母親　父親

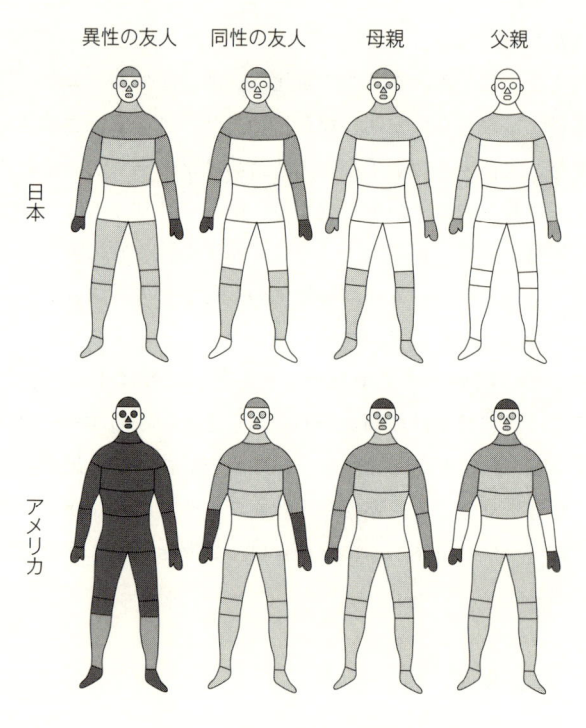

日本

アメリカ

□ 0～25%　▨ 26～50%　▧ 51～75%　■ 76～100%

図6-2　身体的接触の日米比較
（出典）バーンランド，1979。

どの部分に触れ，そして触れられたことがあるかについて質問紙調査を行ったのである。その結果をまとめた図6-2を見ると，アメリカ人の接触の度合いが日本人よりもはるかに大きいことがわかる。さらに，この図を先の図5-2と比較すると，日米文化の違いが言語・非言語の両面における自己開示スタイルの差として確認できる。

　身体的接触に加えて，声の大きさなどの周辺言語，顔の表情による感情表現，アイコンタクト，対人距離などの非言語行動なども自

己開示の文化的スタイルを織りなす要素として考えられる。このように広い意味での自己開示の文化差は，先に解説した接触文化・非接触文化の区別とも関連している。

　最後に，言語・非言語コミュニケーション行動は日米など国単位の文化的スタイルの違いに加えて，共文化に特徴的なスタイル，個人差，そしてコンテキストの影響を受けることを再び強調しておきたい。

●——桜木俊行

コラム⑦　映画に見る異文化コミュニケーション③——『マイ・ビッグ・ファット・ウェディング』(原題：*My Big Fat Greek Wedding*, 2002年, アメリカ)

シカゴを舞台にギリシャ系女性トゥーラとアングロサクソン系男性イアンが恋に落ち，結婚に至るまでの過程をコミカルに描くこの映画では，2人の家族の文化の違いのユーモラスな描写が大きな見所になっている。

ギリシャはホールによって多元的時間文化の典型例として言及されたが，映画ではトゥーラの家にいとこや甥っ子がひっきりなしに出入りする様子が，多元的時間文化における空間利用の特徴を鮮明に表現している。さらに，ギリシャは接触文化といわれるが，映画ではこの特徴もユーモラスな効果を生み出すために存分に活用されている。例えば，イアンがトゥーラの親戚一同にはじめて紹介されると，みな一斉にイアンを取り囲み，彼に抱きつき，髪に触れ，頬をつねり，キスし始める。

対照的に，単一的時間文化および非接触文化を体現するのがイアンの両親である。イアンがトゥーラを連れて両親の家を訪れるシーンでは，控え目な笑顔を浮かべるイアンの両親が四角いテーブルを挟んでイアンとトゥーラのカップルと整然と対面する。音楽も流れていない静寂とした雰囲気の中，落ち着いた声で交わされる会話は途切れがちで，沈黙が目立つ。この後，イアンの両親はトゥーラの家を訪問することになるが，どのような滑稽な状況になるかは，映画を未見の方にもおおよそ予想がつくだろう。

映画における特定の文化グループの描写にはステレオタイプを増長する危険性が常に含まれ，誇張と現実感のバランスを保つことはコメディーという枠の中ではとくに困難である。『マイ・ビッグ・ファット・ウェディング』はこの点でまれに見る成功を収めた作品といえる。

●——桜木俊行

第7章
カルチャーショックと適応のプロセス

アメリカの大学の留学生オリエンテーションでのスナップ写真
(写真提供：Jeffrey W. Anderson)

　新しい学校や職場に入るときに，期待と同時に緊張や不安を感じた経験は誰にでもあるだろう。生活環境が変わると精神的にも肉体的にも疲れるものである。ましてや，言葉や習慣が違う異文化での生活になじむには大変な努力を必要とし，その負担がストレスとなって心身にのしかかる。このような異文化への適応の困難に起因する心身の不調は**カルチャーショック**と呼ばれる。本章ではカルチャーショックの特徴，異文化適応の一般的なプロセス，異文化適応に影響を及ぼす要因，人間的成長の過程としての異文化適応，そ

して異文化経験によって生じる文化的アイデンティティの変化について考察する。

1 カルチャーショックの特徴

　カルチャーショックという言葉は，1950年代に文化人類学者オバーグが講義で使用し，その講義の内容が後に学術誌に発表（Oberg, 1960）されたことにより，一般に広まったといわれる。当時カルチャーショックという言葉が注目されるようになった背景には，第二次世界大戦の終結，そしてジェット旅客機の誕生に伴い，ビジネスや旅行で世界の国々を行き交う人々の数が急増したことがあった。さらに，アメリカでフルブライト交流事業と平和部隊が発足したことも，研究者の間でカルチャーショックの現象に対する関心が急速に高まる要因となった。

　以降今日に至るまで，留学，ビジネス，ボランティアなどの目的で異文化に滞在する人々が経験するカルチャーショックについて研究調査が行われてきた。これらの調査ではカルチャーショックがさまざまな心身の不調として現れることが報告されており，とくに頻繁に言及される「症状」は次の通りである（Oberg, 1960; Guthrie, 1975; Adler, 1975; Taft, 1977; Barna, 1983; Furnham & Bochner, 1986; Kohls, 2001を参考）。

・気持ちの落ち込み
・強い不安・緊張感
・思考力・集中力の低下
・退屈感（何にも興味がもてない）
・自信喪失

- 情緒不安定（いらいらする，怒りっぽくなる，とめどもなく涙が出てくるなど）
- 人間不信，被害意識（周囲の人が信用できない，周囲の人に嫌われていると感じるなど）
- 潔癖症（必要以上に食べ物や環境の衛生状態を気にする）
- 現地の人々および文化に対するステレオタイプ的な見方，さらには偏見
- 自文化の物（食べ物，ニュース，音楽など）への強い欲求
- 疲労・倦怠感
- 頭痛，腹痛
- 不眠あるいは過眠症
- 食欲不振あるいは過食
- アルコール依存

このような心身の不調は，うつ病の一般的な症状と共通する部分が多い。うつ病が家族や友人との死別，離婚，失業などの「喪失経験」によって引き起こされることがあるように，カルチャーショックは自文化で慣れ親しんだ「シンボル」の喪失に起因すると考えられている。ここでいうシンボルは，言語（母国語）に限らず，交通機関の使い方やテーブルマナーなど旅行ガイドブックに載っているような習慣・マナーを始め，会話における話題の選び方，感情表現の仕方，依頼の仕方・断り方などコミュニケーションのルール，さらに広くいえば人とのつき合い方に至るまで，社会の中で機能するために必要なあらゆる行動規範を含む。

「ショック」という言葉は突然起こる現象をイメージさせるが，実際には異文化において未知のシンボルに囲まれて生活するストレスが蓄積していくにつれて，カルチャーショックは徐々に心身の不調として現れ始めることが多い。つまり，カルチャーショックは異

文化適応のプロセスの一部として理解されるべき現象なのである。

2 異文化適応曲線

2-1 U 曲 線

　異文化適応のプロセスに関する先駆的研究として広く認識されているのは、フルブライト奨学生としてアメリカに滞在したノルウェー人たちの経験を分析したリスガード（Lysgaard, 1955）による調査である。この調査ではアメリカ滞在期間が、①0〜6カ月，②6〜18カ月，③18カ月以上，の3つのグループの異文化適応度を比較したところ，②のグループの適応度が①と③のグループより低いという結果が現れた。この研究以降，異文化への適応過程は途中落ち込む期間を含む数段階からなるという仮説が有力になり，このモデルは**U曲線**と呼ばれるようになった（図7-1）。

　U曲線を形成する段階の数および各段階の名称に関しては，いくつかのバリエーションが提唱されてきたが，その最も単純な形として**ハネムーン期**，**カルチャーショック期**，**適応期**の3段階からなるモデルが考えられる。ハネムーン期は陶酔期とも呼ばれ，異文化ではじめて接するものすべてが新鮮に，そして興味深く感じられ，気持ちが高揚する時期を指す。この段階における現地文化に接する態度は，観光客的といえるだろう。それゆえ，現地の言葉が話せなくて最低限のコミュニケーションもままならない状態でさえも，店でうまく買い物ができた，などの小さな「成功」を喜ぶことができる。

　カルチャーショック期は，異文化到着後当初の物珍しさや興奮が薄れ，しだいに文化の違いにストレスを感じるようになることによって始まる。現地の気候や食べ物が嫌になってきたり，最初は興

```
心身の状態
         ハネムーン期      適応期

                カルチャーショック期
                                    時間
```
図 7-1　U 曲線

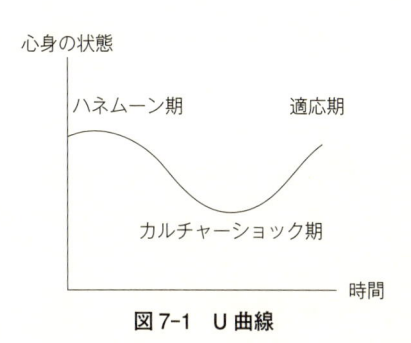

味深く感じられた習慣の違いも不合理に思えたりし始めるかもしれない。その一方，現地の人々との関係については，最初の観光客レベルの接し方では満足できなくなり，もっと有意義な人間関係を望むようになるが，言葉の壁や，場合によっては偏見の問題などにぶつかって思うようにいかないことも多い。このように，自分の望む異文化コミュニケーションのレベルが高くなるにつれて理想と現実の隔たりを意識し始めると，「失敗」が目につくようになり，自分の能力に対する失望感が募る可能性もある。

　カルチャーショックの克服は環境の変化への一般的な適応の過程と同様に，ときが経つにつれて自然に起こる部分が小さくないが，いくつかの対策も提案されている。例えば，適度の運動がストレス解消に役立つことはよく知られているが，これはカルチャーショックにもあてはまる。日本人であれば，定期的に日本の友人や家族と連絡を取り合ったり，インターネットなどで日本のニュースを入手したりすることも，ホームシックを和らげる効果が期待できる。

　人によっては現地に在住する他の日本人と知り合いになることも役立つかもしれない。もちろん，日本人コミュニティーに浸りきりでは，長期的に見ると異文化適応の妨げとなるだろうが，現地在住日本人とのつながりは，日本の食材が手に入る店など日常生活に役

立つ情報の交換を可能にするなどメリットも多い。さらに，日本に限らず他の国々から来ている人たちとのつながりも，共通の悩みを相談し合えるなど，サポート・ネットワークとして機能することが多い。大学では新入留学生のためにオリエンテーションや歓迎会を開催することが多いので，そのような場で知り合った人と連絡を取り続けるとよいだろう。

また，現地の人がその文化の案内役としてカルチャーショック克服の支援に大きな役割を果たすケースも多い。このような役割を果たせる人は，自身も過去に留学などの異文化経験がある場合が多い（このような理由で，外国人留学生が住む寮に，留学経験のある自国人学生を優先して住まわせる大学もある）。さらに大学では，留学生アドバイザーや指導教官に相談してみるのもよいだろう。

カルチャーショックは異文化適応の過程における危機的状態であるが，たいていの人はやがて現地の文化・言語を習得しながら落ち込んだ状態からはい上がり，適応期を迎える。さらに適応期の後半に入ると，無意識のうちに現地の文化に合わせてスムーズに行動できる場面が増えてくるかもしれない。そして，U曲線の終盤には異文化適応に対する自信と満足感が高まるのに加えて，やっと慣れた異文化に間もなく別れを告げる悲しみ，そして帰郷できる嬉しさを感じる人が多いだろう。

2-2 W 曲 線

ハネムーン期，カルチャーショック期，適応期からなる異文化適応のU曲線は，さらに帰郷後の自文化への再適応過程の描写にも応用されるようになった。図7-2のように，異文化適応と自文化再適応の2つのU曲線は，合わせて**W曲線**と呼ばれる（Gullahorn & Gullahorn, 1963）。

図7-2　W曲線

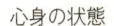

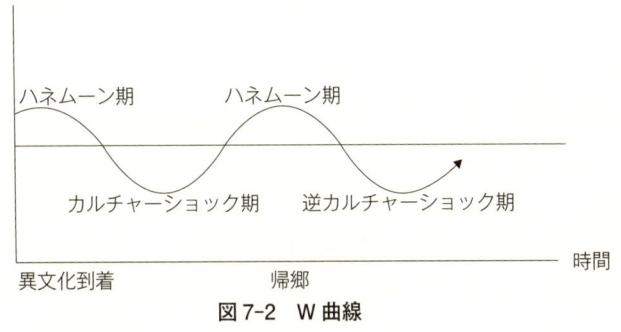

　異文化での生活を終えて帰郷した人が，家族や友人との再会を喜び，懐かしい風景や食べ物を楽しむ時期が第2のハネムーン期である。しかし，帰郷当初の高揚した気持ちが薄れてくると，自文化への再適応の問題が露呈し始める。この段階に関してよく言及される問題としては，周囲の人々が自分の異文化での経験にあまり興味をもってくれないことに対する不満が挙げられる。たしかに，海外から帰ってきた友人からたくさんの写真を見せられて，土産話を長々とされるのを歓迎しない人が多くても不思議でない。また，留学やボランティアから帰国した場合，就職や進学について不安を感じる人も多い（Gaw, 2000）。

　さらに深刻な問題は，異文化経験を通して自分自身の価値観に変化が起こり，自文化の規範や習慣に疑問を抱き始めることである。例えば，インドなどでのサービス・ラーニング（現地での地域貢献活動を通して学ぶこと）・プログラムに参加したアメリカ人学生の多くが帰国後，アメリカ社会の物質主義・浪費主義に批判的になるのは当然の結果といえるかもしれない。このように自文化に対する新たな疑問や不満が膨らんでいくと，いわゆる**逆カルチャーショック**状

態に陥ることになる。この自文化におけるカルチャーショックは予期しない人が多いがゆえに、異文化でのカルチャーショックより重症になる可能性も考えられる。

　逆カルチャーショックの対処法としては、外国で知り合った人たちとメール交換を続けたり、海外ニュースを定期的にチェックしたりして、自分と異文化とのつながりを維持することが考えられる。また、自分と同じように海外滞在の経験をもつ人々とのネットワークを形成したり、自分の異文化経験を生かせるボランティアの機会を見つけたりすることも、逆カルチャーショックを克服して自文化に再適応するのに役立つだろう。実際、青年海外協力隊などの団体にはOB／OG会が存在し、このような活動の場を提供している。さらに、自分が培った異文化コミュニケーション能力を利用して新たなキャリアを開拓することに成功する人もいる。

3　異文化適応に影響を及ぼす要因

　異文化適応曲線は異文化コミュニケーション教育・訓練（第9章参照）において長年広く利用されてきたが、その理論としての妥当性については批判も存在する。1960年代以降、U曲線あるいはW曲線の存在の検証を試みて数多くの実証的研究が行われてきたが、適応曲線の妥当性を支持する研究結果は、まばらにしか報告されていない（Church, 1982; Black & Mendenhall, 1991; Ward, 2004）。これらの実証的研究の結果が示唆するのは、異文化適応における個人差の大きさである。

　異文化適応のパターンに影響を及ぼす要因としては、次のような個人レベルの要因と文化・社会レベルの要因が考えられる。

[個人レベル]
  ・年齢
  ・性別
  ・異文化滞在への動機づけ
  ・異文化滞在に向けての準備の度合い
[文化・社会レベル]
  ・異文化と自文化の違いの大きさ
  ・現地におけるサポート・ネットワーク（人間関係）の有無
  ・受け入れ側となる文化・コミュニティーの「他者」に対する
    態度

　大人と比べると子どもの方が一般的に言語の習得を含めて異文化に適応する能力が高い傾向があるといわれている。それでも，例えば日本人家族の場合，子どもを日本人学校に通わせるか，さらにそのような選択肢がない場合，日本語・日本文化の教育をどうするかは難しい問題である。さらに，異文化に順調に適応した子どもが後に帰国子女として深刻な逆カルチャーショックの問題に直面することも多い。また，海外赴任者の場合，本人は仕事という具体的な目標と職場での人間関係があらかじめ存在するのに対して，帯同する配偶者は必ずしもみずから望んで異文化に移り住んだわけでなく，現地で人間関係を築くのに時間がかかることも多いので，現地到着後ハネムーン期を経ることなくカルチャーショック期に陥るケースもあるだろう。

　文化差の大きさについては，例えばアメリカ人にとって，イギリス留学と中国留学とでは異文化適応の困難の度合いがまったく違うのは明白である。さらに別の例として，北欧諸国などホフステード（Hofstede, 1980）のいう「女性的」（性役割分担の度合いが弱い）文化

出身の人が，日本やイスラム諸国などの「男性的」（性役割分担の度合いが強い）文化を訪れる場合を考えると，この文化的価値観の違いがとくに女性の適応過程において深刻な障害となる可能性が考えられる。逆に，日本人女性が欧米滞在経験を終えて帰国後，日本における性役割分担に関する文化的価値観への再適応に苦労するケースも珍しくない。このように，さまざまな要因が複雑に絡み合って適応過程に影響を与えることを考えると，そのパターンに個人差が大きいのは当然である。

さらに，人間行動をモデル化（つまり単純化）して説明する試み全般に共通する問題として，異文化適応という複雑な現象をU字型やW字型の単純な曲線で表現すること自体に無理があるという批判がある。たしかに，新たな技術や能力（仕事，スポーツ，楽器など）を身につけようとする過程において，自分で上達したと思ったら再び新たな壁にぶつかって悩むことを繰り返すのが普通であるが，これは異文化適応過程にもあてはまる。したがって，実際の異文化適応の過程はいくつもの大小の浮き沈みからなることが予想される。

しかし，個人差の存在および単純化の問題は，必ずしも異文化適応曲線の有用性を否定するものではない。異文化での生活において，新たな文化に接する喜びや文化の違いに関する悩みなど，気持ちの浮き沈みは誰もが経験するはずである。異文化適応曲線についての知識は，実際にカルチャーショック状態に陥ったときに，この状態が異文化適応の過程におけるごく普通の段階であるという認識を与えてくれる。多くの場合，このような認識自体が挫折感を軽減し，カルチャーショック克服に大きく役立つ。

また，異文化適応曲線の理論は自分自身の状況を客観的に分析するための思考枠組みとしての働きのみならず，留学やビジネスで日本に滞在する外国人およびその家族など，異文化適応過程を経験し

ている「他者」に対する理解の向上にも役立つと考えられる。このような理解の向上は，留学生に接する教員や多国籍企業の社員などはもちろん，グローバル化が進む現代社会に生きる私たち全員にとって重要な課題である。

▶ *4* 「成長」過程としての異文化適応

カルチャーショックを「病気」のようにとらえ，その「症状」を診断し，「回復」のための対処法を提示することは，異文化適応に関する初期の研究に共通する特徴の1つであった。たしかに，カルチャーショックはストレスに起因する精神的・身体的不調の一種であるから，この現象の理解への「病理的」アプローチには合理性がある。

しかし，異文化コミュニケーション学者の間では1970年代後半以降，カルチャーショックを必ずしも否定的にとらえるのではなく，個人の人間的成長の過程において必要な段階としてとらえる考え方が広く受け入れられるようになった。そのような視点に基づく理論としてとくによく知られているのはミルトン・ベネット（Bennett, 1986, 1993）が提唱した**異文化感受性発達モデル**（the developmental model of intercultural sensitivity）である。このモデルは，文化差の認識に基づいて自己の世界観を形成していくことを人間としての発達過程と見なし，その発達段階を分類している。さらにこの理論的枠組みに基づき，個人の異文化感受性レベルを測定する尺度も開発されている（Hammer et al., 2003; Hammer, 2011）。

異文化感受性発達の基本的な道筋は，自文化を自然かつ合理的な唯一の視点とする**自文化中心主義**（ethnocentrism）から，文化によっ

```
1.否定 → 2.防衛 → 3.矮小化 → 4.受容 → 5.適応 → 6.統合
  └─────────────────────┘   └─────────────────────┘
     自文化中心主義              文化相対主義
```

図 7-3　異文化感受性発達モデル

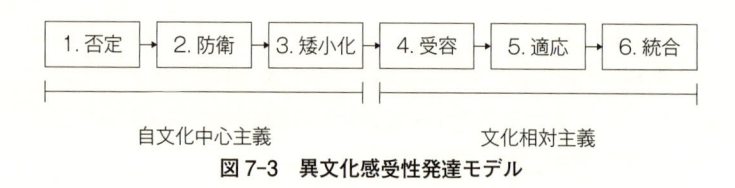

て異なる視点を認識かつ尊重する**文化相対主義**（ethnorelativism）への移行である。この移行プロセスはさらに，**否定**，**防衛**，**矮小化**，**受容**，**適応**，**統合**の 6 段階に分類される（図 7-3）。

これら 6 段階のうち，前節で概説した異文化適応過程に直接関連するのは「否定」から「適応」までの 5 段階である。以下，これらの段階を異文化適応のプロセスの視点から概説する。

4-1　否定段階

「否定」は異文化感受性が未発達の段階で，異文化に対して根本的に無関心なのがその特徴である。異文化についてわずかに有する知識は，表面的な客観・物質文化（例：日本の寿司や着物など）に限られていることが多く，行動規範や価値観などに関する文化差の存在の認識が欠如している。この段階にいる人の多くは実際に異文化に接した経験が乏しく，当然カルチャーショックを経験したこともない。しかし，そのような人でさえ，実際に異文化を訪れると，いつまでも文化差に目を背けているわけにはいかず，否定段階を脱する可能性が高い。

4-2　防衛段階

未知なるものに遭遇したとき，自己防衛反応を起こすのは生き物の本能であろう。異文化という未知に対する自己防衛反応の典型的な形は，自分の文化が他よりも優れているという価値判断である。

みずからを特定の文化集団の一員と認識した途端に「ウチ」対「ソト」という二元的思考に陥り，内集団への「身びいき」をする傾向は，文化的アイデンティティ理論（Tajfel & Turner, 1979）に基づく数多くの実験研究でも報告されている。

ただし，ベネットによると，この「防衛」段階にいる人の中には，自文化への身びいきとは正反対に，自文化を蔑視すると同時に他文化を理想視する人も存在するという。実際，発展途上国にボランティアとして訪れたアメリカ人が，物質主義的なアメリカ文化に極度の嫌悪感を抱き始めると同時に，物質的に貧しい生活の中にも精神的な豊かさを維持しているように見える現地文化に傾倒するようなケースは珍しくない。一見このような人は異文化感受性が高いように見えるが，実際には自文化を身びいきする人と同様，二元的な価値判断にとらわれている状態だとベネットは指摘する。

4-3 矮小化段階

このような二元的思考から脱する方法の1つとして，文化的背景の異なる人々の間に存在する共通点に注目することが考えられる。「言葉や文化が違っても同じ人間だ」という考え方自体はもちろん間違っているとはいえないし，このように考える人は偏見や差別に反対する態度をもっている可能性が高いだろう。

しかし，文化の違いを人類共通の根本的性質を覆う表面的な違いとしてとらえることには，文化の違いの根深さを軽視する危険も伴う。ベネットは，このように文化差を「矮小化」する傾向を文化相対主義に達する一歩手前の段階と位置づけ，この段階にいる人に最も必要なのは，自文化の影響についての認識を高めることだと主張する。例えば，異なる文化のコミュニケーション・スタイルに遭遇した場合，みずからの言語・非言語コミュニケーション行動が自文

化の影響を強く受けていることを認識しないと，相手の人を「変な人」や「常識に欠ける人」などと判断してしまうかもしれない。

4-4 受容段階

「受容」は文化相対主義への変化を意味する。この段階に入ると，文化の違いの存在は必然的であり，尊重されるべきであるという意識が生まれる。そして，このような意識の根底に存在するのが，異文化に対する純粋な興味である。この段階に達した人は，自分にとってなじみのない行動様式や価値観に遭遇すると，自分と他者の違いがたんなる個人差ではなく，文化差である可能性に注目し，性急な価値判断を避けつつ他文化についての理解を深めることに努める。

例えば，パキスタンでは，結婚する本人よりも両親の意思によって結婚相手が決められることが現在も珍しくないが，このような「お見合い結婚」はアメリカ人はもちろん，多くの日本人にとっても理解し難いかもしれない。しかし，このような習慣についても，集団主義の文化的価値観の視点から理解を試みることが可能であろう。

4-5 適応段階

文化差を認識し尊重するにとどまらず，必要に応じて「他者」の文化的行動様式や世界観を自分のものとして取り込む能力を身につけると，「適応」段階に達する。ベネットはこのような能力を**エンパシー**（empathy：共感あるいは感情移入ともいう）と呼び，他者に共感することが必ずしも自文化の放棄を意味するわけではないことを強調する。このようなエンパシーの例としては，アメリカから日本に移り住んだ人が，自文化に特徴的な対称的関係の価値観も維持し

つつも，日本社会における上下関係（補完的関係）の重要性を理解して敬語を必要に応じて使いこなす場合などが考えられる。

　異文化感受性発達モデルにおける自文化中心主義から文化相対主義への変化は，自己中心的な子どもが他人を思いやることを学び，その場の状況を考えて行動できる大人に成長する過程と似ているといえるだろう。この発達過程に不可欠な要素は文化差の認識であるが，ファッションや音楽などの文化の表層にとどまらず，価値観などの深層文化をも認識する能力を身につけるのは，実際に異文化で生活する経験なくしては困難かもしれない。さらに，認識した文化差を善悪，優劣など二元的にとらえるのを避け，また矮小化するでもなく，ありのままに受け入れられるようになるまでには，かなりの葛藤期間を要するのが普通である。このような視点から見ると，カルチャーショックは自文化中心主義から脱却するために必要かつ貴重な経験だと考えられる。

5　異文化経験とアイデンティティの変化

　人間の成長過程において「自己」が変化していくように，異文化経験を通して自文化中心主義から文化相対主義へと成長する過程において，自分の文化的アイデンティティが変化していくことは避けられない。異文化感受性発達モデルにおいては，「適応」段階で異文化適応能力が望ましいレベルに達するが，この段階に達した人の多くはさらに，文化的アイデンティティの変化を経験する「統合」段階に進むと考えられている。この統合という概念についての背景知識として，まず文化的アイデンティティの変化にどのような種類が存在するかを見てみよう。

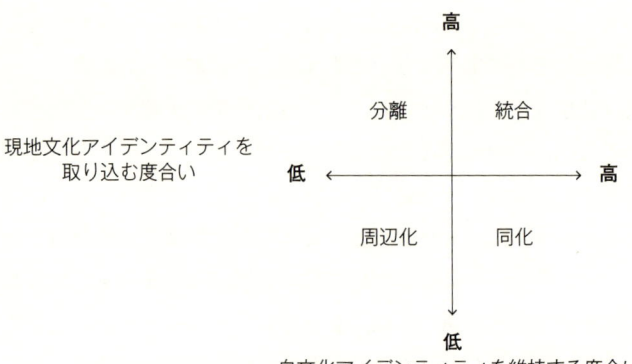

```
                        高
                        ↑
              分離    |   統合
                        |
現地文化アイデンティティを  |
取り込む度合い      低 ←――――+――――→ 高
                        |
              周辺化  |   同化
                        |
                        ↓
                        低
           自文化アイデンティティを維持する度合い
```

図7-4　文化的アイデンティティの変化の分類

　異文化経験が個人の文化的アイデンティティにもたらす変化を説明する理論的枠組みとしてよく知られているのはベリー（Berry, 1980, 1997, 2005）が提唱した分類法である。この理論では，異文化で生活する個人が，①自文化アイデンティティを維持することを望むか，②現地文化（ホスト文化または多数派文化と呼ばれることもある）の人々およびコミュニティーとの関係を積極的に築いていくことを望むか，という2つの基準によって文化的アイデンティティが4種類に分類される（図7-4）。

　現地社会に参加することを避け，自文化アイデンティティを維持しようとする態度は「分離」と呼ばれ，海外赴任者とその家族を例にとれば，現地の日本人コミュニティー以外の人との接触がほとんどない場合が考えられる。逆に，「同化」は自文化アイデンティティを捨てて，現地文化に溶け込むことを最優先する態度である。海外留学中の日本人が他の日本人との接触を極力避けながら現地の人とつき合おうとする場合などは，同化の例といえるだろう。そして「統合」は，自文化アイデンティティを維持しつつも積極的に現

地の人々と人間関係を築き，地域コミュニティーの一員になろうとする態度である。最後に，自文化アイデンティティの維持，現地文化との関わりのどちらも望まない，つまり自分の居場所がないような状態は「周辺化」と呼ばれる。

この分類法において，「統合」が文化的アイデンティティの変化の理想的な形であるという解釈については，研究者の間でおおむね意見の一致が見られる。このような考え方はベネットの異文化感受性発達モデルにも反映されている。つまり，「分離」と（それが反転した）「同化」は異文化感受性発達モデルにおける「防衛」段階に相当し，「統合」は最終（最上）段階として位置づけられている。

さらに，ベネットは「統合」段階の重要な要素として**周辺性**（marginalit；境界性と訳されることもある）という概念を提唱した。つまり，異文化感受性が高度に発達すると，やがて自己に内在する複数の文化的視点の間に葛藤が生じて，どの文化においても自分がその中心から外れた周辺に存在しているように感じるようになるという。実際，異文化で長年生活した経験をもつ人が，自分の文化的アイデンティティの喪失感に悩むケースは珍しくない。しかし，このような「周辺化」の悩みも，異文化感受性が高いレベルにまで発達した証と見ることができるかもしれない。

ベネットは，複数の文化的視点を自己の中で建設的に統合する鍵となるのは，各コンテキストごとに適切な文化的視点を選択する能力だと説く。ベネットはそのような能力の例として，日米文化に精通した人が特定のコミュニケーションの場面と相手を考慮した結果，あえてアメリカ的なコミュニケーション・スタイルを日本で使うケースを挙げている（Bennett, 1993）。また，先に言及したパキスタンにおける「お見合い結婚」の例についていえば，この習慣の文化的背景を十分理解しながらも，特定のケースによっては，人権など

に関する自文化の観点から倫理的判断を下すことも「統合」段階の例といえるかもしれない。

　ベネットとベリーの理論的モデルは異文化経験と文化的アイデンティティの関係を説明するため広く利用されてきたが、やはり先に述べた単純化の問題に留意する必要がある。文化的アイデンティティはきわめて複雑な概念であるばかりでなく、動的な性質も有する。異文化で長期間生活する人が文化的アイデンティティの揺れを感じることはまれでなく、単純に「同化」や「分離」のカテゴリーに分類できない状態も存在しうる。また、「統合」は異文化経験が生み出す文化的アイデンティティの変化の理想的な形だと一般的に考えられているが、根本的にアイデンティティの問題というのは、各人が人生を通して自分なりの答えを模索し続けるものであろう。それでも、ここで紹介した理論的枠組みは、そのような模索の過程において自己分析の助けとなるはずである。

●──桜木俊行

コラム⑧　青年海外協力隊員の日本再発見

　青年海外協力隊員は，国際協力活動の一環として，日本政府がアジア，アフリカ，中東，オセアニア，中南米などに派遣している国際ボランティアである。1965年にこの制度が発足して以来，2013年までに計88カ国に，約4万人弱が参加している。協力隊の特徴は，協定国から要請を受けて人材を派遣するという技術協力型であり，隊員の職種は，農林・水産，酪農，電気・電子機器，自動車整備，建築，看護師，青少年活動，体育，環境教育，日本語教師，理数科教師，PCインストラクターなど，じつに200種以上にも及んでいる。

　派遣された時期，国，地域，職種，カウンターパートとなる人々，コミュニティーの社会・文化的状況によって隊員1人ひとりがたどる心の軌跡はそれぞれ異なるが，異文化適応という点で隊員たちはほぼ共通した過程をたどる。とくに，赴任当初は，習得したはずの言語がまったく通じず，人々とコミュニケーションをとること自体が困難で，しかも派遣された地域の状況が予想していたものと大きく異なり，自身が何のために派遣されてきたのかわからなくなったりすることもあるようだ。生活面でも，水，トイレ，公衆衛生，食生活，治安などの他，プライバシーの確保，孤独，対人関係，時間感覚などで相当程度「落ち込む」人も多く，カルチャーショックともいえる状態が半年から1年ほど続く人も多いという。しかし，遅くとも2年目からはようやく生活にも慣れ，理解と誤解を繰り返しながら現地の人々との共同作業を通して，それなりの成果が挙げられるようになるようだ。

　このように，現地での成功および失敗体験を経て，大きく成長し，意気揚々と帰国した隊員たちをほとんど例外なく待ち受けているのが「逆カルチャーショック」（帰国後不適応）である。その症状の1つに，日本社会・文化についての深い失望感がある。例えば，「日本の常識は世界の非常識」「不必要なまでに物が溢れている」「ブランド社会であり，偏差値教育が幅を利かせている」「相手のことを気にしすぎて，本音がわからない」「個性がありすぎると潰される」「多様性が認められない」「街で，知らな

い人とは一切目を合わさず，無視する態度が気になって仕方がない」など以前はあたりまえにとらえていた社会のあり方や人々のコミュニケーション・スタイルに悩まされるようだ。さらには，もとの職場に復帰した場合，「システムの中に組み込まれた自身の役割に息苦しさを感じる」「上下関係が強すぎる」といった悩みも聞かれる。

　もちろん時間の経過とともに，日本の社会に再適応することができる者も多いが，2年間の濃密な異文化コミュニケーション体験は，彼らのその後の生き方に大きな影響を与えていることは間違いない。アジアやアフリカ，あるいは中南米など，どの地域に派遣された隊員でも，生活水準はともかく，現地の人々のもつ，「明るさ」「率直さ」や，「気力に満ちたたくましい」生き方，さらには人間同士の濃くて温かい触れ合いや生き生きとした暮らしぶりには学ぶことも多かったようだ。まさに，支援に行ったはずの自分が，反対に大きく支援を受けた感覚になって戻ってきた者も多いという。このような協力隊員に起こった視点の転換は，じつはわれわれに多くのことを教えてくれている。彼らの声に耳を傾け，忙しく非人間的ともいえる日本の生活，文化パターンを一度相対化してみてはどうだろうか。

●──久米昭元

コラム⑨　映画に見る異文化コミュニケーション④──『名もなきアフリカの地で』(原題：*Nirgendwo in Afrika*, 2001年, ドイツ)

　実話に基づくこの映画の始まりとなる1938年のドイツではナチスが台頭し，ユダヤ人市民は日ごとに増す迫害の危険におびえていた。家族の安全を危惧したユダヤ人弁護士ヴァルター・レドリッヒは単身ケニアに渡航して小さな農場運営の職を得た後，妻イェッテルと娘レギーナを呼び寄せ，共に辺境の村で新たな生活を始める。農場で働く現地人の中では，食事の世話をするオウアが最も頼りになる存在になっていった。翌年に第二次世界大戦が始まると，レドリッヒ一家はドイツ国籍であるがためにイギリス軍が管理する敵国人収容所に収監された後，別の村で農場の運営を再開することになる。それまで学校に通う機会がなかった娘レギーナは，ナイロビの寄宿学校に入学する。終戦後ヴァルターがドイツでの判事の職のオファーを受けると，一家は帰国を決意する。

　アカデミー最優秀外国語映画賞を受賞したこの作品では，レドリッヒ一家のそれぞれの異文化適応過程が丁寧に描かれている。アフリカへの渡航をみずから計画したヴァルターは，異文化適応の困難に淡々と立ち向かった。彼がマラリア感染から回復する様子を描く映画の冒頭シーンは，彼が現地での生活に順応し始めていたことを象徴する。さらにこのシーンでは，彼が闘病中に世話になったオウアと信頼関係を築き始める様子も描写されている。

　最も深刻なカルチャーショックを経験することになるのは妻イェッテルであった。適応曲線のハネムーン期は，彼女には見られない。これには，やむをえず祖国を脱出したという事情に加えて，アフリカでの生活に対する予備知識の欠如も影響していた。例えば，夫の指示に反して彼女はドイツを出る際に高価なドレスを買ってアフリカに渡った。現地の気候や食べ物など，何もかもが気に入らないイェッテルは，やり場のない不満を押さえきれず，夫と口論が絶えないばかりかオウアにまでやつあたりする。

　映画はその後のイェッテルの変化をさまざまな場面のディテールを通して描写する。例えば，最初の農場ではすぐに引っ越すつもりで，客用の高

級食器が入った荷物を開けようともしなかったが，次の農場ではこの食器を普段の食事で使っているシーンがある。そして，印象的なラストシーンではドイツ帰国の途につく一家を乗せた汽車がナイロビを出て一時停車した際，バナナ売りの女性たちが車窓に近づいてくる。他の白人乗客が彼女たちを無視するなか，イエッテルはバナナ売りの1人に「私たちはお猿さんと同じくらい貧乏だから何も買うことができないの」とスワヒリ語で話しかける。この女性が「じゃあ，お猿さんにどうぞ」と言って差し出した1本のバナナをイエッテルが受け取る場面は，ケニアの人々に対する彼女の態度が根本的に変わっていたことを象徴している。

　ケニア渡航当時，年少だったレギーナは子どもらしい柔軟性と好奇心を生かして新たな環境を探索し始めた。レギーナはオウアにすぐに打ち解け，彼をよき先生として現地の言語・文化をどんどん吸収していく。彼女がはじめてカルチャーショックを経験するのは，イギリス人が運営する寄宿学校に入学したときであった。彼女は英語がほとんど話せなかったうえに，イギリス人に囲まれて生活しながら偏見・差別を経験することにより，自分がユダヤ人であるという新たな自覚をする。

　レギーナはケニア文化にスムーズに適応していった反面，母国ドイツについての記憶は薄れていくばかりであった。映画の終盤，ドイツでは雪が降っていて寒かったことしか覚えていないと語る彼女は，一家のドイツ帰国の決断に大きなショックを受ける。そんなレギーナがドイツ帰国後の生活に順応するのに苦労することは想像に難くない。

●──桜木俊行

第 8 章
対人コミュニケーション

バリアフリーな社会の構築に必要なものとは？
(Ⓒ オカダケイコ)

　これまでの章では，おもに異文化コミュニケーションの基礎概念を取り上げ，自己観やアイデンティティ，価値観，思考法，言語・非言語のコミュニケーション・スタイルなどが文化や社会にさまざまな形で影響を受けながらつくり上げられていることを確認した。本章では，これまでの章の応用として，対人コミュニケーションに目を向け，個人が文化的背景の異なる他者と人間関係を構築する際にはどのような問題に遭遇し，またそれらにどのように向き合っていけばよいのかについて考えていきたい。

1 異文化の友人

1-1 異文化の友人との関係構築

「外国人の友達がほしい」「外国人の友達がいるなんてかっこいいかな」など「外国人」に何となく,憧れている人も多いのではないだろうか。しかし,ここでは,さまざまな背景の違った人をまとめて「異文化」の人と呼んでおり,異文化の友人が何も外国人に限らないことを覚えておいてほしい。ではまず,異文化の友人をつくるのに大切なこととは何だろうか。クドウら(Kudo & Simkin, 2003)とイン(Ying, 2002)の研究をもとに,考えてみたい。

1つ目は,まず「知り合う機会」が必要となることだ。このことは至極あたりまえのようであるが,例えば留学などした場合,同国人の友達とばかり一緒にいるにもかかわらず,「〇〇人は留学生になど興味がない。冷たい人たちだ」と友人ができないのを現地の人のせいにして憤るというのもよくあることだし,反対に同じキャンパスにいる外国人を横目で見ながら,「友達になりたいけど,声をかける勇気がない」と尻込みしている人も多いのではないだろうか。やはり,友人をつくりたいなら,ある程度積極的に知り合う機会をつくることも大切なことだといえるだろう。

2つ目は,趣味や年齢など何らかの共通点があるか否かが大切なこととなる。むろん,「異なる」ことから相手が新鮮でより魅力的に見えることもあり,お互いの差異の確認も楽しい経験となるかもしれないが,当初の軽いつき合いから,一歩進んでお互いに「友人」と認識するには,どこかに共通点を見出し関係性を深めることが必要となる。また,どんなに異なって見える人でも,表面的な差異を乗り越えることができれば,「人間としての共通点や共感でき

るポイント」を見つけることができるはずである。異文化の人と知り合ったら，ぜひ「共通点探し」に励んで関係構築に努めてほしい。

次は，相手文化に対する態度である。研究結果からも，友人関係の構築度合いと相手文化に対する態度は正の相関関係がある，つまり，簡単にいうと肯定的な気持ちで相手の人の所属文化をとらえている人の方がその文化の人と友達になりやすいことが明らかにされている。最後に，コミュニケーションに対して前向きで，外向的であることや人のために尽くしたいと思うなどの性格要因もある程度は関連しているという。

これらのことをまとめると，「友達になりたい」と願う気持ちをもち積極的に出会いの機会をつくり，偏見やステレオタイプに惑わされず相手の文化背景に対して開かれた心で向き合い，相手との共通点を上手に探しながら，相手とのコミュニケーションに前向きに挑むことが大切だということになる。よく考えてみなくてもわかることだが，同文化内の友人関係とたいして変わりはないといえる。

1-2 関係構築上の課題

もちろん，相手が異文化の人であるということで生じる特別な懸案課題のようなものもある。ここでは，3つに絞って考えてみたい。

まず最初は，友人の定義そのものが違うかもしれないことである。例えば，日本は他者との距離が比較的大きな文化と考えられているが，それには友人に対する距離感も含まれる。つまり，物理的にも心理的にも友人との距離が遠いことになり，「親しい仲にも礼儀あり」のことわざが示すように友人に対しても気を遣い，遠慮するのが当然とされる。このような人づき合いのパターンは，お隣の韓国のように「親しかったら，遠慮なんかしないはず」と考えるところから来た人にはきわめて不評である。例えば，日本人は韓国から来

た留学生と友達づき合いをしていたととらえていたのに，留学生が帰った後で，「日本では友達が1人もできなかった」と言っていたと判明するといったすれ違いも起こることになる。反対に，「親しい仲には礼儀なし」パターンの人と友人になった日本人学生は，相手があまりに「あつかましく」「妙になれなれしく」思えて仕方がないという問題も起こるようだ。このように，お互いにちょうどよい距離感が異なる場合，双方が満足できる距離感にたどり着くまでは我慢したり，けんかしたりとけっこう大変かもしれないが，お互いにそこから学ぶことも多いだろう。

次の課題は，価値観やコミュニケーションのスタイルなど深層文化の違いである。例えば，第5章で紹介したように日本は高コンテキスト文化に位置づけられており，問題があってもそれを直接的に表現せず，「言わなくてもわかるでしょ」と顔の表情や，機嫌の悪そうな雰囲気から相手に察してもらおうとする人も多いようだが，相手が低コンテキスト文化の人ならまず理解してもらえない。そうなると，こちらが「何でわからないのよ！」といらいらしていることさえも伝わらない，ということもよくあるようだ。

また，「友達やルームメートからのちょっとしたお願いごとを断りきれず，気づいたら子分のようになっていた。おかしいとは思ったけど，はっきり言えず困った」などということもよくあるようだが，これも，日本で培った人間関係に関するルールをもとに相手の行動を判断していることに起因する問題といえよう。つまり，無意識に「相手も遠慮している」「はっきり断ると相手を傷つける」など，自文化ルールをもとに判断しているのだが，相手がまったく異なったルールで言葉を発しているとは思いもしない場合，相手に対する怒りだけが残ることになる。もちろんその他にも，誤解の要因は数えきれないほどある。異文化の友人とのコミュニケーションで

つまずいたら、ぜひ、第4章、第5章、第6章で紹介されたさまざまな文化差を、誤解の要因という視点で検討し直してみよう。

最後は、ステレオタイプ、偏見と差別の問題である。これは、相手文化に対して抱いているステレオタイプや偏見で目が曇ってしまい、目の前にいる相手に個人として向き合うことができないという問題と、周囲の人たちがもつステレオタイプや偏見が2人の友情に水を差すという両方の問題がある。とくに関係構築の初期段階においては、相手を判断するわかりやすい指標として「国籍」「外見」「性別」などに頼りがちである。

例えば、「外国人っぽい外見」の人を見たら、「どこから来たんですか？」と聞き、その人が流暢(りゅうちょう)な日本語をしゃべると「日本語がお上手ですね」と相手に外国人アイデンティティを勝手にあてはめてしまうのもよくある例だが、実際は、その人が「日本が気に入って40年も住んでいて、気持ちはすっかり日本人で、日本国籍も取得している」というような場合、そのような他愛のない社交辞令のような質問が相手を傷つけ、相手と自分との間に境界線をつくってしまっていることにまったく気づかないという問題が生じていることになる。つまり、「外見」や「国籍」など1つの指標で相手のすべてがわかるはずもなく、どんなときでも目の前の人の全体像をとらえようとする努力を忘れないでおきたいものだ。

1-3 異文化アライアンスの構築

最後に、**異文化アライアンス**（intercultural alliances）について考えてみたい。異文化アライアンスとは、たんなる友達関係より一歩進んだ深い関係であり、お互いの魂を探り合うような深い語り合いによってのみはぐくまれるとされている。ここでは、その概念を紹介しながらより深い人間関係の構築において必要な事柄について考え

てみたい。コリエー（Collier, 2003）は，文化の違いを超えてお互いに深く理解し合う異文化アライアンスに近づくために必要な事柄を3つ挙げているが，それらは，①個人が生まれながらに与えられている権力や特権の問題と，②お互いを取り巻く歴史，の2つを徹底的に話し合うこと。そして，③お互いの社会・文化的アイデンティティを承認することであるとしている。

[1] 権力や特権

では，最初に挙げられた権力や特権の問題について考えてみよう。少数派と主流派のアイデンティティについては，第2章で取り上げた通りであるが，とにかく世の中にはありとあらゆるところに上下関係が存在し，自分や自分の所属グループが割り当てられた位置づけによって，世の中の見え方さえも大きく異なっているという事実がある。とくに，主流派のアイデンティティしかもち合わせていない場合，社会や主流派が，少数派のアイデンティティをもつ人に対していかに無神経で，ときに傲慢な態度で接しているかといったことにまったく気づかないことが多いようだ。少数派と主流派の個人が社会の中に存在している「不平等」や「矛盾」を超えて理解し合うためには，主流派の人たちが少数派の人々の声に耳を傾けて，問題の存在に気づくことから始めなくてはならないということになる。

例えば，「目の不自由な人たち」「車いすに乗っている人たち」など，障害者というアイデンティティをもつ人とのコミュニケーションを考えてみよう。彼らは，「かわいそうな人たちだ」「障害にもかかわらず頑張っている人たちだ」などというのがメディアによって一般に伝えられているイメージではないだろうか。しかし，他者を「かわいそう」だとか「障害にもかかわらず……」ととらえる視点の中に障害のない自分を優位な立場に置く「傲慢な」態度が見え隠

れしていることに気づく人はどれくらいいるだろうか。「かわいそう」と思うことに問題がないと思う人は，例えば，「君は，英語がへたくそで，かわいそうだね」と英語母語話者から言われた場合を想像してみよう。他者を「かわいそう」と言うことの問題点が少しは理解できるのではないだろうか。このように，社会の中には「目には見えない小さな問題点」から，就職差別や，ヘイトクライムのような大きな問題までさまざまあるが，それらの問題に目をそむけずお互いにとことん話し合い，学び合うことから，異文化アライアンスに向けての第一歩が踏み出せるといえよう。

［2］ 歴　　史

次に，2番目に挙げられた歴史の話について考えてみよう。異文化コミュニケーションの文脈においてまず，日本人が向き合う必要のある歴史的事実とは，アジア諸国に侵略者として足跡を残してしまったことであろう。直接的に戦争に加担した人以外にとっては，自分の責任外で起こった遠い昔の出来事であり，目の前に対峙する相手と自分の間には何も関連性を感じないと思うかもしれないが，実際には大きな影を落とすことがある。

例えば，中国人や韓国人などと留学生同士として海外で仲良くなったら，あるとき，「戦争のときに，おじいさんが日本人に殺された」といった話を聞かされ，返答に困ったということもよく聞くし，そのような突っ込んだ話がすんで，相手からようやく「友達」として認めてもらえたということもよくあるようだ。読者には，避けては通れない道と覚悟を決め，正々堂々と向き合い，とことん話し合うことによって，お互いの理解を深める道をぜひ選んでいただきたい。

また，その際，第3章で紹介した，エンパシー力を発揮しながら

相手の話に耳を傾けてほしい。例えば,「もし,自分の国が侵略されて母語である日本語での教育が受けられなくなり,自分の名前さえも奪われ,支配者の外国人から『二級市民扱い』されたらどう感じるだろうか」また,「その状態が36年も続いたらどうだろうか」といったように,具体的に相手の立場に立って考えてみよう。その屈辱がどんなに根深いものか少しは理解できるだろうし,加害者の立場から「済んだこと」と言われることに対して感じる違和感も「心で」受け止めることができるかもしれない。

[3] 社会・文化的アイデンティティの承認

最後に挙げられていたのは,互いのアイデンティティを認め合うことである。個人がさまざまな社会・文化的アイデンティティに支えられていることは第2章で説明した通りであるが,2人のいる文脈によっても重要なアイデンティティは異なり,また,人によってアイデンティティの重要度は異なるものだ。例えば,同じ人でも合コンで出会えば,ジェンダー・アイデンティティに焦点があたるが,会社や学校で同僚として出会えば,職業アイデンティティが重要となるだろう。また,先述の外国人のように見える「日本国籍」の人の場合を考えると,彼にとって最も大切なものは,「日本人アイデンティティ」であるかもしれず,その場合,まずそのことを認めることから関係の構築が始まることになる。コミュニケーションの相手が何を大切にし,どのようなアイデンティティを前面に押し出しているのか,敏感に察知しつつ,自分のアイデンティティも上手に提示していくというバランスをとりながら,互いに満足のいく関係性を構築していくことがアライアンスへの近道といえよう。

2 異文化の恋人との関係構築

『ダーリンは外国人』や『中国嫁日記』など異文化の人との結婚生活をテーマにしたコミックの流行もあって、近年異文化結婚もけっこう身近に感じられるようになったのではないだろうか。また、筆者の教えている大学でも留学生同士として外国で出会ったり、日本のキャンパスで留学生と出会ったりと、気づいたら異文化の相手と恋に落ちていたという話が日常的に聞かれるようになった。とはいえ、異文化の相手との恋愛や結婚はけっしてバラ色というわけではなく、乗り越えるべき障害や考えるべきことがいろいろある。ここでは、異文化の恋人との関係構築について考えてみたい。

2-1 ジェンダーによる差異

冒頭で言及したが、もちろん、ジェンダーの違いも異文化といえ、すれ違いのパターンが数々報告されている。例えば、相手と話し合うことで関係を深めようとする女性モードの人と、会話よりは何か行動を共にすることで関係構築を図ろうとする男性モードの人がつき合うと、お互いに違和感を覚えるというのはよく聞く話だ。また、相手とつながっていることを重視する女性モードの人と、自立した個人であることを重視する男性モードの人が恋人としてつき合っていく場合、どちらの要求を重視するか、お互いにちょっとした綱引き状態となり、ちょうどよい距離感を維持するのはなかなか大変なようである。

2-2 社会・文化的アイデンティティの承認

では、ジェンダー以外の文化的差異がある場合、関係構築に際し

て克服すべき課題とは何だろうか。ここでは，エッツェル（Oetzel, 2008）のまとめに従いつつ検討したい。まず最初は，お互いの社会・文化的アイデンティティの承認に関する問題を取り上げよう。アイデンティティの承認とは，簡単にいえば，相手のアイデンティティを，その人の大切な一部として認めることであるが，これが意外に難しいようだ。

　例えば，日韓国際結婚カップルが韓国で生活する場合を考えてみよう。姑，舅を始め韓国サイドの家族はみな，日本から来た嫁が韓国流の生活になじむことを期待するだろう。嫁側も，そんな期待が理解できるため一所懸命相手に合わせて緊密な家族関係の一員として「濃い人間づき合い」に参加しようとするのが一般的だが，そうなるとあるとき「日本人の私はいったいどこにいくのだろうか。お義父（とう）さん，お義母（かあ）さんの期待したように韓国人の嫁らしく振る舞っている私は，本当の私じゃないのに……」と周囲の期待と自分の文化的アイデンティティの狭間で激しい葛藤にさいなまれることになる。このような場合，夫が妻の窮状を理解し，父母との同居を解消するなど何らかの具体的行動によって崩れかけた日本人アイデンティティ修復の手助けをしてくれればよいが，夫も一緒になって，「どうして韓国式にできないんだ！　君は僕の家族が自分の家族だと思ってないだろう。君がそんなふうに自分のことしか考えないと，僕たちの子どもが困るんだ！」などと，妻の日本人アイデンティティを否定するような発言ばかりしていれば，2人の関係に暗雲が立ち込めるのは必至であろう。

2-3　権力や特権

　次に，権力や特権の問題が挙げられる。異文化アライアンスの場合でも取り上げたが，恋人や夫婦となった2人にもこの問題は影を

落とす。例えば、日本人と結婚して日本に住んでいる白人のアメリカ人とフィリピン人の2人の女性を想像してみよう。白人女性でしかもアメリカ人となればたいてい、ちょっとした特権階級扱いとなるようだが、では、フィリピンから嫁いできた場合はどうだろうか。実際は、アメリカ人の場合とずいぶん違うようだ。東南アジアから来たというだけで見下げたような失礼な態度をとる人がいるのも事実だし、2人の間でけんかになったときなど、夫がつい妻や妻の出身国を見下すような発言をしてしまい、関係にひびが入るという問題もあるという。

　もちろん、日本人が外国人と結婚して異国で暮らす場合も同様に、お互いの出身国や、人種に付与されるステータスの差異によってさまざまな問題が起きる。例えば白人のアメリカ人と結婚して渡米した場合、一般的には、先ほどの例に登場した日本に嫁いだフィリピン人の女性と同様の立場となり、差別的な扱いを受けたり、ひどい場合は姑から「アジア人の混じった孫の顔など見たくない」と心ない一言を浴びせられるようなこともあるようだ。このように、2人の間で構築した人間関係のバランスが、2人を取り囲む「人種間の権力格差」の問題や周囲の人々の偏見によって無残に打ち砕かれることも多々あり、それらの問題に打ち勝てるだけの結束力が必要といえよう。

2-4　その他の懸案課題

　その他、2人の関係をどの程度公開するか、という課題もあるようだ。例えば、ゲイやレズビアンのカップルの場合、偏見や差別にさらされる可能性もあるため、親しい友人、知人、親や親戚、職場の仲間、近所の人など、自分たちの関係をどこまで打ち明けるのかという線引きはいつでも悩ましい問題といえるし、公園や、街中な

ど，公的な場所で恋人同士として振る舞えるかどうかなど，他のカップルとは違った気遣いをしなくてはならないようだ。あるゲイの青年の「恋人と，いつかディズニーランドで手をつないで歩くのが夢だ」という言葉からもわかるように，日本は，そんなあたりまえのことさえはばかられる空気が存在している，いたって不便なところだといえよう。

　また，お互いの文化的行事にどの程度参加するのか，しないのかといったことも大きな問題になるようだ。例えば，宗教を例にとって考えてみると，アメリカやカナダのクリスチャンなら感謝祭には家族がみな集まり一緒に祝うが，そのような集まりに異教徒の恋人を連れていくべきかといった小さな問題から，結婚した場合は，どちらかが改宗して宗教を統一するのか，それとも別々のままでいくのか，その場合，子どもの宗教はどうするのかといった大きな問題まで，とにかく具体的に答えを出さなければならないさまざまな懸案課題が2人に降りかかることになる。

　それ以外でも，異文化アライアンスで登場した歴史問題なども2人で答えを出すべき課題といえ，同文化内の恋人・夫婦関係よりも乗り越えるべき山はずっと高いといえそうである。

3 「思い込み」異文化コミュニケーション

　ここまでは，さまざまな異文化の友人や恋人との関係構築において共通する問題を取り上げてきたが，ここからは，ちょっと違った角度から「異文化」の友人との関係構築を考えてみたい。ではまず，質問から始めよう。

　質問：外国人っぽいダブル（ハーフ）や外国人だけど日本育ちの

人,性的マイノリティの人,障害のある人,……この人たちが日本社会で遭遇する問題の共通点とは何だろうか。

ここまで,読み進めてきた読者は,すぐわかったのではないかと期待したいが,答えは,価値観や行動のパターンなどの「深層文化」は主流派の人とあまり変わらないはずなのに,外国人らしいという外見や,「同性愛者」「障害者」などその人に付与される「ラベル」によって不必要に「差異」が強調されること,つまり,まわりの人が「ラベル」に振りまわされてその人個人をありのまま理解しようとしないという問題の存在である。簡単にいえば,彼らを取り巻く「ステレオタイプ」が邪魔をしているということになるが,本節では,このように,個人が勝手に相手との差異を拡大解釈した,いわば「思い込み」異文化コミュニケーションを取り上げ,彼らとの関係構築の阻害要因について考えたい。

3-1 ダブルの人との関係構築を阻むもの

まず「外国人らしい外見のダブルの人」の遭遇する問題を列挙してみよう。

- 「牛丼屋でスプーンが出てきたり,マクドナルドで英語メニューを見せられるなど,勝手に外国人扱いする人が多くて困る」
- 「日米ダブルだというと,アメリカ人の代表のように意見を求められる」
- 「その顔で,ヨシオ? と驚いたり,ミドルネームは何ですかと聞いてきたり,日本っぽい名前だとおかしいと言わんばかりの態度をとる人が多い」
- 「『ニホンゴワカリマスカ?』とカタカナ言葉で話しかけられる」「『両親のどっちが外国人?』『何年日本に住んでるの?』

『国にはいつ帰るの？』」など，小さい頃から毎回同じ質問をされ続けてきた。いい加減にしてほしい」
・「『英語できるんでしょ。何かしゃべってみて』と言われる。日本語しかできないのに……」
・「ハーフはみんなきれいなわけじゃないのに，そう思い込んでる人が多くて迷惑。『ハーフって聞いてたのに……』とあからさまにがっかりする人がいる」
・「初対面の人はいつも，ハーフに関する質問ばかりしてくる。ハーフが前提で会話が進んで，それで終わり。バイトでも仕事でも，どこに行ってもいつもそう。『私』じゃなくて，あくまで『ハーフの○○ちゃん』でしかなくて，私の中身を見てくれない」

彼らのコメントからわかることは，日本ではとにかく，「外国人らしい外見」に反応する人が非常に多いことであり，上の例のように，西洋系の「外国人」と見るや，「日本語ができない」「英語ができる」「容姿が優れている」「異なった人だ」とステレオタイプを次々とあてはめて質問を浴びせかけても，その行為が相手と自分の間の距離を遠ざけているとは考えない人が多いらしいという事実であろう。

また，彼らに「思い込み」をもつのは，他人だけではなく，親でさえもある種の「思い込み」に支配され，彼らの遭遇する苦労が理解できないこともあるという。例えば，外国人の親が「自分の子どもは日本国籍だから，日本人だから，日本では何の問題もないはずだ」と子どもが学校で疎外されているのにまったく気づかなかったり，外では「外国人扱い」を受け続けているにもかかわらず「あなたは日本で育ったんだから，日本人よ」と「日本人アイデンティティ」を押しつけたりすることも多いようだ。

つまり，最悪の場合，一歩外に出れば「外国人」として扱われ続け，誰も自分の本質を見ようとしないことに苦しみ，家に戻れば今度は親から「日本人」として扱われ，外での苦労を過小評価されるという二重の「思い込み」にさらされ葛藤することになるという。また，子どもの頃から「外人！」といじめられ続けたのに，思春期を境に「外人っぽくてうらやましい！」とみんなが手のひらを返したようにちやほやするようになったなどの体験を経て「人の中身を見ない薄っぺらな人ばかり」と人間不信に陥る人もいるようだ。

　ここで，ダブルの人との関係構築の阻害要因を振り返り，彼らとの関係構築に必要なことを考えてみたい。ステレオタイプが異文化の友人関係に影を落とすことは，読者も理解していたと思うが，案外**ハーフ（ダブル）・ステレオタイプ**の問題点に気づいていた人は少ないのではないだろうか。例えば，一般的には，ダブルの人たち＝容姿が優れ，羨望の対象というよいイメージが先行するため，彼らの「異文化性」や，親の出自を話題にすることは，どちらかといえば「賞賛の表現」であり，相手との距離を広げるものという意識はまったくといっていいほどないのではないだろうか。それゆえ，初対面の相手に対しては，比較的安全なスモールトーク（何気ないちょっとした世間話）のネタとしてつい「ハーフ」に触れてしまう人が多くなってしまうのだろう。ところが，それを受け取る側としては，自分を表面的にしか見ようとしていないサインとしてしか受け取れないため，そこで関係が止まってしまうことになる。

　では，このような問題に陥らないためにはどうすればよいのだろうか。ここで，思い出してほしいのは，人間関係を深めるためには共通点を探す努力が重要であることだ。つまり，「趣味は何か」「休みの日はどんなことをしているのか」など「同文化」の友人候補に投げかけるのと同じような質問から始めればよいことになる。よく

考えてみたら普通，知り合ったばかりの人に，わざわざ「お父さん，お母さんの出身地」を聞くことはないだろうし，「なんで，ここに住んでるの？」などという失礼な質問をすることもないだろう。例えば，お父さんが宮城で，お母さんが岡山の出身だという情報をもとに，「だからそんなにかっこいいのね」と決めつけられたり，「あなたのことが，理解できた」と言われたら違和感を覚えるのではないだろうか。とにかく，どんな場合でもステレオタイプに振りまわされないように気をつけたいものだ。

3-2　性的マイノリティの人たちとの関係構築を阻むもの

次に，性的マイノリティの人たちを取り上げ，彼らの視点から見える世の中を垣間見てみたい。

- 「自分はゲイかもしれないって，悩んでたとき，高校の先生から『君は普通の子とは違うからね……』と言われた。その先生が大嫌いになって，学校にも行けなくなった。普通って何？」
- 「小学校に入るくらいから，なんか自分だけ違うよな……って漠然とわかってた。でも，認めるのが怖くて，気づかないふりをしてた。中学校の頃は，『いつか，きっと普通になれる』って信じて精神のバランスを何とか保ってた。高校のとき，やっと『自分はゲイなんだ』って認めるようになったけど，やっぱり変だって思われるのが怖くて誰にも言えなかった。ゲイの友達に出会ってやっと自然体でいいんだって，すごく楽になれた」
- 「学校に行ってたとき，みんなが，あたりまえみたいに『彼氏いるの？』って聞いてくるのが嫌だった。どうして，女性には「彼氏」って決めてかかるの？『恋人はいるの？』って聞いてくれたらいいのに……」

- 「女友達に，レズビアンだってカミングアウトしたら，『私を好きにならないでね』って言われた。レズビアンだからって，女性がみんな恋愛対象なわけじゃないし，私にも好みがあるのに……」
- 「会社の同僚が，『君レズビアンなんだってね？』って，いやらしい目で聞いてきた。恋愛対象が女性なだけなのに，どうして，いやらしいイメージになるの？」
- 「自分がゲイだと言ったら，『普通の人なんですね』とびっくりされた。ゲイって普通の人じゃないの？」
- 「ゲイ＝おネエと決めつけている人が多くて困る。ゲイといってもいろんな人がいるのに……」

「母親にカミングアウトしたら，『どうやったら，治るの？ お母さんが治してあげるから……』と泣かれた」
- 「つき合ってくれとうるさいバイト先の上司に仕方なく『レズビアンです』と言ったら，『いつか性転換手術するの？』と言われた。レズビアン＝性同一性障害と思ってるらしい……」

これらの声からわかることは，性的マイノリティの人たちにとって，いまの世の中は「普通」という言葉がまるでブルドーザーのように自分たち少数派を踏み倒している，恐ろしく息苦しいところだととらえられているということであろう。そして，彼らは，そんな世の中において，日々，無理解，誤解，ステレオタイプにさらされながら生きているという厳然とした事実がある。例えば，この例からわかるだけでも，ゲイ＝おネエ，レズビアン＝性同一性障害，など間違ったイメージでとらえる人や，治すことのできる病気のように考えている人，さらには同性愛＝いやらしいなどの偏見の目で見る人までいることがわかる。

では，なぜこんなにも，彼ら性的マイノリティを取り巻く環境は

厳しいのだろうか。ここでは，第3章で解説したカテゴリー分けの観点から考えてみたい。人間は，常にカテゴリーに分けることによって世界を理解していることは説明した通りであるが，多数派のカテゴリーは多数派であるというだけで力をもち，少数派の方は，ステレオタイプや偏見の対象となり力を奪われるという流れが世の常となっているため，基本的には少数派は厳しい環境にさらされるものだ。そのうえ，同性愛は神の摂理に逆らうといった宗教観をもつ人や，「男性は男性らしく，女性は女性らしく」というジェンダーロールの規範を何よりも大切に考える保守的な人たちにとっては，自分たちの大切に守ってきた価値観や宗教観を乱す恐怖の存在ととらえられているようだ。ここで，他者から感じる「脅威」すなわち恐怖心は偏見を生むという事実を思い出してほしい（第3章参照のこと）。つまり，彼らが激しい偏見やステレオタイプにさらされる理由としては基本的に彼らに対して恐怖を感じる人たちが多いことが第1に挙げられよう。

　次に，性的マイノリティというカテゴリーを取り上げ，われわれはそのカテゴリーとどのように向き合うべきかについて考えてみたい。まず，性的マイノリティについては，LGBTという言葉が使われることもあるが，何を意味するか知っているだろうか。この言葉は，女性同性愛者（lesbian），男性同性愛者（gay），両性愛者・バイセクシャル（bisexual），そしてトランスジェンダー（transgender；生まれもった「性」とは，異なる性別を自認している人たち。医学用語の性同一性障害は広義のトランスジェンダーの一部ではあるが，イコールの関係ではない）をまとめたものである。とはいえ，性的マイノリティの人はこの4つのパターンにきちっと分けられるというのは大きな誤解なので，ここでそのことをしっかり押さえておいてほしい。

　例えば，もともとどちらの性にも分けられない人もいるし（生ま

れたとき，無理やり分けられたけれど，大人になってもいまだはっきりしないという場合もある），同性愛やバイセクシャルといっても，パターンはさまざまだ。例えば，同性愛者の中には，性同一性障害と診断を受けて性転換手術を済ませた人や手術を受ける予定の人，男（女）性として生まれ，男（女）性として生活していて自分の性にはまったく違和感のない人，現在の性には違和感を感じてはいても性転換手術までするつもりはない人，どちらかというとバイセクシャルに近いなどなど，じつにさまざまな人がいるのが現実だ。つまり，性や性的指向はよく「レインボー」にたとえられるように「連続体」であって，どこかできれいに線引きできると考えること自体に無理があるということになる。

　世界的に見ると，オーストラリアのように性別を特定しない「中性」の存在を公的に認めているところや，中世の日本のように同性愛をまったくタブー視しないところなどもあり，人間を外見の性によって無理やり二分割し「男性は男性らしく」「女性は女性らしく」と決めつけたうえで，異性愛者のみが「普通」という発想の方がじつは人間の可能性を著しく阻害しているのかもしれない。ゼミで性的マイノリティを取り上げ，さまざまなカテゴリーの概念整理をしていると必ずといっていいほど出てくるのが，「じゃあ，IKKOさんは，何？」のような質問である。この例のように，ついつい1つのカテゴリーに入れることによってある人を理解しようとする癖がついていないだろうか。今度，性的マイノリティの人に出会ったら，あるカテゴリーに無理やりあてはめることによって，その人を理解した気になっていないか，ぜひ気をつけて自分を観察してほしい。

3-3　障害のある人たちとの関係構築を阻むもの

　では，次に障害のある人はどんな問題に遭遇するのか見てみよう。

- 「夫に車いすを押してもらって，私の下着を買いに行ったのに，店員さんはなぜか私ではなく夫にだけ質問を……。『奥さまは，どのような色がお好みですか？』『サイズは？』。なぜ，私に直接聞いてくれないの？ 車いすに乗っているだけなのに……」
- 「ファミレスで，ストローを頼んだら，僕よりはるかに若いウエーターの人が，『ちょっと待ってねー。すぐ，もってくるからねー』って……。子どもじゃないのに……」
- 「白杖を持って街中で友達を待っていたら，知らない人が近づいてきて，『頑張ってね』と言いながら，なぜか，おはぎと500円をくれた。そういえば，前はミカンを1個くれた人もいたっけ……。私って，そんなにかわいそう？」
- 「ショッピングセンターのフードコートで近くにいたおばさんにうどんを席まで運ぶのを手伝ってもらったら，なぜか『はい，あーん』と食事の介助までしようとした。1人で食べられるのに……」

　これらの例から見えてくることは，1つの障害に過剰反応して行動したり，障害者＝何もできない人と思い込んでいたり，さらには上から目線で相手を見たりするなど，「障害」というラベルに過剰に反応した非障害者たちは，障害者の目にはときに非常に迷惑かつ失礼な存在に映っている可能性があるということであろう。例えば，障害者と聞けば，「けなげ」で「純粋」で，「かわいそう」な人たちというマスメディアが広めたイメージを思い起こす人も多いだろうが，ちょっと考えたら，体のどこかが不自由であることから，すべての障害者が「けなげ」で「純粋」という同じ性質をもつようになるという論理は成り立たず，このイメージは，ただのフィクションであることに気づくはずだ。当然，障害者といっても，真面目な人も，不真面目な人もいるし，ずるい人がいたり，冗談ばかり言って

いる人がいたりと100人いれば100通りのバリエーションがあると考えるべきだろう。

　つまり，障害のある人とない人の関係構築における第1の阻害要因は，「障害」そのものではなく，むしろ相手の障害にばかり目を向け，その人自身を見ようとしない人の心であるといえよう。例えば，背の低い人がヒールの高い靴を履いたり，乱視だから眼鏡をかけたり，髪が薄いからカツラをかぶったりすることと，足が悪いので車いすに乗ることとは本質的に大きな違いはないはずだ。いずれも不便を解消したり，外見を整えたりするためにある道具を使っているというだけだろう。しかし，眼鏡やカツラでその人を判断することはなくても，一般に「障害」となるとまったく異なった意味づけをする人が多いようだ。例えば，障害はその人のたった一部であり，全部ではないことは理屈ではわかっていても，実際，障害者と対峙（たいじ）する機会が目の前に現れたら，「失礼なことをしてしまったらどうしよう」「傷つけるようなことを言わないようにしなくちゃ……」と，いろいろ逡巡（しゅんじゅん）して，結果的にはその人の障害ばかりに着目してしまうことになっていないだろうか。つまり，相手の障害がわかるやいなや，「異文化だ！」と判断して，異文化に際して感じる「不安感」を勝手に感じて，使わなくてよいような気を使って，かえって変な振る舞いをしてしまうというパターンに陥る人が多いのではないだろうか。

　ただし，このようなパターンに陥るのは何も日本に限ったことではないようで，アメリカでも同様の問題が起こっているようだし，研究の結果からは，このような問題は視覚，聴覚，言語など障害の種類が違っても共通していることがわかっている。例えば言語面では，障害に注目すると失礼だと思い，わざとらしいほど障害の話題を避けたり，妙に気を使いすぎて会話がぎこちなくなったり，はた

また，同情心を露わにした上から目線の発言をしたり，子ども扱いしたりして障害者を傷つけるといったことが報告されている。非言語面では，アイコンタクトが短くなったり，対人距離を長めにとったりと，本人も気づかない気詰まりがつい態度に出てしまい，障害者に「拒絶」や「回避」のメッセージを送ってしまうという問題もあるようだ。

では，障害のある人とない人がこのような問題を乗り越えて，関係構築するにはどうすればよいのだろうか。ブレイスウェイト（Braithwaite, 1994）は，主流派の非障害者は，以下の事柄をしっかり頭に置きながらコミュニケーションに臨むことをすすめている。

① 障害のある人ができないことを自分から言わない限り，できるのだと思うこと。
② 手伝いたいときは，相手が何をしてほしいのか，しっかり意思表示してもらってからにすること。
③ 助けを申し出て断られたら，諦めること。勝手に手を出したりしないこと。大切なことは，障害をもっている人が自分が行動主体であると感じることができるようにすることだということを忘れないこと。
④ 障害をもっている人は，障害をもっていない人が感じる気詰まりや居心地の悪さはよくわかっているだろうと思い出して，あせらないこと。
⑤ 「障害者」と決めつけないこと。"disabled people" ではなく，"people with disabilities" という言葉を使い，障害より先に「人」に焦点をあてること。
⑥ 対話相手の「表層的な物理的外見」に惑わされず，その人の性格や人間性を見る努力をすること。

このアドバイスのうちの⑤と⑥は，本節で取り上げた「思い込

み」異文化コミュニケーションすべて，ひいてはすべての他者とのコミュニケーションにあてはまるものといえよう。「体は私自身ではない。私の心と魂が私自身である……」。映画俳優のクリストファー・リーブ氏が落馬事故で四肢麻痺となった後で言っていた言葉である。目の前の相手がどのような人であれ，この言葉の通り，目で見える「体」は，ただの表面的な情報でしかなく，相手を本当に知るためには，その表層を超えた「心や魂」と対峙しなくてはいけないことを忘れないでいてほしい。

▶終わりに

　本章では，さまざまな「異文化」の人々との対人コミュニケーションに焦点をあて，その阻害要因や対処法について検討してきた。最後に，このような「異文化」の人々と人間関係を構築する意味について考えてみたい。まず，最初に確認しておきたいのは，人間は，みなたいてい「異文化コミュニケーション」が苦手であることだ。つまり，同質性が想定されている相手と違い，自分から見て「異文化」な人と対峙した際，相手の異質性は不確定要素であり，心理的不安を感じるのが普通だということだ。しかし，苦手だからといって避けていてはもったいない。異文化コミュニケーションは，いわば，モノカルチュラルな白黒の二次元の世界から，フルカラーの三次元の世界へと誘い，人生を豊かにしてくれる宝箱のようなものだからだ。本書の中でもさまざまな人の視点や考え方を紹介してきたが，育った文化や所属する集団，さらには個性も手伝って人の考え方はさまざまだ。つまり，世の中には「絶対的」「普遍的」といえることの方が少なく，基本的には数多くのバリエーションがあり，それだからこそ「面白い」ともいえる。例えば，いま何かにすごく悩んでいるとしても，「異文化の視点」で見てみると，簡単に答え

が出るかもしれないし,「何でそんなつまらないことで悩む必要があるの?」と悩み自体がもともと「ありえないもの」かもしれないのだ。

　また,異文化の他者との深いつき合いから,その人の視点や考え方,価値観など異なる深層文化に触れることは,異文化の疑似体験学習のような意味合いもある。さまざまな文化を経験すればその分苦労もするが,いろいろなものの見方ができるようになり,人生も豊かになる。さらに,関係性を通して得られた学びは授業や本を通したものより,ずっと鮮やかに心に残るものであり,その意味で影響も強いと考えられる。ぜひ,異なったところのある友人をどんどんつくり,彼らの「視点」「アイデンティティ」や「価値観」から「深い学び」をして,「狭角」から「広角」へとみずからの視野の拡大に努めてほしい。また,そうした努力の積み重ねから,自文化の視点に縛られない「異文化人」へと一歩でも近づくこともできるかもしれない。

●──長谷川典子

コラム⑩　映画に見る異文化コミュニケーション⑤——『グラン・トリノ』（原題：*Gran Torino*, 2008年, アメリカ・ドイツ）

　アメリカにはモン（Hmong）という民族の人々が25万人以上いる。ベトナム戦争中，ラオスにおいてCIAに協力したモン族はアメリカ軍撤退後，故郷を追われてタイなどに難民として一斉に流出した。彼らの多くはその後，ルーテル教会の支援を受けてアメリカに移住した。アメリカ社会に生きるモン系の人々に焦点をあてた『グラン・トリノ』は，社会に混在するさまざまな文化的価値観の問題について考える材料を提供してくれる。

　デトロイトを舞台に1人暮らしの老人が隣に引っ越して来たモン系一家と心を通わせていく過程を丁寧に描くこの映画において，クリント・イーストウッド演じる主人公はモン系ギャングから執拗に勧誘される隣家の少年を懸命に守ろうとする。モン系移民が治安の悪い大都市に集中して居住する傾向があるのには，経済的理由の他に，集団主義の文化的価値観も影響している。モン社会ではclanと呼ばれる血族集団の結束力が強く，一族をなす多数の家庭が同じ地域に住んでいることが多い。

　また，映画にはモン族のシャーマンが新生児の厄払いをするシーンがある。第4章第2節で紹介したクラックホーンの価値志向モデルにおいて，現代アメリカは人間による自然支配の価値志向を体現する典型的な文化といえる一方，モン文化におけるシャーマンの役割の重要性は，自然に対する服従，または自然との調和の価値志向を反映していると考えられる。

　これらのモン文化の価値観について筆者自身が見た例を挙げると，研究助手を務めていたモン系学生の1人がミーティング予定日に来られないと急に連絡してきたことがある。事情を尋ねると，彼女が事故にあう夢を昨夜おばあさんが見たので，シャーマンを呼んでお祓いをしてもらうことになったというのだ。この学生自身はそんな迷信を信じていないのだが，何十人もの一族全員が自分のために集まってくれるので，家に帰らないわけにはいかないらしい。このように伝統的なモン文化とアメリカ文化の板挟みになるモン系の若者の苦労は絶えないようだ。

●——桜木

第9章
異文化コミュニケーションの教育・訓練

異文化コミュニケーション研修の様子
(写真提供:大久保正美)

　グローバル化,多文化化が世界のさまざまな場で進展し,国内外を問わず,多様な文化的背景をもつ人々が関わるコミュニケーションが行われている現在,異文化コミュニケーションや多様な人々について多面的に考え,適切かつ効果的に行動し,人間関係を形成する能力が何よりも必要とされている。本章では,コミュニケーションに多大な影響を与える コンテキスト にとくに焦点をあてつつ,異文化コミュニケーション能力とその育成を図る教育・訓練について解説する。

▶はじめに

「異文化コミュニケーションの教育・訓練」という本章のタイトルを見て，何を思い浮かべるだろうか。異文化コミュニケーションの教育・訓練とは，**異文化コミュニケーション能力**を育て，高めることである。そうはいっても，そもそも「異文化コミュニケーション能力」とはどのようなものだろうか。また，どうすればその能力を育成することができるのだろうか。本章では，そうした疑問に答えていく。

1 異文化コミュニケーション能力

1-1 異文化コミュニケーション能力の構成要素

「異文化コミュニケーション能力＝認知＋情動＋行動」のように，異文化コミュニケーション能力を能力特性の組み合わせとして示したものを**構成モデル**（Spitzberg & Changnon, 2009）という。今日に至るまで数多くの構成モデルが提示されているが，例えば，初期の代表的研究を行ったルーベン（Ruben, 1976）は，7つの能力特性を挙げており，山岸ら（1992）は，仕事上必要なマネージメント能力も加えた包括的な12の項目を提示し，各能力を測定している（表9-1）。その他数々の構成モデルを概観するとその内容は複雑化してきているものの，能力特性の多くは，認知，情動，行動（例えば石井，2001）という3つの項目に多かれ少なかれあてはまる。

以下，表9-1の認知・情動・行動という3つの区分に沿って，異文化コミュニケーション能力の具体的内容を解説していこう。まず，「認知」は，異文化コミュニケーションにおいて必要とされる知識，ものの見方，考え方などを指す。具体例として，**知識の保持**が挙げ

表9-1 認知・情動・行動による異文化コミュニケーション能力の分類

	認知	情動	行動
Ruben (1976) による7項目	知識の保持, 判断留保	エンパシー, 寛容性	敬意, 役割行動, 相互作用の管理
山岸ら (1992) による12項目	自文化(自己)への理解, 非自民族中心主義, 外国文化への興味, 知的能力, 判断力	感受性, 寛容性, 柔軟性, オープンネス	コミュニケーション, マネージメント, 対人関係

られるが、これには、**文化一般的知識**と**文化特定的知識**の2種類がある。前者は、すべての文化が共通してもつと考えられる特性に関する知識であり、例えば、一定の集団によって共有され(共有性)、学習され(学習性)、伝承され(伝承性)、物事に意味を与え(意味付与性)、ルールを示す(規範性)といった特性に関する知識などが含まれる。

一方、後者は、個々の文化の特徴に関するものを指し、例えば、「日本文化においては人々が個人の意見を尊重するよりも集団内の人間関係を重視する価値観に基づいて考え行動する」といった具体的な内容になる。

知識の保持に加え、**判断留保**という能力がある。これは、異文化に対して、自動的に下してしまった判断をいったん脇に置いて、異文化を慎重にとらえようとする思考過程である。例えば、箸を使わず手づかみで食べる行為を見て瞬時に「きたない」「不衛生だ」と思ったとしても、いったんその判断を保留し、その文化において手づかみのスタイルが発達してきた経緯や背景にある考えに思いを馳せ、異文化の視点から「手づかみ」という行動の理解を試みることを指す。

さらに、異文化との出会いによって経験する新しい事象を理解するために、頭の中で新しいカテゴリーをつくり出す知的能力

(Gudykunst, 1993) もある。例えば，ホームステイに参加した日本人中学生が，ハリウッド映画の影響で，アメリカ人は「白人でかっこよく，フレンドリーで明るい」といった先入観をもっていたとしよう。しかし，ホストファミリーの一員が，それとは違う「アジア系のおじいさんで，期待したほどフレンドリーではなく，話しかけにくい」人であった場合，この中学生は，先入観に基づいてその人を「本物のアメリカ人」ではないと思うかもしれない。こうした場合，このアジア系の男性をアメリカ人の1人として理解するために，多様な人を含めた新しい「アメリカ人」というカテゴリーを設ける能力が必要となる。

その他にも，自文化の基準で相手文化を判断し，自文化がより優れているという考えを回避しようとする**非自文化（自民族）中心主義**，さまざまな文化がそれぞれの環境の中で生まれてきたもので，どの文化も平等に尊重されるべきであるとする**文化相対主義**，社会で生活する多様な立場の人々を尊重する**多様性の尊重**といった異文化コミュニケーション教育の核となる考え方も認知に含まれる。

次に，「情動」について説明しよう。「情動」とは，異文化コミュニケーションにおける感情や態度に関わる能力を指す。具体的には，異質な他者や新奇な情報に対して開放的な態度を示す**開放性**，他者の感じ方を自分の中でも似た形で再現できる**エンパシー**，異文化の中で**感情をコントロールする能力**，カルチャーショックなどで自信を失いそうになる中で**自尊心を保つ能力**，異文化において物事の意味がわかりづらく曖昧な状況で**ストレスに耐える能力**などがある。

では，「スキル」ともいわれる「行動」について考えたい。「行動」とは異文化コミュニケーションにおいて適切かつ効果的に行動する能力を指す。例えば，異文化を背景とする他者に対して具体的な行動で**敬意を示す能力**，文化の中で与えられた**役割を適切な行動**

として実行に移す能力，やりとりを通じて対人関係を築く能力などがある。

以上のように，認知，情動，行動に関わるさまざまな能力が挙げられるが，こうした能力を育成するのが，異文化コミュニケーション教育・訓練のねらいである。

1-2 諸能力の関連性とコンテキストの重要性

ここでは，異文化摩擦の事例をもとに，異文化コミュニケーション能力に大きな影響を与える「コンテキスト」の重要性に焦点をあてつつ，認知，情動，行動という三者の関係について考えを深めたい。まず，コンテキストとは，物理的な環境，社会・文化的な規則・規範，当事者間の共有知識や対人関係といった幅広い内容を指す。この意味を踏まえつつ，早速，異文化摩擦の事例を見ていこう。

[1] 異文化摩擦における認知，情動，行動

著者の住む首都圏では，電車内では「静かにする」や「携帯電話で話をしない」といった文化的規範（ルール）があり，ほとんどの人はそのルールに則って電車内でときを過ごしている。ところが，その静かにしておくべき電車内で携帯電話を使って大声で話したり，大勢でにぎやかに話をしたりする外国人観光客がいたとしよう。

その光景を目にした東京で生活する一般的な人のリアクションはどのようなものだろうか。例えば，認知面では，自文化の基準から，即座に「マナー違反である」と判断し，情動面では「不快感」や「怒り」を覚え，行動面では「不快感や怒りの表情」を見せたり，場合によっては，席を立って，不満をつぶやきながら別の車両へ移動したりするかもしれない。

しかし，認知面において，すでに述べた「判断留保」と「知識の

保持」という能力があれば，観光客に対する見方も変わり，情動・行動面ともに変化が起こる場合がある。例えば，認知面において，「マナー違反」という判断をいったん脇に置く。そのうえで，一緒にいた友人から「その国では，電車内で携帯を使ったり，にぎやかに話したりするのがあたりまえらしい」という情報を得たとしよう。すると，情動面における「不快感」が「異文化に対する新鮮な驚きや好奇心」に変わる可能性もあろう。また，それに伴い，行動面では「不快感と怒りの表情」が「驚きと好奇心を示す表情」となるかもしれない。

　対象となっている文化に関する知識が得られない場合でも，「もしかすると，そこでは，ルールやマナーが違うのではないか」と想像することにより，相手のコンテキストの中でその人の行動を理解しようとする思考回路を開くことができる。同時に，自文化がじつは世界にある多様な文化のうちの1つでしかなく，そのルールは，異文化ではあてはまらないかもしれないという発想をもつことができれば，自文化中心主義的な見方（認知面）が弱まり，情動・行動面ともに変化する可能性もあるだろう。

　このように書くと異文化理解も簡単そうだと思うかもしれない。しかし実際は，認知面で異文化に理解が示せても，情動面で納得できず，行動にも移せない場合がある。これは「頭ではわかっているのに，気持ちがついていかない」と日常的に表現される事態であるが，この「気持ちがついていかない」という情動面は，文化的背景が異なる人と言語・非言語的やりとりを行う異文化コミュニケーターとしての成長における1つの大きな壁である。この壁を乗り越えるには，異文化コミュニケーション教育・訓練の機会を数多くもち，また実際に異文化に繰り返し接することで，違いに寛容になれたり，それを楽しめたり，柔軟な気持ちで相手の立場（コンテキス

ト)について思いを巡らす経験をすることなどが助けになろう。

[2] コンテキストの関わり

さてここで,あらためて「コンテキスト」に注目してみよう。先に電車内のマナーの例を挙げて説明したように,適切なコミュニケーション能力そのものがコンテキストによって変わりうる。例えば,異文化の社会で何にでも興味をもって,まわりの人に積極的に話を聞いてまわることは,一見,異文化適応を促進するよい行動ととらえられることが多いだろう。しかし実際は,このような行動が歓迎されない文化ももちろん存在する。そのため,コミュニケーションの適切さや効果と関わるコンテキストへの理解は不可欠である。さらにいえば,さまざまなコンテキストへと視点を移動できる認知的操作は,異文化コミュニケーション能力の鍵となるといえよう。

以上のように考えていくと,異文化コミュニケーション能力は,単純に「個人の能力特性」とはいい切れないことがわかるだろう。実際,研究者たちの間でも異文化コミュニケーション能力が,個人の中にあるものなのか,個人が行動をする組織的なコンテキストにあるものなのか,より広い範囲に及ぶ国民文化というコンテキストにあるものなのか,それともそれらすべてが関わっているのかといった議論がなされてきた(例えばKoester et al., 1993)。これまで述べてきたように,能力は個人が保持するものであるが,能力の有無を規定するのはコンテキストであるため,本章では,コンテキストに焦点をあてながら議論を進めたい。

先ほど紹介した外国人観光客の事例に,グローバル社会における「観光」というコンテキストを導入して考えれば,新たな視点を得ることができる。外国人が旅行先の文化をよく知らないまま現地の

コンテキストに入り，自文化のルールに基づく行動をした結果，知らず知らずのうちに「問題行動」を起こしてしまうことは当然起こる事態である。したがって，「観光」というコンテキストにおいては，外国人観光客を受け入れる側も，「問題行動」をたんに批判するのではなく，コンテキスト間の違いを理解し，それに対応する必要があるだろう。

次に，外国人観光客の事例から離れ，在日コリアンと日本人とのコミュニケーションを取り上げ，「歴史」というコンテキストに目を移したい。例えば，在日コリアンの学生が，日本人の友人の前ではじめて本名（韓国名）を名乗った場面を考えてみよう。「本名を名乗る」という1つの行為の裏には，日本と朝鮮半島の人々との間のさまざまな歴史が絡んでおり，好むと好まざるとにかかわらず，日本が過去に行った侵略戦争と植民地の歴史が関わってくる。これは，日本が韓国・朝鮮の人々に強制的に日本名をつけさせた過去があるからであり，長い間日本社会が「本名を名乗ることがはばかられる」ほど閉鎖的であったからである。日韓の関係性には，もちろん歴史的なコンテキストだけでなく，韓流ブームというコンテキストも関わってくる可能性がある。なぜなら，韓国名と韓流ブームを結びつけることで，肯定的な意味を見出す日本人もいるかもしれないからだ。

また，コンテキストについて考える際，コンテキストに含まれる対人関係について考える必要が出てくることもある。なぜなら，人は対人関係の中でみずからのアイデンティティを形成するため，多様な立場の他者と出会うことで，みずからの多面的なアイデンティティを見出すことができるからだ。例えば，先ほどの例では，突如として韓国名を名乗った人と対峙した日本人たちは，その人の在日コリアンという新たなアイデンティティを見出すとともに，自分た

ちが何者かについても思いを馳せ、いままで気にしたこともなかった「日本人の歴史的なアイデンティティ」の意味について確認するかもしれない。つまり、アイデンティティは他者とのコミュニケーションを通して再確認したり、発見したり、ゆらいだりと、刻々と変わりうるものである。

このように見ていくと、多文化社会に通用する異文化コミュニケーターは、複眼的視点から適切に把握したコンテキスト（場所、対人関係、求められるルールなど）に応じてコミュニケーションにおける相手と自分の関係性とお互いの多面的なアイデンティティを理解しつつ、認知、情動、行動の各側面を調整できる人であるとまとめることができる。次項では、異文化コミュニケーターとして目指すべき人間像についてさらに話を進めていこう。

1-3　目指すべき人間像

「異文化人」(intercultural person; Kim, 1985)、「多文化人」(multi-cultural person; Adler, 1982) といった言葉を聞いたことがあるだろうか。異文化人は、東洋的な視点・考え方と西洋的なそれを矛盾なく扱うことができる人、すなわち、異なる視点、考え方を統合する能力をもつ人のことをいう。また、多文化人は、簡単にいうと、さまざまな文化を認め、受け入れ、尊重する人を意味する。つまり、異文化人、多文化人共に、異なる文化に理解を示し、相手のコンテキストもしくは立場に視点を移動することができる人である。さらに、第7章で扱われているベネット (Bennet, 1986) の異文化感受性発達モデルにおいて、人々の感受性発達の最終過程は**統合**と呼ばれ、異文化人のように異なる視点、考え方（哲学）を行きつ戻りつ、物事を判断していく段階であるといえよう。

では、「統合」する力とは何だろうか。辞書的にいえば、「2つ以

上のものをまとめ合わせて1つにすること」(『広辞苑〔第6版〕』)であるが,これを実際の異文化コミュニケーションにあてはめて少し考察してみよう。例えば,文化にはその場のコンテキストから読み取れる情報を頼りにして,言葉を少なくし,お互いにメッセージを察し合う高コンテキスト(例:日本)のコミュニケーション・スタイルが優勢なところと,その逆で,コンテキストから読み取れる情報も含めてできるだけ言葉を多くしてメッセージを明確に伝えようとする低コンテキスト(例:アメリカ)のスタイルが優勢なところがあることは,第5章や第8章でも紹介したが,では,この2つのパターンをまとめ合わせて1つにするとはどういうことだろうか。それは,2つの文化をどちらも受け入れ,場面・相手に応じて,2つのスタイルを使い分け,効果的にコミュニケーションをとることである。「統合」の段階に入った異文化コミュニケーターは,コンテキスト(場面,対人関係など)に応じて,視点を移動させ(認知面),あわせて気持ちのコントロールもでき(情動面),その場において適切な行動を選択していく(行動面)ことができるのである。

　異文化との接触は,ときに不快感を覚えたり,自分の常識を疑ったり,自分の存在自体の意味を考えさせられたりと,人生を変えうる経験になろう。しかし,ただたんに異文化と接触する経験を重ねれば「統合」へと至るわけではない。例えば,異文化との出会いで頑なに自分の視点にこだわる人も多く,現在も続く民族対立や戦争はその極端な例といえよう。もちろん,自分の視点に固執しても,それなりに生きていくことができるが,多文化社会では,さまざまな視点に想像力を働かせ,個人の中で新しい認知,情動,行動のあり方を創造していく力が求められている。そう考えれば,一個人の中で複数の文化(視点)を拠りどころとし,それらを行き交う**文化横断性**(久米,2011)という言葉があるが,それはまさしく多文化

社会で通用する異文化コミュニケーターとなるためのキーワードであるといえよう。

2 異文化コミュニケーションの教育

2-1 目　的

前節では，異文化コミュニケーション能力について概説したが，本節では，能力を獲得させるための教育を取り上げる。異文化コミュニケーション教育は，異文化コミュニケーションが学問分野として先進的に発達してきたアメリカで形づくられてきた分野であるため，その目的も，創設当初の1900年代半ばのアメリカ国内の事情を色濃く反映している。例えば，当時のアメリカでは，抑圧されていたアフリカ系アメリカ人たちによる公民権運動が激しさを増し，さらには世界各国から流入してくる移民が増え続けるといった状況があり，多様性を容認する思想が必然的に力をもつようになった。

以来，アメリカでは，異なる立場の者同士がお互いの人権を尊重しながら，相互理解を目指し，共存を図ることを目指す価値観が社会の中で脈々と引き継がれ，今日に至っている。以上のような背景があり，多様性の尊重，文化間相互理解，共存，人権といった啓蒙的価値観が異文化コミュニケーション教育の根本的な支柱となった。つまり，換言すると，異文化コミュニケーション教育の目的は，異なる文化的背景をもつ者同士が互いの立場を尊重し，相互理解を深め，共存を図るための能力を養成することとされる。

2-2 内容・方法

異文化コミュニケーション教育の典型的な場は大学である。その

内容は,文化とコミュニケーション,深層文化,ステレオタイプや偏見,言語・非言語コミュニケーション,カルチャーショックのメカニズムや異文化適応などとなろう。

例えば,文化の構造についての知識があれば,多層的で深い異(自)文化理解につなげることができるかもしれない。なぜなら,目に見える物質文化(建物,服など)や行動文化(言語・非言語行動)といった**表層文化**だけでなく,必ずその背景には**深層文化**(価値観,思考様式など)が潜んでいることがしっかり理解できていれば,どの文化と関わる際にも,表層文化のみを見て単純にその意味を判断せずに,深層文化についても考えを巡らせる習慣が生まれる可能性があるからである。

では,このような知識を伝えるためには,どのような方法が使われるのだろうか。一般的には大人数に対し,効率よく多くの情報を伝えるため,講義という方法を用いることが多いが,講義は一方向的な情報伝達となる傾向にあり,認知,情動,行動,コンテキストという4つの側面のうち,とくに認知の能力,つまり,知識と思考に関わる力のみを高めることになりがちである。

この講義を通して伝えられる知識は,文化とコミュニケーションに関する一般的な知識に焦点があてられる傾向にあるが,多くの場合,文化特定的な知識も,文化一般的な知識とあわせて示される。例えば,受講者を小グループに分け,特定文化(例:フィリピン文化)に関する知識についてディスカッションをさせるなどが典型的な例といえる。このような手法の1つに,「異文化なぞなぞテスト」のような形をとる,カルチャー・アシミレーターがある。カルチャー・アシミレーターのアシミレーターは英語の assimilate(「同化する」)に由来するが,ここでいう「同化」は,「相手文化に取り込まれ,同じようになる」という意味ではなく,相手文化の人々の

理解の仕方と似たような形で，ある物事を理解することを指す（例えば渡辺，2002）。つまり，自文化以外の視点から物事を理解できるようにさせ，複眼的思考を身につけさせることをねらったものである。

例えば，渡辺（2002）は，フィリピン人の友人にお土産を渡した際「これはいい」「素敵だ」とは言ってくれたものの，なぜか自分が期待していた「ありがとう」の言葉がもらえず，何か釈然としなかったそうだ。しかし，後日現地の知人から受けた説明によると，友人間でお土産をもらって「ありがとう」というのは他人行儀で「親しいのに水くさい」と考えるということが判明した。つまり，日本の「親しい中にも礼儀あり」とは逆の発想である。この例をもとに，カルチャー・アシミレーターをつくるとすれば，ありがとうの言葉がもらえず釈然としなかったエピソードを紹介した後で，最後に「フィリピン人の友人はなぜ，ありがとうと言ってくれなかったのか」という質問が続く。学生たちは，その後に提示してある4つないしは5つの選択肢の中から最も適切だと思える答えを1つ選ぶことになる。ここでは，答えを先に提示してしまったが，さまざまなもっともらしい答えの中から，現地の文化で主流の考え方に思いを巡らせる経験を重ねることにより，エンパシーの練習ができ，「複眼的思考」に近づけるかもしれない。

異文化コミュニケーション教育は，講義中心とせざるをえないことも多く，認知面重視の傾向があり，情動・行動両面での能力の育成へとつながるかどうかは，個人の感受性や努力によっているといえる。したがって，異文化コミュニケーションの「訓練」と組み合わせて行い，情動・行動両面の育成へと結びつけることが望ましい。

3 異文化コミュニケーションの訓練

3-1 目　的

　異文化コミュニケーション訓練の背景にも，異文化コミュニケーション教育と同様に，1940年代から60年代のアメリカの事情がある。その事情を反映し，「訓練」を貫く特徴を短い言葉で表すと「実践的」といえるだろう。その目的は，異文化コミュニケーションを実際に行える人材を短期間で育成するために必要な実践的スキルを受講生に獲得させることである。

　当時のアメリカは，第二次世界大戦後，自国の影響力を世界各地へ広げるねらいをもっていた。しかし，外交や技術援助の分野で海外派遣された人々が現地の人々とコミュニケーション上の問題を抱えることが多かった。具体的には，日本の青年海外協力隊にあたる平和部隊（Peace Corps）の隊員たちが発展途上国に派遣されたが異文化の問題に直面する事例が多発し，異文化コミュニケーション訓練が必要であるという認識が広まった。

　アメリカ政府の世界進出と呼応して，ビジネスの分野でも多くの企業が海外に進出し，異文化コミュニケーション上の問題に遭遇した。そのことから，ビジネス界においても訓練のニーズが生まれた。

　こうした事情から，政治・軍事・ビジネス上の目的を達成するために，異文化に適応でき，コミュニケーションを適切かつ効果的に行える人材を短期間で養成するという目的が設定されたのである。その目的に沿って，すぐに役立つ行動，スキルを重視した訓練が外国勤務研究所（Foreign Service Institute）や企業において行われるようなったのである。

3-2 内容・方法

　訓練といっても短期から長期まであり，また，目的も留学や移住，ビジネスなどさまざまであるため一般化するのは難しいが，最も一般的なものは，企業から依頼を受けた専門家（異文化トレーナー）が，少人数（20名程度まで）を対象とし，短期間（1時間から場合によっては4カ月程度まで）実施する形といえよう。

　例えば，アジアへ派遣されるアメリカ人ビジネスパーソンが対象の場合，上司と部下の関係構築を視野に入れながら，現地文化の価値観やコミュニケーション・スタイルなどを中心にトレーニングが進められる。こうしたトレーニングを通じて，上司と部下の関係が文化によって違うことを学ぶだけでなく，仕事上の目的を遂行するためのスキル（行動）を獲得させることを目指している。また，具体的な方法としては，上司と部下の間で現実に起こりうるような場面を設定して行われる**ロールプレイ**（役割演技）などが使われることも多い。

　次に，日本で近年行われている訓練の例として，英語圏への海外短期研修に向かう中高生向けの事前トレーニングを取り上げてみよう。行き先は，英語圏の中でもアメリカ，カナダ，イギリス，オーストラリアが中心で，ホームステイを含む1週間程度から1カ月程度の期間実施される研修が多い。このような対象者に向けた訓練の場合，研修先で必要となる**ソーシャル・スキル**の獲得が中心となる。具体的には，英語の定型表現を使って質問をする方法や，言葉やジェスチャーをできるだけ多く使って自分を表現する方法などをゲームをしながら学んだり，ロールプレイを通して，適切なコミュニケーターとしての役割を学んだりする。こうした活動に従事し，英語（外国語）によるコミュニケーションに慣れ，積極的にコミュニケーション活動に参加するという「行動面」での変化とともに，

英語でのコミュニケーションに対する不安を軽減し，楽しさも感じるようになるという「情動面」での変化を起こし，研修先での適応を促すことを目指しているといえる。

　ロールプレイの他にもさまざまな訓練法があるが，代表的なものとしては，**異文化シミュレーション・ゲーム**や**体験学習**などが挙げられる。異文化シミュレーション・ゲームの代表例に「バファバファ」(Bafá Bafá) と呼ばれるものがある。このゲームの前半部分では，まず参加者は，綿密に作成された架空のα文化とβ文化に分けられたうえで，各文化の考え方，価値観，言語・非言語の行動パターンを学習し，実際に文化の一員として行動することが求められる。ゲームの後半では，「訪問者の交換」を行い，お互いの文化を旅行者のように体験し，ゲーム終了後は，そこでの異文化体験をもとにディスカッションを行うという流れで実施される。簡単そうに聞こえるこのゲームであるが，異文化を疑似的に経験し，その経験を振り返るという一連の流れを通して認知面，情動面，行動面のすべてを包括的に学ぶことを目指して作成された「深い」ゲームといえよう。その他にも，「エコトノス」(Ecotonos)，「スタープレイ」(Star Play)，「アルバトロス」(Albatross)，さらにはトランプゲームを使った「バーンガ」(Barnga)，など，さまざまなシミュレーションゲームが開発されているので，興味のある人はぜひ調べてみてほしい。

　また，シミュレーションゲーム以外の体験学習もさまざまなものがあるが，代表的なものとしては，文化的背景の異なる人々が参加し，ディスカッションを含めさまざまな活動を共にしながら，適切かつ効果的な知識，態度，行動を身につけていくことを目指す「異文化コミュニケーション・ワークショップ」が挙げられる。例えば，交流を目的として，さまざまな国から来た留学生と日本人学生が

キャンプのような形で1週間程度共に過ごすような簡単なものから，ハワイ，東西センター（East-West Center）で行われている「リーダーシップ・プログラム」のように9カ月間を共に過ごすものまでさまざまなものがあるようだ。

3-3 課　題

　これまで見てきたように，異文化コミュニケーション訓練は，アジア向け，英語圏向けといったように特定文化に焦点をあてたうえで，目的を達成するために必要となる行動，スキルに絞って訓練し，短期間で成果を挙げられるように計画されたものとなっている。そのため，異文化コミュニケーションに関するより深い知識を得るよりも，スキルを獲得することを重視する傾向にあり，深層文化の理解などを目指す認知面重視の異文化コミュニケーション教育と比べると，表層的な軽いものになってしまうという傾向があることは否めない。

　また，訓練には，どの文化にも対応できるようにする文化一般タイプ（例：異文化シミュレーションゲーム）と特定文化に対応するための文化特定タイプがあることは前に述べたが，文化特定タイプの訓練においてはどうしても「アメリカ人は……する」などのように，ひとまとめにして「アメリカ人」の行動を型にはめてしまう傾向がある。こうしたパターン認識は役立つ場合もあるが，ステレオタイプを強調し，異文化を理解するうえで必要な思考の柔軟性を奪うなどの問題もあり，さらに，行きすぎるとパターンからずれた考え方，行動に対処することができないような人材を育成してしまうことがあるので注意が必要である。例えば，自分のイメージに合致しない行動をとる人に向かって「あなたはアメリカ人らしくない」と言うなど，グローバル化で多様化が進む社会において多様性の尊重とは

逆行する的外れな対応をとってしまう人もいるようだ。

　日本も多文化化が進み，家庭では朝鮮文化の影響を受け，母語はロシア語で，北海道の公立学校において日本語で教育を受ける**トリプル・アイデンティティ**の児童などがいる時代である（千葉ら，2011）。文化特定タイプの訓練で得られる型にはまった他者理解，文化理解はあくまでも理解や行動の手がかりとし，状況に応じてみずから工夫して対応する柔軟性が求められている。

▶ 4　教育と訓練の背景理論とファシリテーターの役割

　前節で挙げた，過度なパターン認識を回避するために鍵となるものが少なくとも2つある。1つ目は，教育と訓練の背景となる多元的なものの見方・考え方（理論，哲学的見方）を理解することである。2つ目は，教育・訓練の参加者たちがもつ多様な視点を受け入れ，多様な意見を引き出し，複眼的かつ柔軟な思考の育成を手助けするファシリテーターの存在である。本節では，この2つについて考えたい。

4-1　多様性の尊重に向けた背景理論

　異文化コミュニケーション教育・訓練に対する批判の1つに，その基盤となる哲学・理論がない，というものがある。そのような批判に対して，渡辺（2002）は，**構成主義**という背景理論の有効性を主張しているが，構成主義とは「世界は認識する主体によって構成される」という考え方である。言い換えれば，世界の見え方は十人十色で，同じものでも見る人によって異なって見えるということで

ある。つまり,同一の物事を経験している人々がいたとしても,その見方,感じ方,それに基づく行動は異なることを示唆している。この理論的枠組みは,教育と訓練の両者を包み込むようなものである。なぜなら,教育も訓練もともに構成主義が前提とする**現実の多元性**を理解することのできる人材育成を目標とするからである。

では,実際に構成主義に基づく実践例の1つを見てみよう。渡辺(2002)は,通常文化特定タイプの知識を得るために使われるカルチャー・アシミレーターを「構成主義的文化的同化法(カルチャー・アシミレーター)」として用いることで現実の多元性を柔軟にとらえる能力を養成する方法を提唱している。具体的には,構成主義の見方・考え方を学習した後に,参加者は異文化摩擦の事例(カルチャー・アシミレーター)を読み,5〜6人の小グループや授業に参加する全員の大グループで,摩擦の原因について自由に話し合い,事例で対象となっている文化圏の人々と同じような形で原因を理解しようというものだ。この構成主義的訓練では,異文化摩擦の事例で扱われる文化圏の人々と同じような形で原因を理解しようとすることに加え,参加者たちはそれぞれの多様な視点から原因について意見を述べ合うことが奨励される。その結果,参加者は,他の参加者の多様な意見に触れることができ,みずからが導き出した「原因」の理解と,他の参加者のそれとを比べながら,異文化摩擦の「原因」を多様な視点から何度もとらえ直す経験をすることになる。そうした経験を通して,多様な視点から柔軟に思考する**多面的な思考能力**を身につけていくのである。

この方法において興味深いのは,大学の授業という場で文化的には類似した背景を共有している者(例えば,日本人学生同士)がほとんどであるにもかかわらず,多様な意見が発現し,参加者は多様性を経験できることである。また,この方法が優れているのは,多様

性の尊重を促す目的をもつ「教育」でありながら,同時に,文化特定的知識を獲得しつつ実践的な異文化体験を伴う体験学習でもあり,「訓練」の1つであるといえる点であろう。

4-2　ファシリテーターの必要性

　近藤（1997）は,異文化コミュニケーション研修を体験的学習法で行うことのできる人材が非常に少ないことを指摘したうえで,グローバル化,多文化化を踏まえ,初等教育からの異文化コミュニケーション教育・訓練導入の必要性を指摘し,優秀なファシリテーターの育成が急務であると主張している。

　たしかに,大学・企業研修などの教育・訓練の場において,適切な学びを導き出すには,ファシリテーターの役割によるところが大きい。つまり,いくら理論的背景に裏打ちされた立派なプログラムであったとしても,ファシリテーションがうまくできず,受講者の心の深いレベルでの「気づき」や「学び」が起こらなければ,ただの「知識の伝授」で終わってしまい,その知識はときの流れとともに忘れ去られることになってしまう。

　しかし,このように受講者の心の深いレベルに届く「学び」を引き出すには,ファシリテーター側の努力も必要である。例えば,このような学びを引き出すためには,ファシリテーターは知識を教授するという立場をとるのではなく,参加者から多様な声を引き出し,自主的に考えさせるように仕向けることが求められる。また,訓練中に参加者からうまく多様な視点を引き出すには,教室内外でのグループ・ミーティングに加え,参加者と日誌（ジャーナル）のやりとりを行ったり,食事時間やティーブレーク（休憩時間）でのインフォーマルな触れ合いなどを通し,参加者とさまざまなコンテキストで関わる必要もあろう。コンテキストが変われば,出てくる意見

も異なることがあるからである。こうした活動を通じ，多様な意見が教室という多文化小社会に反映される経路を確保することが肝要である。

5　異文化コミュニケーターの条件

5-1　コンテキスト間の移動

　本節からは，異文化コミュニケーション能力の自己訓練について考えたい。第1節で，人々がコミュニケーション場面にさまざまなコンテキストを無意識にもち込むことを説明した。ここでは，意識的にさまざまなコンテキストへ視点を移動する「コンテキスト間の移動」について，カナダに留学中の日本人学生と中国人学生の友人関係を例にとって説明しよう。インターネットを通じて日中両国間の領土問題に関するニュースが配信され，カナダでも中国人学生による反日デモが行われるようになると，お互いに何となくよそよそしくなり，ついには友人関係にもひびが入ってしまったという。

　現実社会では，この例のように，政府間の国際問題というコンテキスト，さらにはその背景にある歴史的コンテキストが2人の個人的なコミュニケーション・コンテキストに影を落とした例は数限りなくあるだろう。この場合で考えると，実際は，2人を取り巻くコンテキストは無数に存在しているはずなのに，この例のように悪化した日中関係にのみ焦点を合わせ，それだけを理由に関係が停滞するのは好ましい事態とはいえないだろう。

　このような事態に陥らないために，必要なことは，視点を移動させてさまざまなコンテキストにおいて相手を理解しようとすることであろう。例えば，家族という**ミクロ・レベルのコンテキスト**で相

手を見れば，自分と同じく家族を思う1人の人間であることに気づき，相手と「気持ちで」つながることができるかもしれない。また，大学（組織）という**メゾ（中間）・レベルのコンテキスト**（松田，2011）で自他をとらえれば，同じ大学で学ぶ学生同士であるという共通性を確認できるし，「世界」という**マクロ・レベルのコンテキスト**へ視点を移動すれば，地球で一緒に暮らす共存のパートナーであると考えることもできる。さらに，目には見えない思想・哲学というコンテキストへ移動すれば，「自他不分離」「一即多」といった東洋的思想を共有できる人間同士として共通性が見出せるかもしれない。こうした自由な視点の移動は，相手とつながるきっかけとなり，また，自・他ならびに自文化・異文化の多面的な理解を促すことにもつながるだろう。

このように，**コンテキスト間の移動**を意図的に行い，日常生活において個人が多面的に現実をとらえ，認知，情動，行動を調整していけば，コミュニケーション能力の向上につなげることができることを覚えておいてほしい。

5-2　ファシリテーションの実践

コンテキスト間の自在な視点移動以外で，日常生活のさまざまな場で実践できるのが，ファシリテーションである。訓練の場においてファシリテーションが大切なことは前項で指摘した通りであるが，コミュニケーションに参加している人々の意見を引き出す工夫をするなど，日常にも応用し，実践することができる。

例えば，数名で話をしており，そのうち1人の留学生が発言をせず静かにしているような場合，思い切って質問を投げかけてみよう。そうすると，いままで自分たちが考えもしなかった新鮮で興味深い見方が示されるかもしれない。このようにすることによって，社会

の中で表に出てこない潜在的な**声**を引き出し，その声に反映される文化，アイデンティティをとらえていくことができよう。言い換えれば，多様な人々の**居場所**をファシリテーションを通じてつくっていくのである。彼らの声を聞くことで，多様な視点に触れ，彼らには彼らなりの居場所があることに気づき，結果的にはコンテキスト間を移動できる思考能力を得ることができるのである。

5-3 多文化シナジー

多様な意見が出会うと，それらが相反することが多い。しかし，多様な意見が出ることで，新しいアイディアが生まれ，イノベーション（革新的な変化）が起こることがある。異なる2つの文化の深層にある価値観同士が矛盾しない形で，問題の解決策を生み出すことを異文化シナジーというが，多文化化が進み，3つ以上の文化が関わる場面が増えてくれば，**多文化シナジー**（松田，2011）が生まれる可能性もその分増えるかもしれない。また，「視点や意見を一致させるという意味での合意ではなく，視点や意見が違うことを認め合い尊重しあったうえで相互理解する，という意味での合意」（前野，2010）である**アコモデーション**という考え方もある。

多文化シナジーやアコモデーションへと至るためには，自文化か異文化かのどちらかが「正しい」という二者択一の世界から抜け出す必要がある。そのためには，まず，コンテキスト間の視点の切り替えを行い，自他の関係性を多面的に理解しなければならない。ただし，1人では視点が限られるため，異文化，多文化で問題が起きた場合は，1人で抱え込まず，日本人，外国人を問わず，多様な背景のメンバーで構成されるチーム（**多文化チーム**）で考えることが望ましい。自分の視点では思いもよらないようなアイディアが生まれ，問題解決の突破口が開ける可能性があるからだ。また，多文化

チームで協働すれば，異文化コミュニケーションの実践的訓練にもなろう。

　こうした**多文化協働**では，多様性を理解，尊重するコンテキスト間の視点移動やファシリテーションの能力が生きてくるのである。21世紀を生きる人々にとって，本節で述べてきたような考え方や能力の養成は，効果的な異文化コミュニケーターとなる条件であると考えられる。制度的教育・訓練のみならず，日常生活でも自己教育・訓練を行うことにより，制度と個人の間でも相乗効果（シナジー）が生まれ，多文化社会で通用する異文化コミュニケーターが育成されるのである。

●──石黒武人

コラム⑪　おもてなし文化うらおもて

　日本の接客コミュニケーションは「質が高い」と有名である。とくに，海外から来た観光客などは，デパートやホテルといった高級店だけでなく，小さな町の商店やコンビニまで「丁寧で」「親切」なことに，驚きを隠せないようだ。これは，世界中ほとんどの国では，サービスは有料という発想であることと関係している。つまり，たいていの国では，もちろん高いお金を払えばそれなりの処遇をしてもらえるが，商品の値段にサービス分の負荷がかかっていないような，普通の商店や食堂では，基本「お互い平等」，もしくは，「売ってあげている」と店主の方が主導権を握っているのが普通である。そうなると，ウエーターやウエイトレスは，妙にフレンドリーに友達のように話しかけてきたり，料理を注文したら，「今日はそんなに時間のかかるものはつくれないから，こっちにしなさい」などと命令口調で言ってくる料理人に遭遇したりする可能性もあるだろう。つまり，ところ変われば品変わると，接客コミュニケーションの考え方もいろいろあることになる。

　ここで，ちょっとこの日本のおもてなしについて考えてみたい。海外の人からほめられて「素直に嬉しい」と感じる人も多いようだし，この「おもてなし文化」を広げたいと企てている日本企業も増えてきているようだが，そんなに手放しで素晴らしいといえるのだろうか。接客のアルバイトをしたことがある人なら，すぐわかるだろうが，この「おもてなし文化」の維持には，もてなす側の忍耐が必要となる。例えば，相手がどんなに横暴で，クレーマーのような人だったしても，いったん「客」という立場になれば，無条件に謝罪したり，頭を下げたりしなくてはならなくなる。

　この例からわかることは，観光客という立場から見た文化は「表層」でしかなく，背景となっている文化的価値観や，社会の仕組みは見えていないことが普通であり，「素敵」「便利」「うらやましい」などと肯定的にしか思えないものにも，中に入ってみればマイナスの側面が見えてくるのが普通だし，逆に「不親切」「不便」「カッコ悪い」などと否定的にしかとらえられないものでも，「裏の意味」や背景のシステムなどが理解できれば，

「なるほど」と思える合理性が潜んでいるなどということもある。
　異文化への視線は，多分に曇りがちであるし，どんなに頑張っても表向きの浅いところの理解しかできないのが普通である。海外旅行や留学に行った際には，表向きの文化だけを見て「違いを楽しむ」だけではなく，文化的行動の背後にある意味や，裏に潜んでいる価値志向的側面にまで目を向けてみてはどうだろうか。

●──石黒武人

コラム⑫　多文化組織のリーダーシップ

　日本国内でも企業では留学生の受け入れが進み，また，世界各地に進出している日本の企業もすでに2万社を超えるなど，組織の多文化化はけっして他人事ではなくなっている。しかしながら，日本企業で働く外国人たちからは，「リーダーなのに，具体的な政策を示してくれないし，明確な指示がなくて困る」「日本人上司は尊敬すべきプロフェッショナルとしての能力に欠けている」「日本人リーダーは上層部の決定事項には逆らえず，問題を解決する責任を曖昧にし，問題解決の責務を回避する」（石黒，2012），「重要な情報は，日本人だけが独占している」など，日本人リーダーに対してさまざまなクレームが寄せられており，多文化組織で誰もが認める立派なリーダーになるのは大変難しいことがわかる。

　では，なぜ，日本人リーダーは外国人社員から不評なのだろうか。ここでは，「組織化原理」の違いに注目してみたい。林（1994）は，組織の中で人々がどのような役割分担を行うかという組織化原理について世界80カ国で調査した結果，日本がきわめて特殊であることを発見した。林は，日本の組織化原理をO（organic）型とし，それと正反対の組織原理をM（mechanical）型と呼んだ。簡単にいえば，図1に示されているように，O型組織では丸い部分に囲まれたところのみが各成員に割り当てられた仕事の領域であり，それ以外のグリーンエリアと呼ばれるところは，とくに担当の者が決まっていない。例えば星印の境界領域のところで業務が発生したような場合は，周囲の成員が気を利かせて，その仕事を進んで担うことが期待される。つまり，O型組織とは，「察し」や「気遣い」によって構成員が自主的に担当業務を判断することによってうまく動くような組織となっている。反対にM型組織では仕事の分担が明快に規定されており，O型組織のように誰が担当してもよいような，曖昧な業務は存在しない。このような組織化原理の相違は，人々の仕事のやり方，意思決定方法，実行方法，責任のとり方，人事管理のあり方ばかりでなく，成員間のコミュニケーションのスタイルにもさまざまな違いを生み出している。

　林によれば，グローバル化に対応すべく，ほとんどの海外の日系企業は

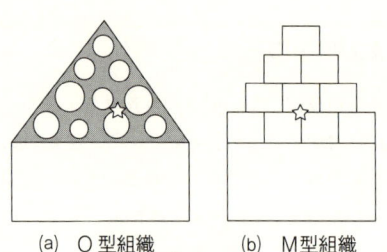

(a) O型組織　　(b) M型組織
図1　組織化原理
（出典）　林, 1994。

近年M型組織に改変している。しかしながら，日本の組織文化にどっぷりと浸かった経験をもつ日本人リーダーは，自文化に基づいた思い込みで異文化の従業員たちと接している可能性が高く，予想外のところで衝突してしまうようだ。一例として「休暇」について考えてみよう。

　O型組織の場合，ある人が休暇をとると，必ず誰かが代わってその人の分までやるので，全体としての業務の流れは止まることがない。しかし，自分が休むとまわりの人の負担が増えるので，遠慮してなかなか休暇をとりにくい状態となる。一方，M型組織では，ある人が休んでも他の人が代わって行う必要もなく，その人の業務が止まるだけなので，誰にも遠慮せず自由に休暇をとれる。となると，組織そのものは，M型組織になっているのに，O型組織のイメージを引きずっている日本人リーダーの場合，休暇を申請した従業員につい，「こんなに忙しいのだから，休暇をとってもらっては困る」などと言ってしまうということになるようだ。

　異なった組織化原理や価値観をもっている人々が一緒に働くと，摩擦やすれ違いがあるのは当然である。大切なことは，その摩擦をお互いの理解を深めるための好機としてとらえ，とことん話し合い，お互いの立場や考えを理解し合ったうえで，お互いが満足する解決策に漕ぎ着けるまで諦めず努力を続けるような態度をもち続けることではないだろうか。

●——久米昭元

第10章
異文化コミュニケーションの研究

関連資料を探す（立教大学図書館）

　異文化コミュニケーション研究について，「何を研究するのか」（領域）や「どう研究するのか」（方法）という質問がしばしば聞かれる。

　そこで，本章では，異文化コミュニケーション研究を取り上げ，その歴史的発展の過程を解説する。その後，異文化コミュニケーション研究の領域および課題について詳述し，最後に研究法についても概説する。

▶**はじめに**

　現代は，地球規模で人間と物品の大量・高速輸送を可能にする交通機関と次々に開発される情報伝達電子メディアの驚異的な発達により，従来の社会・文化的特性が世界的に画一化されるグローバリゼーションの時代であるといわれる。同時に，このような政治・経済的強者の権力による文化帝国・覇権主義的現象に対抗して，地方・地域の社会・文化的特性を堅持しようとするローカリゼーションの動きも活発化している。すなわち，現代はグローバリゼーションとローカリゼーションが同時に競い合いながら進展する**グローカリゼーション**（globalization + localization）の時代なのである。

　このようなグローカリゼーションの流れは，しかしながら，宗教，民族，国家，言語などさまざまな文化的差異をもとにした摩擦，対立，紛争，戦争等，あらゆる問題を世界中で同時多発的に生起させている。このような混沌とした現代社会においては，文化間の平和的共存を志向する異文化コミュニケーション学が果たすべき役割は大きい。本章では，異文化コミュニケーション研究を取り上げ，その研究の展開を歴史的に振り返り，研究領域とその課題および方法等について概説する。

1 異文化コミュニケーション研究の歴史

　日本の異文化交流が紀元前から 2000 年以上に及ぶ長い歴史をもっていることと対照的に，異文化コミュニケーション研究には第二次世界大戦末期にアメリカで萌芽して，その後着実に発展してきたという短い歴史しかない。他の多くの研究分野と同様に，異文化コミュニケーション研究の歴史は社会の動向を反映する形で進展し

てきたが,その様子は大きく分けると次の5段階(時代)に分けられる。すなわち,①研究の萌芽期,②研究の始動段階,③研究の体系化段階,④研究の理論化段階,⑤研究の多様化段階である。では,次に,時代ごとの変遷を概観しよう。

1-1 研究の萌芽期──第二次世界大戦末期から1950年代まで

異文化コミュニケーション研究は,第二次世界大戦末期のアメリカで台頭したといわれる。戦勝国になることを予測して,国務省は外国勤務研究所(Foreign Service Institute)を設置したが,それは大戦後の敗戦国における混乱状態や戦災関連の諸問題の処理活動を効果的に進めるためであった。また,外交や領事関連の業務に加え,公報・教育活動等の専門職に従事する予定の人たちを対象として,実践的な異文化コミュニケーション訓練を実施した。研究所における具体的な教育・訓練活動は,派遣先の国々で必要となる言語や文化に焦点をあてたものとなっていたが,当然のこととして,これらの活動の基本目標は,戦勝国としてのアメリカの思想・価値観に基づく占領政策を円滑で平和裏に進めることであった。やや専門的には,日常生活様式の総体としての文化人類学的な文化観,そして文化に影響を受け形成された言語・非言語コミュニケーションの諸側面が教育されたが,この教育・訓練活動が,後の異文化コミュニケーション研究・開発の礎になったといわれる。

1-2 研究の始動段階──1960年代

1960年代のアメリカにおける異文化コミュニケーション研究は,いわゆる内憂外患の混乱状態の影響を直接または間接に受けることになった。内憂すなわち国内問題としては,第1に,多数派を占めることによって種々の権限を当然のように享受する白人層に対して,

長年の偏見・差別と抑圧に耐えてきた黒人による対抗運動すなわち公民権運動が全国的に展開された。第2に，伝統的な政治体制や社会・文化的価値観に反対し，長髪，Tシャツとジーンズを象徴とする若いヒッピーたちによって，従来の社会的意識の変革を求める反体制運動が活発に進められた。第3に，伝統的な男性優位の政治・経済および社会・文化体制とその根底に潜在する女性差別的思想・イデオロギーに対して，女性の権利拡大・向上を主張する女性解放運動すなわちウーマン・リブ運動が各地で組織的に展開された。これらの運動が，1960年代のアメリカにおける三大運動と呼ばれるもので，国際的にも強い影響を与えた。

この時代の代表的な外患すなわち国外問題としては，第1に，1962年にアメリカ全土に限らず全世界を恐怖に陥れたキューバ危機があった。これは，旧ソビエト連邦がキューバに核兵器を配備するという動きに対してアメリカ政府が強硬な反対政策をとり，核戦争勃発の瀬戸際で危機を首尾よく回避したという第二次世界大戦後最大の事件であった。第2に，泥沼化したベトナム戦争（1964〜1975年）によるアメリカの権威と威光の失墜と参戦の根本的な目的・意義に対する疑問が表面化し，多くの若者によって徴兵制度反対の激しい運動が展開された。そして，参戦した若者の現地での悲惨な経験や帰国後の精神的後遺症が深刻な社会・文化的問題となった。

このように多様で深刻な内憂外患の状況下で，異文化コミュニケーション研究面で注目された動向は，日本の青年海外協力隊の原型となった平和部隊構想であった。多くの理想に燃えた青年たちが主として発展途上国へ派遣され，アメリカ流の「進んだ」科学技術や生活様式の導入やアメリカ文化や言語の普及を目指して懸命に活動した。ところが，善意で行ったはずのこれらの諸活動は，「自文

化中心主義的」で一方的な文化の押しつけととらえられ，現地の人々の激しい反発を買うこととなった。さらに，帰国後は，アメリカ社会・文化への再適応ができず苦しむ者も現れるなど，深刻な問題を提起した。国内外におけるこのように困難な問題・課題を経て，アメリカの異文化コミュニケーション研究は，その存在価値と重要性がしだいに広く認識されるようになった。

アメリカの社会・文化的動向を常に意識していた日本では，反体制運動，ベトナム戦争反対運動，そして女性解放運動等アメリカで起こったさまざまな社会運動が「輸入」され，全国的な広がりをみた。一方，異文化コミュニケーション研究については，言語と文化の関係に対する関心と問題意識が徐々に高まりつつあったが，広がりは限定的でしかなく，またこの分野の理解は断片的で，詳細や体系の理解までには至っていなかった。このようにして，日本の異文化コミュニケーション研究の体系的理解は，アメリカにおける体系化研究のさらなる進展を待つことになった。

1-3 研究の体系化段階——1970年代

1970年代は，世界中の国々や諸地域を直接結ぶ交通機関や通信手段の著しい発達により，時間・空間の両面で，いわゆる「地球縮小化」が急速に進展した時代であった。その結果，人間に限らず，労働力，情報，金銭，物品等が国境や社会・文化的境界を越えて移動し，異文化間の不可避的な接触が多様な**文化摩擦**を引き起こした。結果的に，その摩擦要因の探究を志向する異文化コミュニケーション研究に対する関心と期待が国際的に高まった。

しかしながら，このような時代の要請に反するかのごとく，アメリカにおける異文化コミュニケーション研究関係者の関心は，おもに国内の異文化問題に向けられた。代表的な問題は，国内ですでに

社会・文化的に深刻化している異文化・異民族間の対立や摩擦，増加する移民や留学生の教育，平和部隊関係者の滞在先の異文化への適応と帰国後のアメリカ文化への再適応，国際ビジネス関連の異文化経営と交渉，そして発展途上国に対する援助方法としての開発コミュニケーション等であった。そしてこれらの諸問題に対応するために，異文化コミュニケーション研究に関する理論化と体系化の課題が提示され議論されることになった。

一方，この時代の日本においては，1970年に開催された大阪万国博覧会に象徴される目覚ましい経済成長に国際的注目が集まっていた。経済成長の社会・文化的背景として，終身雇用や年功序列等の日本的労使関係制度ばかりでなく，日本人論や日本文化論も関心と議論の対象になり，「甘え」や「タテ社会」は一種の国際的流行語になった。しかし，異文化コミュニケーション研究の分野は，一般的に台頭期段階にあり，教育においても国際基督教大学を始めとする数校で正式授業科目として認められる程度にとどまった。日本における異文化コミュニケーション研究とその教育は，次の段階で急速に進展することになった。

1-4 研究の理論化段階——1980年代から1990年代まで

他の既成研究分野と同様に，異文化コミュニケーション研究が重要な研究分野として専門的に認知され社会的に普及するためには，理論化が必要であった。アメリカにおけるこの段階（時代）の異文化コミュニケーション研究は，主として理論構築とそれに伴う方法論開発に関心が向けられた。中心となったのは，**異文化適応訓練理論**に代表される具体的応用理論から，**不確実性調整理論**，**フェイス交渉理論**，**異文化適応理論**のような研究の諸領域に関する総合的な理論の構築とそれらを検証するための方法論の開発である。このよ

うな学術的活動により，多くの研究者による書籍や論文が発表され，各地の大学で正式の授業科目として認められるようになった。

　日本では，バブル経済絶頂期を迎え，世界中からその経済や文化に注目が集まると同時に，「日本たたき」(Japan bashing) の動きも各地で起きるなど，政財界を始め教育やビジネス等で，国際化・国際理解の基本的背景となる異文化コミュニケーション研究・教育の必要性が強く認識されるようになった。さらに，海外で教育を受けたいわゆる「帰国子女」たちの再適応の問題も浮上し，関連の研究書や論文が次々と発表された。また教育面では，全国の大学・短期大学や専門学校で異文化コミュニケーションに直接または間接に関連した授業科目が急増した。

1-5　研究の多様化段階──1990年代末から現在まで

　20世紀末のアメリカでは，主としてアフリカ系，アジア系など少数派に属する研究者たちから，従来の研究基軸が白人主流派文化にのみ置かれていた問題点が指摘され始め，アフリカ中心 (Afrocentric) やアジア中心 (Asiacentric) のコミュニケーション観をもとにした研究の必要性が盛んに提唱され始めた。また，これらの研究者たちの批判の矛先は，従来の研究成果に対しても向けられ，例えば，国家単位でアメリカ文化や日本文化とひとくくりにして，文化比較研究を試みる傾向や，文化を静態的もしくは不変的なものと見なす「文化本質的」な研究に批判が集中した。また彼らは同時に，従来の文化研究の文脈で主流となっていた質問紙法に代表される量的・統計的研究方法によって導き出された研究結果の妥当性に対しても疑問を投げかけ，批評・解釈学的視点に基づく質的研究の重要性を訴えた。

　しかしながら，いうまでもなく，**量的研究，質的研究，批判・解**

釈学的研究，それぞれには長所と短所があり，1つが他より優れているということではけっしてないだろう。人間のコミュニケーションのようにきわめて複雑で，常に変化し続けるダイナミックなものは，1つのアプローチのみで解明できないことは自明であり，質的，量的，批判・解釈学的とさまざまなアプローチによって複合的に検証されてこそ，本質に近づくことができよう。異文化コミュニケーション研究を試みようとする読者は，ぜひ次節以降の解説を読み進め，各アプローチの特徴や問題点について理解を深めてほしい。

▶ 2　異文化コミュニケーション研究の特徴

　異文化コミュニケーション研究の特徴には，少なくとも次のような3点が考えられる。

　第1の特徴は，異文化コミュニケーション研究は価値志向的な学問であり，その意味で心理学や社会学などの従来の社会科学の学問領域とは色合いが異なっていることであろう。つまり，異文化コミュニケーション研究とは，文化的背景の異なる人々がお互いの人権を尊重し，平和的に共生するための方法を模索するために存在する学問であり，その意味で自文化と異文化の関係に対して平等意識を醸成することを重要視している。例えば，日本国内の共文化の面では，種々の社会的弱者に対する強者の意識・態度の健全化・平等化に関する一般の関心を高める必要があろう。さらに，国外の異文化に関しては，英語教育産業に顕著な現象が例示するように，欧米の西洋文化を無批判に崇拝・受容し，日本を含む東アジアの東洋文化を劣等視する「西高東低」の優劣ないし上下の異文化意識・態度の健全化・平等化に資することが求められよう。

第2の特徴は，異文化コミュニケーション研究が学際性ないし領域横断的性格をそなえていることである。かつては，「学」と呼ばれる研究領域は，それぞれの研究上の特殊性ないしアイデンティティを強調するために，他の研究領域との間に境界線を引く傾向が顕著であったが，現在では，それぞれの研究領域の特殊性や細分化を進めると同時に，他の研究領域との「相互乗り入れ」すなわち学際的 (interdisciplinary) ないし**領域横断的** (transdisciplinary) **研究観**が国際レベルで一般的になりつつある。同様に，異文化コミュニケーション研究も，学際的ないし領域横断的な性格をそなえており，研究上の基礎となる文化，コミュニケーション，そして両者の相互関係に加えて，広い応用研究領域がある。中でも，文化人類学，社会心理学，文化心理学，宗教学，言語学，教育学，情報科学，国際関係論等はとくに重要な関連領域である。研究に着手する前には，「何を研究するのか」（領域）と「どう研究するか」（方法）の問題・課題について，学際的ないし領域横断的観点から，あらためて考える必要がある。

異文化コミュニケーション研究の第3の特徴は，日常生活での経験（ミクロ）から国際問題（マクロ）にまで広がる間口の広さである。海外旅行や海外留学に限らず，日常の通学・通勤の途中，学校・大学，職場，地域社会等で見聞や経験することやマスメディアを通じての国内外の情報には，異文化コミュニケーションに直接または間接に関係するさまざまの事象が潜在している。重要な点は，これらの多様な事象に対して，異文化コミュニケーション研究の視点から関心をもち，問題・課題意識を養うことである。

以上が，異文化コミュニケーション研究の主要な特徴である。これらの特徴をより深く認識するためには，次節の異文化コミュニケーションの領域を理解することが肝要である。

3　異文化コミュニケーション研究の領域

異文化コミュニケーション研究の領域は，抽象的な思想・理論研究領域から具体的な実践研究領域へと多方面に及んでいる。ここでは，主要な問題・課題にのみ絞り，紹介・略説する。

3-1　文化研究の領域
[1]　宗教と思想

文化の根底に潜在する人間観，死生観，自然観，倫理観等の世界観を形成する宗教は，現代の国際社会で最も注目される文化研究上の問題・課題である。例えば，世界各地でテロや暴動の形で多発しているキリスト教対イスラムの対立・紛争は，政治・経済的性格を伴うが，代表的な宗教間問題・課題である。異文化コミュニケーション研究の視点から，このような宗教観の違いに端を発する対立解消に向けての糸口を提示することが求められている。

さらに，欧米と東アジアの思想・価値（人間観，人生観，自然観，世界観等）の潜在的源流の比較・対照的研究に学術的貢献をすることが求められている。欧米の思想・価値観の源流は，ヘブライズム（Hebraism；ユダヤ教，キリスト教）とヘレニズム（Hellenism；古代ギリシャ思想・文化）に求められ，東アジアの思想・価値観の根底には，儒教，仏教，道教の影響が潜在している。現代の異文化問題に加えて，さまざまな問題の重要な背景となる思想・価値観の源流を研究する意義に気づき，学究的関心をもつことが求められよう。

[2]　深層文化の比較研究

異文化コミュニケーションにおいて摩擦，対立，誤解などの原因

となるのは，価値観や思考法など目に見えない深層文化の違いであることが多い。日米についての比較研究は数多く蓄積されてきているが，その他の国との比較研究はまだまだ端緒に就いたばかりである。日本を中心にした場合，中国，台湾，韓国，ロシアなど密接に関連する隣国との比較研究の必要性はいうまでもないが，グローバル化の進む現状を考えれば，その他のアジア圏，さらにはヨーロッパ，中東，ラテンアメリカやアフリカ諸国など，いままで比較的軽視されてきた国々との文化比較研究の必要性が高じていることは明らかである。

さらに，日本における異文化コミュニケーション研究は，欧米に軸を置いて発展してきたという問題がある。現在われわれに課された責務は，儒教・仏教・道教等に代表されるアジアの社会・文化と歴史に基づく研究を進め，新しい観点から学術的貢献をすることである。

[3] 日本文化の発信

従来の日本社会では，社会・文化的先進国と思われる国や地域の思想・価値観や生活様式を一方通行的に受容・模倣してきた。漫画やアニメーションに代表される日本の大衆文化が海外で高く評価される現在，「素顔」の日本社会・文化とその歴史的背景について研究を進め，その結果を海外に向けて積極的に発信することが求められよう。

3-2 コミュニケーション研究の領域

[1] レトリック研究

レトリックとは，言語および非言語行動によって，話し手・送り手がメッセージ（考え，感情等）を聴き手・受け手に効果的に伝え

るための技法である。日本文化のレトリックとしては，和歌の朗詠，落語・講談の伝統的話芸の源流となった仏教寺院における説経（説教）と明治時代に伝来し普及した欧米型のレトリックが中心になりながらも，日本的価値観に支えられた独特の様式が加わり重層的に存在および機能している。しかしながら，一般には「日本人は論理的でない」「日本語は論理に向いていない」などの誤解を含んだ言説が独り歩きし，広まっている問題がある。説得を目的とし，古代ギリシャ・ローマに生まれたレトリックを範としたレトリックのみを正統とする欧米の研究者の視点に対し，哲学，倫理思想等，東洋に軸をおいて発展したレトリック研究を進め，新たなパラダイムを提示することが求められている。

[2] コミュニケーション・スタイル

深層文化の核となる価値観や思考法をもとにして形成され，表現されるもの，すなわち文化の核の表現ともいえるものがコミュニケーション・スタイルである。例えば，直接的表現を好むのか間接的表現を好むのかといった簡単な違いから，談話の展開方法，沈黙や相槌（あいづち），視線等さまざまな非言語メッセージの意味合いまで，日常会話の中にもさまざまな文化的要素が見え隠れしている。このようなコミュニケーション・スタイルをもとにした比較研究は，日米を中心に行われていることが多く，その他の国や地域との比較研究はまだまだ端緒に就いたばかりの感がある。また，欧米の文献では，日本，韓国，中国は類似していると表記されるなどの誤解も見られる。今後の研究の進展が待たれる分野である。

3-3 対人関係に関する領域

[1] 多文化共生の模索

　日本社会には，社会的弱者に相当する少数派・マイノリティ集団が多様な形で存在する。在日コリアンや中国人，日系ブラジル人・ペルー人等の外国人に限らず，障害をもつ人たち，性的マイノリティ等は社会的弱者の代表的な存在である。多数派・マジョリティ集団に所属する人々が彼らに対して抱きがちな偏見やステレオタイプを低減させ，多数派と少数派が平和的に共存するための方法を模索する必要がある。そのために資する研究とそれらの実践的応用が待たれる。

[2] 白人崇拝の問題

　[1]で挙げた少数派への差別的まなざしと同様に問題なのは，日本人のとくに若者の多くが，欧米出身の白人を無批判に美化・崇拝し，彼らに対して対等な立場で向き合っていないことである。マスメディアにはステレオタイプ化された多くの白人が登場し，能力や教育経験の有無に関係なく，白人の英語教員が歓迎される。そして日本の若者は，「ガイジン」と呼ばれる白人に憧れ，彼らと親しくなることを望んでいる。「白人天国」とまでいわれるほど白人のみを優遇するこの現状は，白人以外の人々にとっては，「差別的」ともいえよう。すべての人々や文化が平等であり，同等の価値をもつとする文化相対主義とは相反するこのような現状を打開し，異文化意識を健全化するために資する研究が待たれる。

[3] 異文化適応

　グローバリゼーションの進む現在，文化を超えて生活，活動する人々もますます増加することが予想されている。このような現状の

なか，自国を離れ新しい文化環境に入った人々がそこで適応していく過程や，その結果起こる文化的アイデンティティの揺らぎ，変容，または喪失といった問題に対する関心はますます強くなるだろう。現在でも異文化適応に関する問題には数多くの研究者が取り組んでいるが，テロリズムや戦争，政情不安など地球規模の問題が日々起こり，移民や労働者，ビジネスパーソンなど個人を取り囲む状況も日々変化している今日，新しい研究課題は目白押しである。日本にも，看護師や介護福祉士候補の人々や，研修生，労働者，技術者，インターンなど研究対象としては比較的新しいタイプの人々が数多く存在しており，彼らの適応・不適応問題は社会問題になりつつある。彼らの適応を阻害する要因を特定し，不適応状況の解消に向けた方策に資する研究が待たれよう。

[4]　メディア・コミュニケーション

インターネットを始めとするさまざまな**ソーシャル・メディア**の普及は，対人関係に多大な影響を与えている。地球の裏側の人とでも簡単につながりメッセージを交換することができるなど，人間関係の促進にも資するが，一方，ソーシャル・メディアは，ヘイトスピーチ（偏見に基づく憎悪や嫌悪の表現）を拡散させ，偏見の温床となるばかりか，インターネット中毒や依存症を引き起こし，さらには，引きこもり，不登校，暴力行為等の深刻な問題の遠因となる可能性もあるなど，その発展がわれわれにもたらす功罪は，甚大であり計りしれない。

このように，われわれのコミュニケーションに大きな影響を与えるソーシャル・メディアは**イノベーション**であり，当然その研究はまだ端緒に就いたばかりである。今後は，正負の両面から，人間および社会とこれらのメディアの関連性をとらえ，そのダイナミクス

を解明する必要があろう。

3-4　教育に関する領域
[1]　外国人に対する日本語教育

現在日本には，200万人を超える外国人が居住しており，義務教育が必要な子どもたちも相当数存在しているが，彼らに対する教育はきわめてお粗末な状態となっている。例えば，ブラジルやペルーなどからのニューカマーといわれる外国人労働者の子弟，難民の子弟など，日本語能力が不足している子どもたちの多くは，週に何度かの母語支援を受ける程度で通常のクラスの受講を余儀なくされている。当然のことながら，授業についていけず，小学校や中学校さえ卒業できないままで，母語も日本語も中途半端な「セミリンガル」となり，社会的に疎外されてしまう生徒も続出している。

移民や外国人労働者を受け入れる際には彼らの子弟に対する言語や文化の維持を保証することが国際的には当然視されているが，日本では考慮さえもされていない現状である。日本の教育現場において何が起こっているのかを把握し，問題点の解決に向けた提言をしていくことが求められている。

[2]　隠れたカリキュラムといじめの問題

「**隠れたカリキュラム**」とは，教科書に現れた価値観や，教師の発言，生徒たち同士で構築された雰囲気など，明示された教育内容以外に，学校に通うことで学習し，身につける価値観や態度のことをいう（伊藤，2013）。例えば，日本の幼稚園や小・中・高等学校では，みな同じがよいという暗黙の了解が幅を利かせており，空気を読んで行動することが求められるようだが，このような同調至上主義は，差異や異質を認めず，排除するといった「いじめ」の遠因となって

いるのではないだろうか。異なることをよしとし、お互いの差異を乗り越え共生するための学問である異文化コミュニケーションの視点から、これらの「いじめ」問題の原因探求に取り組み、何らかの解決策を提言することも可能かもしれない。

3-5 国際・多文化関係に関する領域
[1] アジア諸国との異文化コミュニケーション

日本の異文化コミュニケーション研究の焦点は、日本といわゆる欧米先進国との関係に置かれがちで、日本との関係が現在困難な状態にある近隣のアジア諸国、とくに宗教思想を長年共有し、漢字文化圏にある中国、韓国、台湾の東アジア諸国との社会・文化および歴史的関係を軽視しがちであった。今後は、このような欧米中心の「西高東低」の屈折した異文化観を健全化する不断の努力が不可欠となろう。

[2] 国際問題と異文化コミュニケーション

従来の日本の異文化コミュニケーション研究は、政治・経済的性格が強い国際問題を敬遠しがちであった。しかし混迷を極める国際問題には、異文化コミュニケーション研究者が積極的に関与すべき社会・文化的および歴史的内容の課題が少なくない。日々深刻化する享楽・浪費型生活様式と環境破壊、資源枯渇と資源争奪戦、人口増加と食糧不足、経済格差による南北問題、宗教間対立とテロ事件等は代表的な問題である。重要な点は、これらの問題の根底に潜在する社会・文化的および歴史的原因に学究的関心をもつことである。

[3] 異文化交流史

歴史を振り返ると、人類の歴史はまさに異文化交流の歴史といえ

る。キリスト教, イスラム, 仏教などの宗教を通じて, さまざまな物品, 食物, 哲学, 技術から文字に至るまで, 人々が交流した結果地球規模で広がり, またそれらのいわゆる「イノベーション」は, 地理的・文化的洗礼を受けた結果, それぞれ独自の色合いをもつ「文化」へと発展した。また, 各国で語られる「歴史」もそれぞれ独自の視点でつくり上げられたものであり, それ自体が文化的産物ともいえる。歴史を振り返り, 過去の人々が異質な人々とどのようにコミュニケーションを行い, 異民族や異文化をどのようにとらえてきたのか, さらには戦争や紛争はいかにして起こり, その結果がわれわれの現在の人間関係にどのような影を落としているのかなど, 歴史から学ぶことは多い。ぜひ, 歴史が語りかけるメッセージを異文化コミュニケーションの視点で読み解いてみよう。

以上, 異文化コミュニケーションの研究領域を概観した。これら以外にも, 世界には異文化コミュニケーションの視点から貢献できる分野や, 状況, 現象は無限である。また, 異文化コミュニケーションは学際的な分野であり, 言語教育, 社会学, 文化人類学, 社会心理学, 国際関係論, 平和学, 歴史学, 地域研究など隣接学問分野からもテーマの示唆を得ることができよう。読者には, 独自の視点でテーマ探しに取り組んでほしい。

▶ 4 異文化コミュニケーション研究の方法

異文化コミュニケーション研究は, 思想・哲学と批評に重点を置く人文学的性格とデータ収集および解析に基づく社会科学的性格を重層的に兼ね備えている。また, 研究方法の認識・理解についても,

前者の人文学的性格を重要視する「主観的」な質的（qualitative）研究法と，後者の社会科学的性格を重視する「客観的」な量的（quantitative）研究法に大別できる。しかし，このように分けられた両研究法は，主観性と客観性の面で明確に区別されるものではない。実際の研究においては，主観的方法と客観的方法が混在する例が少なくないからである。さらに両者は，対立的関係ではなく，相互補完的関係にある点も重要である。本節では，便宜上質的研究法と量的研究法に大別したうえで，それぞれに含まれる方法を概説する。

4-1 質的研究法

[1] 歴史・批評的方法

歴史・批評的方法は，歴史上の社会・文化的背景を重視しながら，演説に代表されるレトリックの特徴と効果を解釈および評価する目的で始まった方法であるが，現在ではあらゆるコミュニケーション行動がその対象となっている。簡単にいうと，一定の時代の人物，コミュニケーションの内容や現象を研究対象として批評的に記述および分析をする方法といえる。異文化コミュニケーション研究に関しては，個人段階から社会・国家段階に至るまで，異文化の受容と拒絶の歴史的変遷を批評的に考察する問題・課題意識が必要となる。

[2] 参与観察法・非参与観察法

観察法とは，研究者が実際の異文化コミュニケーションの場に赴き，調査対象者のコミュニケーション活動を観察しながら，質的および量的データを集め，解釈的に分析する方法である。研究者がコミュニケーション活動に積極的に参加する**参与観察法**とあくまでも観察者の役割のみに徹した**非参与観察法**の2つが代表的なものだが，実際は，参与のレベルによりさまざまなパターンが使われている。

この方法は，文化人類学で使われるフィールドワークの主要なデータ収集法であるが，もちろん異文化コミュニケーションの場におけるデータ収集にも使用可能である。

[3] 談話分析法・会話分析法

談話分析法と会話分析法の両者は，簡単にいえば，「調査対象者が会話で使用する規則や戦略を発見するために，相互作用・発話状況を記録し，分析する研究法」となるが，厳密にはその目的や方法に違いがある。談話分析は，言語学を背景として展開されたもので，談話の仕組みと働き，すなわち「談話の文法」を解明することを目的とし，特定のコンテキストで行われた会話を研究対象としている。一方，会話分析は，社会学，社会言語学を背景にもち，対話の分析に人間関係の視点を取り入れ，相互行為を社会との関連で立体的にとらえようとするものである（岩田，2013）。記録には，ICレコーダーやAV機器を使うことが一般的である。

[4] 事例（ケース）研究法

事例（ケース）研究法は，特定の個人，集団，出来事に焦点をあてた研究方法であり，ケーススタディーとも呼ばれる。具体的には，観察，聞き取り調査，深層インタビュー，歴史的経緯の考証，語りの分析，関連情報の分析など，その研究に必要と思われる方法を自由に選んでデータの収集と分析を行う。事例研究では，多くの複雑な要因を総合的にとらえ，分析することができるため，さまざまな要因が絡んでいるような現象に対しては，要因を絞り込まざるをえない量的研究よりも適切な方法であり，仮説構築により向いているといえる。

[5] 面接（インタビュー）法

面接（インタビュー）法は，研究者が，調査対象者の考え・感情とくに価値観や社会・文化的背景について，面談式に質問して回答を得る方法である。面接の形式としては，研究者1人と研究対象者1人が基本であるが，最近の就職試験で一般的になった小集団面接も普及している。質問形式としては，全質問を事前に作成する構造化面接，質問を作成しない非構造化面接，そして両者の中間に相当する半構造化面接がある。構造化面接から得られる情報データは，統計的に処理され，量的研究に応用されることもある。近年の研究傾向としては，半構造化面接が多く採用されるようである。

4-2 量的研究法

[1] 質問紙（アンケート）法

質問紙（アンケート）法は，事前に作成した質問項目を印刷した質問紙を研究対象者に配布して，自己報告式に回答してもらい，収集された回答を統計的に処理する代表的な量的研究法で，日本の学校・大学や企業等の組織でも広く実施されている。この方法の長所は，多人数の個人的考え・感情等の精神活動に関するデータを安価で容易に収集することが可能なことである。しかし，比較文化的な調査目的の設定や質問項目の作成には，社会・文化的相違の視点から，慎重な検討が必要である。

[2] 実 験 法

実験法は，個人的考え・感情や行動等に関する面接と観察によって，原因と結果の関係を明らかにすることを目的とする調査方法である。具体的には，「独立変数」と呼ばれる原因と「従属変数」と呼ばれる結果の因果関係を究明するために計画された実験から得ら

れたデータを統計的に処理し，結果を導き出す方法といえる。特定の人間を被験者として使用することに関する倫理的問題や多くの時間と労力を必要とする煩雑さのために，異文化コミュニケーション研究者の間では，この研究法はあまり一般的ではない。

　以上が，質的研究法と量的研究法の代表的な種類とそれぞれの概略である。両者にはそれぞれ一長一短が内在しているので，両者はいわば相互補完の関係にあることを再認識することが求められる。なお，実際の研究にあたっては，一歩進んだ参考文献を利用する必要があることはいうまでもない。

▶終わりに

　現在，世界各地の社会・文化的特性が画一化されるグローバリゼーションと地方・地域の特性の重要性を主張するローカリゼーションが同時に進展するグローカリゼーション現象により，日本に限らず世界的規模で，政治・経済は当然として社会・文化的事象も激しく変動している。また，2011年3月11日に発生した東日本大震災，巨大津波，そして福島第一原子力発電所事故は，日本に限らず世界中の人たちに「文化とは何か」「人間と自然の関係はどうあるべきか」，そして「異文化コミュニケーションとは何か」についてあらためて熟考する重要な機会を提供したといえる。このような状況の現在，異文化コミュニケーション研究が果たすべき課題は山積しており，人類が平和的発展を遂げることができるか否かは研究の進展とその応用にかかっているといえ，その意味でも，これらの問題・課題にいっそう強い関心をもち，研究を計画的に進めることが期待されている。

●──石井　敏・久米昭元

コラム⑬　環境問題に見る異文化コミュニケーション

　世界の全人類が現在真剣に取り組むべき深刻な問題・課題は，過度に巨大化した人類の欲望とそれらを取り巻く自然環境のバランスの崩壊に関するものである。18世紀の産業革命以来，人類の文化・文明中心主義的な生活様式と諸活動は，地球的広がりで自然環境と自然体系全体に破壊的悪影響を与えてきた。この自然環境破壊はやがて人類自身の破壊・破滅を引き起こす危険性を孕んでいることが有識者によって指摘されているが，これらの多種多様な問題・課題は，小手先の対症療法的手法だけで解決ないし改善されるほど単純なものではない。

　人類が現在直面している環境問題は，日常生活に直結したものから世界的性格のものまで，多種多様である。世界的性格の問題としては，異常気象に関連した地球温暖化現象の主原因とされる二酸化炭素（CO_2）などの温室効果ガスの排出，酸性雨，砂漠化，熱帯林の減少，エネルギー危機，食糧不足，人口増加，生物多様性の減少による自然体系上の混沌等が代表的なものである。

　日本人の日常生活に直結した身近な問題としては，1950年代から70年代にかけて深刻化した公害に端を発し，大量のゴミ処理，工場や家庭の排水による川や海の水質汚染，自動車の排気ガスや工場の排煙による大気汚染等が挙げられ，そして近年では隣国の大気汚染，有害廃棄物・食料品の越境移動の問題も抱えるようになった。

　そのうえ，とくに最近の日本では，2011年3月に発生した福島第一原子力発電所事故以来，エネルギー危機が急速に深刻化してきた。地震列島でもあり，火山爆発その他多種類の自然災害の危険性が常につきまとう日本に今後も原子力発電装置を稼働させるのかどうか，さらには太陽光パネルや風力発電装置の設置に代表される再生可能な自然エネルギー源がどの程度確保できるのか，そして電力やガスの安定供給を自由に享受してきた現代の企業や一般国民の浪費的需要をどの程度満たすことができるかなど，根本的な日本のエネルギー政策を策定することが急務である。

　その他，日本が抱える問題・課題には，異常気象の恒常化，農林水産業

の衰退，食糧自給率の低下，地方人口の減少，求人・雇用の不均衡，享楽的価値観の横行，倫理道徳意識の低下，原子力発電所再稼動と再生エネルギー対策，化石エネルギーの浪費などもある。現在，関係省庁が環境コミュニケーションの意義と必要性を認識し，活動を積極的に進めているといわれるが，その主たる目的は，商品の生産者と取り扱い業者と消費者の間の環境問題意識と情報の共有という商業主義的なものとなっている。持続可能な社会の理念・ビジョンの構築と環境コミュニケーションの目的および意義が十分に明確化されているとは言い難い。

近年，世界的に持続可能な社会の構築と維持を目指した環境保全の重要性が叫ばれているが，これらの難題にどのように対応すればよいだろうか。これまで自然観については，人間が自然を自由に支配できるという価値観をもつ地域，自然と人間が共存共生の関係にあると見なす地域，そして自然の力は大きく，人間が管理できるものではないという考えなど，文化によって大きく異なっているといわれてきた。しかし，近年，環境問題は一部地域の問題だけで済まず，世界の全域に影響を与えるという認識は世界中で共有されるようになった。

また，この「地球環境問題」の顕在化に伴い，開発途上，人権，平等，ジェンダー，民主主義などの多様な問題が環境問題に関わっていることが理解されるようになり，1992年の地球サミット（国連環境開発会議）では，持続可能な開発のための枠組みが提起された。また，続く1997年には，温室効果ガスの削減に関する「京都議定書」が策定された。しかし，2001年には早くもアメリカが離脱し，発展途上国では環境保全よりも，開発に力を注ぐことを重視する傾向もあり，達成目標の遂行にあたっては，まだまだ問題が残っている。例えば，日本のような先進国が，その場しのぎの「ご都合主義」的な発想で，新興国と排出量を金銭的取引しているという事実もある。今後，この問題に関しては，先進諸国と新興諸国の人々が協力し，解決方法の模索に取り組むべきである。

心身ともに健全な人類と平和で持続可能な社会と環境のあり方に関する理念・ビジョンの構築も急務といえよう。

●――石井　敏

あとがき

　市場経済主導の地球化・グローバリゼーションと社会・文化的視点からそれに対抗する地方化・ローカリゼーションが同時進行する現代の国際社会において，異文化コミュニケーション研究・教育の必要性がますます高まっている。そこで必要となるものは，日本の学校・大学，企業，行政機関，そして広く一般社会において，日本の社会・文化的要求に応えるための教科書ないし参考書である。

　1987年に日本人研究者の手ではじめて刊行され，1996年に改訂された古田暁監修，石井敏・岡部朗一・久米昭元『異文化コミュニケーション――新・国際人への条件』は，日本における異文化コミュニケーション研究・教育の発展および普及に重要な啓蒙的役割を果たした。とくに，この新しい学問領域の開拓に対する古田氏と岡部氏のパイオニア的貢献は高く評価された。しかし，内容がやや専門的であったために，大学生や短期大学生，専門学校生に加えて一般読者が活用できるような教科書ないし参考書の刊行に対する要望が広く高まってきた。そこで，著者と有斐閣の協力により，『はじめて学ぶ異文化コミュニケーション』の刊行が実現したのである。

　本書の特色としては，まず大学・短期大学，専門学校等の学生ばかりでなく，一般の読者にとっても，読みやすく，理解しやすい入門書として著されていることが挙げられる。また，初版・改訂版での「異文化」は主として国籍や言語の違いとしてのみとらえていたが，近年の学界での流れや，いっこうに改善しない国内での「多文化関係（かんが）」を鑑み，本書では「パワー」概念にも焦点をあて，性的マイノリティや，障害のある人といった共文化の人々も含め，考察の

対象とした。さらに，アイデンティティ，知覚，言語行動と非言語行動，カルチャーショックと適応，対人コミュニケーション，異文化コミュニケーション教育・訓練，そして研究の領域と方法等，異文化コミュニケーション学で必須の事項についても，広範に紹介するよう工夫した。

　また，旧版との違いとしては，現実世界との関連を強く意識し，学問としての異文化コミュニケーションが異なった文化背景をもつ人々が平和的に共に生きる方法，つまり，多文化共生の方法を模索するために存在していることを前面に打ち出して書かれた点が挙げられる。この意味で，本書は，過去，現在，未来の異文化コミュニケーション研究・教育に関心のある多くの読者にとって必読の1冊になるだろう。

　本書の出版を快諾いただいた，古田，岡部の両氏には深謝したい。また，古田氏は本書の完成を待たず，2013年4月に他界された。ここに哀悼の意を表し，ご冥福をお祈りする。最後に，本書の刊行を可能にした有斐閣の取締役，編集部，とくに企画から刊行に至るまで貴重な助言をいただいた書籍編集第二部の櫻井堂雄氏に衷心より感謝申し上げる。

　2013年7月

著者を代表して　石井　敏
久米昭元

引用・参考文献

▶プロローグ
君島東彦編(2009).『平和学を学ぶ人のために』世界思想社

▶第1章
クリフォード, J.・マーカス, G. 編(1996).『文化を書く』(春日直樹・足羽與志子・橋本和也・多和田裕司・西川麦子・和邇悦子訳)紀伊国屋書店

Eagle, S., & Carter, J. (1998). Iceberg and islands: Metaphors and models in intercultural communication.『異文化コミュニケーション研究』第10号, 97-118. 神田外語大学異文化コミュニケーション研究所

Ishii, S. (1984). *Enryo-sasshi* communication: A key to understanding Japanese interpersonal relations. *Cross Currents*, 11, 49-58.

石井敏(1996).「異文化コミュニケーションの基礎概念と研究領域」吉田暁監修, 石井敏・岡部朗一・久米昭元『異文化コミュニケーション——新・国際人への条件(改訂版)』(pp. 61-80) 有斐閣

石井敏(2013).「文化の構造」石井敏・久米昭元他編『異文化コミュニケーション事典』(p. 165) 春風社

石井敏・クロフ, D. (1993).「日米のコミュニケーション習慣の比較文化的研究」『研究助成報告論文集』第4集, 1-31 上廣倫理財団

久米昭元・遠山淳(2001).「異文化接触中心の理論」石井敏・久米昭元・遠山淳編『異文化コミュニケーションの理論——新しいパラダイムを求めて』(pp. 111-139) 有斐閣

古田博・小倉紀蔵編(2002).『韓国学のすべて』新書館

松田陽子(2013).「多文化主義」石井敏・久米昭元他編『異文化コミュニケーション事典』(pp. 112-113) 春風社

Miike, Y. (2003). Beyond Eurocentrism in the intercultural field: Searching for an Asiacentric paradigm. In W. J. Starosta & G.-M. Chen (Eds.), *Ferment in the intercultural field: Axiology/value/praxis* (pp. 243-276). Sage.

Mushanokoji, K. (1976). The cultural premises of Japanese diplomacy. In Japan Center for International Exchange (Ed.), *The silent power: Japan's identity and world role* (pp. 35-49). Simul Press.

日本ユネスコ国内委員会編（1982）.『国際理解教育の手引き』東京法令出版

岡部朗一（1993）.「コミュニケーションの定義と概念」橋本満弘・石井敏編『コミュニケーション論入門』（pp. 54-74）桐原書店

Ramsey, S. (1995). Riding the waves of culture: Intercultural communication at the end of the 20th century.『異文化コミュニケーション研究』第7号，1-24，神田外語大学異文化コミュニケーション研究所

Ramsey, S., & Birk, J. (1983). Preparation of North Americans for interaction with Japanese: Consideration of language and communication style. In D. Landis & R. W. Brislin (Eds.), *Handbook of intercultural training* (Vol. 3, pp. 227-259). Pergamon Press.

スチュワート，E. C.（1982）.『アメリカ人の思考法──文化摩擦とコミュニケーション』（久米昭元訳）創元社

Stewart, E. C. (1997). A triadic analysis of culture.『異文化コミュニケーション研究』第9号，1-30，神田外語大学異文化コミュニケーション研究所

タイラー，E.（1962）.『原始文化──神話・哲学・宗教・言語・芸能・風習に関する研究』（比屋根安定訳）誠信書房

▶第2章

Adler, P. S. (1976). Beyond cultural identity: Reflections on culture and multi-cultural man. In L. Samover & R. Porter (Eds.), *Intercultural communication: A reader* (2nd ed., pp. 362-378). Wadsworth.

『朝日新聞』2003年5月7日夕刊

Bennet, M. (1993). Toward a developmental model of intercultural sensitivity. In R. M. Paige (Ed.), *Education for the intercultural experience* (pp. 22-71). Intercultural Press.

Erikson, E. H. (1950). *Childhood and society.* Norton.（仁科弥生訳，1977, 1980『幼児期と社会1，2』みすず書房）

Hardiman, R. (2003). White racial identity development in the United State. In E. P. Salett & D. R. Koslow (Eds.), *Race, ethnicity and self: Identity in multicultural perspective* (pp. 117-142). National MultiCultural Institute.

柏木恵子・北山忍・東洋編（1997）.『文化心理学──理論と実証』東京大学出版会

前田朗（2010）.『ヘイト・クライム──憎悪犯罪が日本を壊す』三一書房労働組合

Markus, H., & Kitayama, S. (1991). Culture and the self: Implications for cognition, emotion, and motivaton. *Psychological Review,* **98**, 224-253.

Martin, J., & Nakayama, T. (2011). *Intercultural communication in contexts*. McGraw-Hill.

ポロック,D. C.・リーケン,R. V.(2010).『サードカルチャーキッズ——多文化の間で生きる子どもたち』(嘉納もも・日部八重子訳)スリーエーネットワーク

田島司(2013).「自己の一貫性と認知的不協和——自己の多面性は必ず認知的不協和をもたらすのか」『北九州市立大学文学部紀要』20, 49-55.

▶第3章

アドルノ,T. W.(1980).『権威主義的パーソナリティ』(小林修一・田中義久・矢沢修次郎訳)青木書店

Allport, G. W. (1954). *The nature of prejudice*. Addison-Wesley.(原谷達夫・野村昭訳, 1968『偏見の心理』培風館)

Batson, C. D. et al. (1997). Empathy and attitudes: Can feeling for a member of a stigmatized group improve feelings toward the group? *Journal of Personality and Social Psychology*, 72. 105-118.

Bettencourt, B. A., Brewer, M. B., & Croak, M. R. (1992). Cooperation and the reduction of intergroup bias: The role of reward structure and social orientation. *Journal of Experimental Social Psychology*, 28, 301-319.

Brewer, M. B. (1997). The social psychology of intergroup relations: Can research inform practice? *Journal of Social Issues,* 53, 197-211.

Campbell, D. T. (1965). Variation and selective retention in socio-cultural evolution. In H. R. Barringer, G. I. Blanksten & R. W. Mack (Eds.), *Social change in developing areas: A reinterpretation of evolutionary theory* (pp. 19-49). Schenkman.

Deschamps, J., & Brown, R. (1983). Superordinate goals and intergroup conflict. *British Journal of Social Psychology,* 22, 189-195.

Eisenberg, N. (2005). The development of empathy-related responding. *Nebraska Symposium on Motivation,* 51, 73-117.

Hill, M. E., & Augoustinos, M. (2001). Stereotype change and prejudice reduction: Short and long-term evaluation of a cross-cultural awareness programme. *Journal of Community & Applied Social Psychology,* 11, 243-262.

唐沢穣(2001).「集団の認知とステレオタイプ」唐沢穣・池上知子・唐沢かおり・大平英樹『社会的認知の心理学——社会を描く心のはたらき』(pp. 105-127)ナカニシヤ出版

久保田健市(2001).「最小条件集団研究の展開」『人間研究』6, 21-63.

岡隆 (1999).「概説/ステレオタイプ, 偏見, 差別の心理学」岡隆・佐藤達哉・池上知子編『偏見とステレオタイプの心理学』(現代のエスプリ 384, pp. 5-14) 至文堂

Pettigrew, T. F. (1997). Generalized intergroup contact effects on prejudice. *Personality and Social Psychology Bulletin,* **23**, 173-185.

Pettigrew, T. F., & Tropp, L. R. (2006). A meta-analytic test of intergroup contact theory. *Journal of Personality and Social Psychology,* **90**, 751-783.

Stephan, W. G., & Stephan, C. W. (2001). *Improving intergroup relations.* Sage.

Wright, S. C., Aron, A., McLaughlin-Volpe, T., & Ropp, S. A. (1997). The extended contact effect: Knowledge of cross-group friendships and prejudice. *Journal of Personality and Social Psychology,* **73**, 73-90.

▶第4章

『朝日新聞』2007年8月8日16面(札幌版)「無理せず幸せ 薄れる努力」(中村真理子)

東洋 (1994).『日本人のしつけと教育――発達の日米比較にもとづいて』東京大学出版会

今井康夫 (1990).『アメリカ人と日本人――教科書が語る「強い個人」と「やさしい一員」』創流出版

Kaplan, R. B. (1966). Cultural thought patterns in inter-cultural education. *Language Learning,* **16**, 1-20.

Kluckhohn, F. R., & Strodtbeck, F. L. (1961). *Variations in value orientations.* Row, Peterson.

Kohls, L. R. (2001). *Survival kit for overseas living: For Americans planning to live and work abroad* (4th ed.). Intercultural Press.

Martin, J., & Nakayama, T. (2011). *Intercultural communication in contexts.* McGraw-Hill.

岡部朗一 (1996).「文化とコミュニケーション」古田暁監修, 石井敏・岡部朗一・久米昭元『異文化コミュニケーション――新・国際人への条件(改訂版)』(pp. 39-59) 有斐閣

Stewart, E. C. (1972). *American cultural patterns: Across-cultural perspective.* Regional Council for International Education. (久米昭元訳, 1982『アメリカ人の思考法――文化摩擦とコミュニケーション』創元社)

Stewart, E. C., & Bennett, M. (1991). *American cultural patterns: A cross-cultural perspective* (Rev. ed.). Intercultural Press.

鳥飼玖美子 (1998).『ことばが招く国際摩擦』ジャパンタイムズ

▶コラム⑤

Hofstede, G., Hofstede, G. J., & Minkov, M. (2010). *Cultures and organizations: Software of the mind* (3rd ed.). McGraw-Hill.

Triandis, H. C. (1995). *Individualism & collectivism*. Westview Press.

▶第5章

Alberti, R., & Emmons, M. (1974). *Your perfect right:* A guide to assertive behavior. Impact.（菅沼憲治・ジャレット純子訳，2009『自己主張トレーニング――アサーティブネス（改訂新版）』東京図書，原著第9版の翻訳）

バーンランド，D. C.（1979）.『日本人の表現構造――公的自己と私的自己・アメリカ人との比較（新版）』（西山千・佐野雅子訳）サイマル出版会

Barnlund, D. C. (1989). *Communicative styles of Japanese and Americans: Images and realities*. Wadsworth.

Barnlund, D. C., & Yoshioka, M. (1990). Apologies: Japanese and American styles. *International Journal of Intercultural Relations*, **14**, 193-206.

Berlin, B., & Kay, P. (1969). *Basic color terms: Their universality and evolution*. University of California Press.

Brown, P., & Levinson, S. C. (1993). 'Uphill' and 'downhill' in Tzeltal. *Journal of Linguistic Anthropology*, **3**, 46-74.

Cohen, A. D. (1996). Speech acts. In S. L. McKay & N. H. Hornberger (Eds.), *Sociolinguistics and language teaching* (pp. 383-420). Cambridge University Press.

Crozier, W. R. (Ed.) (1990). *Shyness and embarrassment: Perspectives from social psychology*. Cambridge University Press.

Gumperz, J. J., & Levinson, S. C. (1996). *Rethinking linguistic relativity*. Cambridge University Press.

Hall, E. T. (1976). *Beyond culture*. Anchor/Doubleday.（岩田慶治・谷泰訳，1979『文化を越えて』TBSブリタニカ）

Hall, E. T., & Hall, M. R. (1987). *Hidden differences: Doing business with the Japanese*. Anchor/Doubleday.（國弘正雄訳，1987『摩擦を乗り切る――日本のビジネス，アメリカのビジネス』文藝春秋）

Heider, E. R. (1972). Universals in color naming and memory. *Journal of Experimental Psychology*, **93**, 10-20.

Heider, E. R., & Olivier, D. C. (1972). The structure of the color space in naming and memory for two languages. *Cognitive Psychology*, **3**, 337-354.

Infante, D. A. (1987). Aggressiveness. In J. C. McCroskey & J. A. Daly (Eds.),

Personality and interpersonal communication (pp. 157-194). Sage.

Infante, D. A., & Rancer, A. S. (1982). A conceptualization and measure of argumentativeness. *Journal of Personality Assessment*, **46**, 72-80.

Irvine, J. (1979). Formality and informality in communicative events. *American Anthropologist*, **81**, 773-790.

Jackson, T., Flaherty, S. R., & Kosuth, R. (2000). Culture and self-presentation as predictors of shyness among Japanese and American female college students. *Perceptual & Motor Skills*, **90**, 475-482.

Jones, W. H., Cheek, J. M., & Briggs, S. R. (Eds.) (1986). *Shyness: Perspectives on research and treatment*. Plenum Press.

Klopf, D. W., & Cambra, R. E. (1979). Communication apprehension among college students in America, Australia, Japan, and Korea. *Journal of Psychology*, **102**, 27-31.

Levinson, S. C. (1996). Frames of reference and Molyneux's question: Cross-linguistic evidence. In P. Bloom, M. A. Peterson, L. Nadel & M. F. Garrett (Eds.), *Language and space* (pp. 385-436). MIT Press.

Levinson, S. C. (2003). *Space in language and cognition: Explorations in cognitive diversity*. Cambridge University Press.

Li, P., Abarbanell, L., Gleitman, L., & Papafragou, A. (2011). Spatial reasoning in Tenejapan Mayans. *Cognition*, **120**, 33-53.

Lucy, J. A. (1992). *Language diversity and thought: A reformulation of the linguistic relativity hypothesis*. Cambridge University Press.

Lucy, J. A. (2004). Language, culture, and mind in comparative perspective. In M. Achard & S. Kemmer (Eds.), *Language, culture, and mind* (pp. 1-21). Center for the Study of Language and Information.

McCroskey, J. C., Gudykunst, W. B., & Nishida, T. (1985). Communication apprehension among Japanese students in native and second language. *Communication Research Reports*, **2**, 11-15.

中野美香 (2006).「日本人学生の議論能力を規定する要因の検討――アジアのパーラメンタリー・ディベート大会を対象に」北出亮・近江誠・池田理知子・大崎正瑠・村井佳世子編『新たなコミュニケーション学の構築に向けて――日本コミュニケーション学会創立35周年記念論文集』61-73.

Niikura, R. (1999). Assertiveness among Japanese, Malaysian, Filipino, and U. S. white-collar workers. *The Journal of Social Psychology*, **139**, 690-699.

Okabe, R. (1983). Cultural assumptions of east and west: Japan and the United States. In W. B. Gudykunst (Ed.), *Intercultural communication theory: Current perspectives* (pp. 21-44). Sage.

Olshtain, E., & Cohen, A. D. (1983). Apology: A speech act set. In N. Wolfson & E. Judd (Eds.), *Sociolinguistics and language acquisition* (pp. 18-35). Newbury House.

Prunty, A. M., Klopf, D. W., & Ishii, S. (1990). Japanese and American tendencies to argue. *Psychological Reports*, **66**, 802.

Sakuragi, T. (2004). Association of culture with shyness among Japanese and American university students. *Perceptual and Motor Skills*, **98**, 803-813.

Sapir, E. (1929). The status of linguistics as a science. *Language,* **5**, 207-214. Reprinted in D. G. Mandelbaum (Ed.) (1949). *The selected writings of Edward Sapir in language, culture, and personality* (pp. 160-166). University of California Press.

Sigler, K., Burnett, A., & Child, J. T. (2008). A regional analysis of assertiveness. *Journal of Intercultural Communication Research*, **37**, 89-104.

Singhal, A., & Nagao, M. (1993). Assertiveness as communication competence: A comparison of the communication styles of American and Japanese students. *Asian Journal of Communication*, **3**, 1-18.

Suzuki, S. (2010). Forms of written arguments: A comparison between Japan and the United States. *International Journal of Intercultural Relations*, **34**, 651-660.

Thompson, C. A., & Ishii, S. (1990). Japanese and American compared on assertiveness/responsiveness. *Psychological Reports*, **66**, 829-830.

Watzlawick, P., Beavin, J. H., & Jackson, D. D. (1967). *Pragmatics of human communication: A study of interactional patterns, pathologies, and paradoxes.* Norton.（尾川丈一訳，1998『人間コミュニケーションの語用論――相互作用パターン，病理とパラドックスの研究』二瓶社）

Whorf, B. L. (1940). Science and linguistics. *Technology Review,* **42**, 229-231, 247-248. Reprinted in J. B. Carroll (Ed.) (1956). *Language, thought, and reality: Selected writings of Benjamin Lee Whorf* (pp. 207-219). The Technology Press of MIT.

Zimbardo, P. G. (1977). *Shyness: What it is, what to do about it.* Addison-Wesley.（木村駿・小川和彦訳，1982『シャイネス I, II』勁草書房）

▶第6章

Barnlund, D. C. (1975). *Public and private self in Japan and the United States: Communicative styles of two cultures.* Simul Press.

バーンランド，D. C. (1979).『日本人の表現構造――公的自己と私的自己・ア

メリカ人との比較（新版）』（西山千・佐野雅子訳）サイマル出版会

Barnlund, D. C. (1989). *Communicative styles of Japanese and Americans: Images and realities*. Wadsworth.

Dibiase, R., & Gunnoe, J. (2004). Gender and cultural differences in touching behaviour. *The Journal of Social Psychology*, **144**, 49-62.

Eibl-Eibesfeldt, I. (1972). Similarities and differences between cultures in expressive movements. In R. A. Hinde (Ed.), *Non-verbal communication* (pp. 297-312). Cambridge University Press.

Ekman, P. (1972). Universals and cultural differences in facial expressions of emotion. In J. Cole (Ed.), *Nebraska symposium on motivation, 1971* (pp. 207-283). University of Nebraska Press.

Ekman, P. (1989). The argument and evidence about universals in facial expressions of emotion. In H. Wagner & A. Manstead (Eds.), *Handbook of social psychophysiology* (pp. 143-164). Wiley.

Ekman, P. (1992). Facial expressions of emotion: New findings, new questions. *Psychological Science*, **3**, 34-38.

Ekman, P., & Friesen, W. V. (1969). The repertoire of nonverbal behavior: Categories, origins, usage, and coding. *Semiotica*, **1**, 49-98.

Elfenbein, H. A., & Ambady, N. (2002). On the universality and cultural specificity of emotion recognition: A meta-analysis. *Psychological Bulletin*, **128**, 203-235.

Elfenbein, H. A., Beaupré, M. G., Lévesque, M., & Hess, U. (2007). Toward a dialect theory: Cultural differences in the expression and recognition of posed facial expressions. *Emotion*, **7**, 131-146.

Grammer, K., Schiefenhövel, W., Schleidt, M., Lorenz, B., & Eibl-Eibesfeldt, I. (1988). Patterns on the face: the eyebrow flash in crosscultural comparison. *Ethology*, **77**, 279-299.

Hall, E. T. (1959). *The silent language*. Anchor/Doubleday.（國弘正雄・長井善見・斎藤美津子訳，1966『沈黙のことば——文化・行動・思考』南雲堂）

Hall, E. T. (1966). *The hidden dimension*. Anchor/Doubleday.（日高敏隆・佐藤信行訳，1970『かくれた次元』みすず書房）

Hall, E. T. (1976). *Beyond culture*. Anchor/Doubleday.（岩田慶治・谷泰訳，1979『文化を越えて』TBSブリタニカ）

Hall, E. T. (1983). *The dance of life: The other dimension of time*. Anchor/Doubleday. （宇波彰訳，1983『文化としての時間』TBSブリタニカ）

Hall, E. T., & Hall, M. R. (1987). *Hidden differences: Doing business with the Japanese*. Anchor/Doubleday.（國弘正雄訳，1987『摩擦を乗り切る——日本の

ビズネス，アメリカのビズネス』文藝春秋）

Knapp, M. L., Hall, J. A., & Horgan, T. G. (2013). *Nonverbal communication in human interaction* (8th ed.). Wadsworth.

Matsumoto, D. (2001). Culture and emotion. In D. Matsumoto (Ed.), *The handbook of culture and psychology* (pp. 171-194). Oxford University Press.

Matsumoto, D., Yoo, S. H., Fontaine, J., et al. (2008). Mapping expressive differences around the world: The relationship between emotional display rules and individualism versus collectivism. *Journal of Cross-Cultural Psychology*, 39, 55-74.

McDaniel, E., & Andersen, P. A. (1998). International patterns of interpersonal tactile communication: A field study. *Journal of Nonverbal Behavior*, 22, 59-74.

Mehrabian, A. (1971). *Silent messages*. Wadsworth.（西田司他訳，1986『非言語コミュニケーション』聖文社）

Mehrabian, A. (1972). *Nonverbal communication*. Aldine-Atherton.

Montagu, M. F. A. (1971). *Touching: The human significance of the skin*. Columbia University Press.（佐藤信行・佐藤方代訳，1977『タッチング――親と子のふれあい』平凡社）

Remland, M. S., Jones, T. S., & Brinkman, H. (1991). Proxemic and haptic behavior in three European countries. *Journal of Nonverbal Behavior*, 15, 215-232.

This life. (2007). *Sunday Times*, December 2, p. 12.

Watson, O. M. (1970). *Proxemic behavior: A cross-cultural study*. Mouton.

Watzlawick, P., Beavin, J. H., & Jackson, D. D. (1967). *Pragmatics of human communication: A study of interactional patterns, pathologies, and paradoxes*. Norton.（尾川丈一訳，1998『人間コミュニケーションの語用論――相互作用パターン，病理とパラドックスの研究』二瓶社）

▶ 第 7 章

Adler, P. S. (1975). The transitional experience: An alternative view of culture shock. *Journal of Humanistic Psychology*, 15, 13-23.

Barna, L. M. (1983). The stress factor in intercultural relations. In D. Landis & R.W. Brislin (Eds.), *Handbook of intercultural training* (*Vol. 2: Issues in training methodology*, pp. 19-49). Pergamon Press.

Bennett, M. J. (1986). A developmental approach to training for intercultural sensitivity. *International Journal of Intercultural Relations*, 10, 179-196.

Bennett, M. J. (1993). Towards ethnorelativism: A developmental model of intercultural sensitivity. In R. M. Paige (Ed.), *Education for the intercultural experience* (2nd ed., pp. 21–71). Intercultural Press.

Berry, J. W. (1980). Acculturation as varieties of adaptation. In A. M. Padilla (Ed.), *Acculturation: Theory, models and some new findings* (pp. 9–25). Westview.

Berry, J. W. (1997). Immigration, acculturation, and adaptation. *Applied Psychology: An International Review*, **46**, 5–34.

Berry, J. W. (2005). Acculturation: Living successfully in two cultures. *International Journal of Intercultural Relations*, **29**, 697–712.

Black, J. S., & Mendenhall, M. E. (1991). The U-curve adjustment hypothesis revisited: A review and theoretical framework. *Journal of International Business Studies*, **22**, 225–247.

Church, A. T. (1982). Sojourner adjustment. *Psychological Bulletin*, **91**, 540–572.

Furnham, A., & Bochner, S. (1986). *Culture shock: Psychological reactions to unfamiliar environments*. Methuen.

Gaw, K. F. (2000). Reverse culture shock in students returning from overseas. *International Journal of Intercultural Relations*, **24**, 83–104.

Gullahorn, J. T., & Gullahorn, J. E. (1963). An extension of the U-curve hypothesis. *Journal of Social Issues*, **19**, 33–47.

Guthrie, G. M. (1975). A behavioral analysis of culture learning. In R. W. Brislin, S. Bochner & W. J. Lonner (Eds.), *Cross-cultural perspectives on learning* (pp. 95–115). Wiley.

Hammer, M. R. (2011). Additional cross-cultural validity testing of the Intercultural Development Inventory. *International Journal of Intercultural Relations*, **35**, 474–487.

Hammer, M. R., Bennett, M. J., & Wiseman, R. (2003). Measuring intercultural sensitivity: The Intercultural Development Inventory. *International Journal of Intercultural Relations*, **27**, 421–443.

Hofstede, G. H. (1980). *Culture's consequences: International differences in work-related values*. Sage.

Kohls, L. R. (2001). *Survival kit for overseas living:* For Americans planning to live and work abroad (4th ed.). Nicholas Brealey.

Lysgaard, S. (1955). Adjustment in a foreign society: Norwegian Fulbright grantees visiting the United States. *International Social Science Bulletin*, **7**, 45–51.

Oberg, K. (1960). Culture shock: Adjustment to new cultural environments. *Practical Anthropology*, **7**, 177–182.

Taft, R. (1977). Coping with unfamiliar cultures. In N. Warren (Ed.), *Studies in cross-cultural psychology* (*Vol. 1,* pp.121–153). Academic Press.

Tajfel, H., & Turner, J. C. (1979). An integrative theory of intergroup conflict. In W. G. Austin & S. Worchel (Eds.), *The social psychology of intergroup relations* (pp. 33-47). Brooks-Cole.

Ward, C. (2004). Psychological theories of culture contact and their implications for intercultural training and interventions. In D. Landis, J. M. Bennett & M. J. Bennett (Eds.), *Handbook of intercultural training* (3rd ed., pp. 185-216). Sage.

Ward, C., Bochner, S., & Furnham, A. (2001). *The psychology of culture shock* (2nd ed.). Routledge.

▶コラム⑧

久米昭元 (2001).「青年海外協力隊隊員にみる適応と国際的資質」『異文化との共生をめざす教育――帰国子女教育研究プロジェクト最終報告書』(pp. 187-201) 東京学芸大学海外子女教育センター

上原麻子 (2003).『青年海外協力隊員の帰国適応に関する基礎的研究』平成13〜14年度科学研究費補助金研究成果報告書,広島大学国際協力研究科

▶第8章

Braithwaite, C. (1994). Intercultural communication and the global classroom. In L. A. Samovar, R. Porter & E, R, McDaniel (Eds.), *Intercultural communication: A reader* (7th ed.). Wadsworth.

Collier, M. J. (2003). *Intercultural alliances: Critical transformations*. Sage.

Kudo, K., & Simkin, K. A. (2003). Intercultural friendship formation: The case of Japanese students at an Australian university. *Journal of Intercultural Studies*, 24, 91-114.

Oetzel, J. G. (2008). *Intercultural communication: A layered approach*. Pearson.

Ying, Y. W. (2002). Formation of cross-cultural relationships of Taiwanese international students in the United States. *Journal of Community Psychology*, 30, 45-55.

▶第9章

Adler, P. S. (1982). Beyond cultural identity: Reflections on cultural and multi-cultural man. In L. A. Samovar & R. E. Porter (Eds.), *Intercultural communication: A reader* (3rd ed., pp. 389-408). Wadsworth.

Bennet, M. J. (1986). A developmental approach to training for intercultural sensitivity. *International Journal of Intercultural Relations*, 10, 179-196.

Brislin, R. W. (1989). Intercultural communication training. In M. K. Asante & W. B.

Gudykunst (Eds.), *Handbook of international and intercultural communication* (pp. 441-457). Sage.

千葉美千子・パイチャゼ＝スヴェトラナ・杉山晋平（2011）.「外国人・帰国児童生徒に対する教育支援の在り方——NPO の媒介的機能に関する考察」『多文化社会日本の課題——多文化関係学からのアプローチ』（pp. 138-157）明石書店

Gudykunst, W. B. (1993). Toward a theory of effective interpersonal and intergroup communication. In R. L. Wiseman & J. Koester (Eds.), *Intercultural communication competence (International and Intercultural Communication Annual, vol. 17,* pp. 3-71). Sage.

石井敏（2001）.「異文化コミュニケーション——モデル化の試み」『獨協大学外国語研究』**19**，97-116．

Kim, Y. Y. (1985). Intercultural personhood: An integration of Eastern and Western perspectives. In L. A. Samovar & R. E. Porter (Eds.), *Intercultural communication: A reader* (4th ed., pp. 400-410). Wadsworth.

Koester, J., Wiseman, R. L., & Sanders, J. A. (1993). Multiple perspectives of intercultural communication competence. In R. L. Wiseman & J. Koester (Eds.), *Intercultural communication competence (International and Intercultural Communication Annual, vol. 17,* pp. 3-15). Sage.

小池浩子（2000）.「異文化間コミュニケーションの実践・応用」西田ひろ子編『異文化間コミュニケーション入門』（pp. 310-334）創元社

近藤祐一（1997）.「異文化コミュニケーション研修」石井敏・久米昭元・遠山淳・平井一弘・松本茂・御堂岡潔編『異文化コミュニケーション・ハンドブック——基礎知識から応用・実践まで』（pp. 180-186）有斐閣

久米昭元（2011）.「多文化社会としての日本」多文化関係学会編『多文化社会日本の課題——多文化関係学からのアプローチ』（pp. 9-16）明石書店

町恵理子（2013）.「ロールプレイ」石井敏・久米昭元他編『異文化コミュニケーション事典』（p. 230）春風社

前野隆司（2010）.『思考脳力のつくり方——仕事と人生を革新する四つの思考法』角川書店

松田陽子（2011）.「多文化関係学へのアプローチ」多文化関係学会編『多文化社会日本の課題——多文化関係学からのアプローチ』（pp. 16-24）明石書店

新村出編（2008）.『広辞苑（第 6 版，電子版）』岩波書店

Ruben, B. D. (1976). Assessing communication competency for intercultural adaptation. *Group and Organization Management*, 1, 334-354.

Spitzberg, B. H., & Changnon, G. (2009). Conceptualizing intercultural competence. In D. K. Deardorff (Ed.), *The SAGE handbook of intercultural competence* (pp. 2-52). Sage.

末田清子 (2011).「コミュニケーションの実践——異文化間トレーニング」末田清子・福田浩子『コミュニケーション学——その展望と視点 (増補版)』(pp. 179-192) 松柏社

渡辺文夫 (2002).『異文化と関わる心理学——グローバゼーションの時代を生きるために』サイエンス社

山岸みどり・井下理・渡辺文夫 (1992).「『異文化間能力』測定の試み」『国際化と異文化教育——日本における実践と課題』(現代のエスプリ 299, pp. 201-214) 至文堂

▶コラム⑫

クラーク, C.・リップ, D. (1999).『グローバルマネジメント——危機回避の7つの警告』(賀川洋監修) アスペクト

林吉郎 (1994).『異文化インターフェイス経営——国際化と日本的経営』日本経済新聞社

石黒武人 (2012).『多文化組織の日本人リーダー像——ライフストーリー・インタビュアーからのアプローチ』春風社

▶第 10 章

古田暁監修, 石井敏・岡部朗一・久米昭元 (1996).『異文化コミュニケーション——新・国際人への条件 (改訂版)』有斐閣

古田暁・石井敏・岡部朗一・久米昭元・平井一弘 (2001).『異文化コミュニケーション・キーワード (新版)』有斐閣

石井敏 (2001).「研究の歴史的背景」石井敏・久米昭元・遠山淳編『異文化コミュニケーションの理論——新しいパラダイムを求めて』(pp. 10-18) 有斐閣

石井敏 (2005).「研究法のまとめと今後の課題」石井敏・久米昭元編『異文化コミュニケーション研究法——テーマの着想から論文の書き方まで』(pp. 159-180) 有斐閣

石井敏 (2011).「多文化関係研究・教育を学術的分野に発展させるための潜在的課題」多文化関係学会編『多文化社会日本の課題——多文化関係学からのアプローチ』(pp. 252-267) 明石書店

伊藤明美 (2013).「隠れたカリキュラム」石井敏・久米昭元他編『異文化コミュニケーション事典』(p. 258) 春風社

岩田祐子 (2013).「談話分析」石井敏・久米昭元他編『異文化コミュニケーション事典』(pp. 218-219) 春風社

加藤淳平 (1996). 『文化の戦略——明日の文化交流に向けて』中央公論社
久米昭元 (2011). 「異文化コミュニケーション研究の歩みと展望——個人的体験と回想を中心に」鳥飼玖美子・野田研一・平賀正子・小山亘編『異文化コミュニケーション学への招待』(pp. 47-69) みすず書房
久米昭元・長谷川典子 (2007). 『ケースで学ぶ異文化コミュニケーション——誤解・失敗・すれ違い』有斐閣
岡部朗一 (1996). 「文化とコミュニケーション」古田暁監修, 石井敏・岡部朗一・久米昭元『異文化コミュニケーション——新・国際人への条件 (改訂版)』(pp. 39-59) 有斐閣
寺田元一 (1999). 「序論——国際文化学に向けて」島根國士・寺田元一編『国際文化学への招待——衝突する文化, 共生する文化』(pp. 23-41) 新評論

ブックガイド

　まず,第Ⅰ部として,各章ごとにその内容をさらに理解するための推薦図書をまとめ,提示した。続く第Ⅱ部では,学問としての「異文化コミュニケーション」の全体像の把握の一助となる書籍を推薦図書として,14冊挙げた。これらの図書を参考に異文化コミュニケーション学への理解を深めてほしい。

第Ⅰ部　各章の内容理解を深めるために

▶第1章

遠山淳・中村生雄・佐藤弘夫編 (2009).『日本文化論キーワード』有斐閣
　◎歴史的,地理的,または社会階層的にも多様で複雑な文化形成となっている日本について,とくに人々の日常行動や価値観,倫理観,コミュニケーション特性などを中心とした文化的側面に焦点をあてて解説した書である。「日本とは何か」「日本文化とは何か」「外から見た日本」などを摸索したい人には格好の入門書となっている。

小坂井敏晶 (1996).『異文化受容のパラドックス』朝日新聞社
　◎国際的に閉鎖的であるといわれながら歴史的に海外の異文化を積極的に受容してきたという,日本人や日本文化の姿を分析的に描き出した労作である。欧米の白人に対する崇拝心と屈折した劣等感・コンプレックスについて批判的に分析しており,人種間の平等について考えたい読者にすすめられる。

小坂貴志 (2012).『異文化対話論入門——多声性とメディアのコミュニケーション』研究社
　◎異文化コミュニケーションの一形態としての異文化対話(ダイアローグ)に関する諸理論の紹介に続いて,声の文化と沈黙の対話,メディアのコミュニケーション論,人間とイデオロギーと文化の関係についての斬新な発想に基づく基礎的解説を試みた興味深い良書である。

加藤淳平 (1996). 『文化の戦略――明日の文化交流に向けて』中央公論社
◎現在の国際社会の中で，政府から一般庶民に至るまで，日本が進めてきた欧米中心の国際・異文化交流を抜本的に見直し，現在および今後求められる異文化交流の健全な方向性を提示する啓蒙書である。

徐龍達・遠山淳・橋内武編 (2000). 『多文化共生社会への展望』日本評論社
◎社会，地域，国家の多文化共存における諸問題，とくに少数民族と多数派民族との異民族間コミュニケーションの問題を中心に論じている。在日コリアンが直面している問題のみならず，イギリス，中国，台湾，アメリカ，南米，豪州における問題をも取り上げ，共生社会実現への道筋を示唆した書となっている。

▶第2章

ポロック, D. C.・リーケン, R. V. (2010). (嘉納もも・日部八重子訳)『サードカルチャーキッズ――多文化の間で生きる子どもたち』スリーエーネットワーク
◎親に伴って出身国以外の国や社会に移動し，そこで育った子どもたちの語りをもとに，文化の狭間で特定の文化に属することなく成長した彼らの経験やアイデンティティのあり方の特徴を探究した書である。文化への所属感や文化的アイデンティティについて興味をもつ読者には一読をすすめたい。

多文化関係学会編 (2011). 『多文化社会日本の課題――多文化関係学からのアプローチ』明石書店
◎さまざまな研究結果の選集である。日系ブラジル人，在日コリアン，外国人・帰国児童生徒などに焦点をあて，多文化共生社会日本に内在する多数派と少数派の間の社会・文化的相違や社会的強者と弱者の関係にまつわる諸問題について探求した論考も含まれており，アイデンティティを考えるうえで示唆に富む書となっている。

セクシュアルマイノリティ教職員ネットワーク編 (2006). 『セクシュアルマイノリティ――同性愛，性同一性障害，インターセックスの当事者が語る人間の多様な性（第2版）』明石書店
◎同性愛，性同一性障害，インターセックスなど性的マイノリティ（少数派）の当事者が，みずからの体験を交えながら，差別や偏見など彼らが日本社会で遭遇するさまざまな問題について考察している。性的マイノリティの人た

ちの多様なアイデンティティや，彼らの視点を理解するための一助となる書である。

末田清子 (2012).『多面的アイデンティティの調整とフェイス（面子)』ナカニシヤ出版
  ◎心理学的なアイデンティティ概念を，異文化コミュニケーションの切り口で分析考察した数少ない研究書の1冊である。「帰国子女」たちのアイデンティティについて解釈学的なアプローチで考察したものであるが，アイデンティティ概念に関しても，詳細に説明されており，とくに大学院生等には研究ガイドブックとしてすすめられる。

▶第3章
ブラウン，R. (1999).『偏見の社会心理学』（橋口捷久・黒川正流編訳）．北大路書房
  ◎社会心理学のアプローチで行われた膨大な量の実証的偏見研究を概観し，現代社会に巣くう多様な偏見の形態を分析した意欲的な書である。偏見の成り立ちやそのメカニズムについて，分析的に詳細に考察することを望む読者にはとくにすすめたい。

加賀美常美代・横田雅弘・坪井健・工藤和宏編 (2012).『多文化社会の偏見・差別——形成のメカニズムと低減のための教育』明石書店
  ◎偏見の形成メカニズムの解明と偏見逓減教育に焦点をあてた書となっている。とくに，偏見を受ける当事者に直接話を聞くという「ヒューマンライブラリー」の教育実践については，わかりやすく紹介されており，興味のある向きにはすすめられる。

好井裕明編 (2009).『排除と差別の社会学』有斐閣
  ◎被差別の対象として，外国人，ジェンダー，同性愛者，障害のある人ばかりでなく，ハンセン病患者，フリーター，被差別部落など異文化コミュニケーションの視点では比較的軽視されてきた感のある人たちを取り上げている点で，新たな視点を提供してくれる書となっている。これらの差別問題にどのように立ち向かうべきかについて，著者たちの主張が明確に語られており，啓蒙的な書といえよう。

ジョセッフィ，D. 編 (1996).『世界の偏見と差別 152のアンソロジー』（大西照夫監訳）明石書店
  ◎本書は，ジェノサイド（虐殺），人種差別，性差別，さらには環境問題における人種差別などについての多様な「語り」の集大成である。具体的には，

さまざまな文化的背景をもつ，思想家，宗教家，政治家，文学者たちによる小説，論説，エッセイ，回顧録などが，「持続可能な未来を創る次世代へのメッセージ」という意味合いで，編纂されている。読者には，これらの「語り」から偏見や差別の愚かさを学び取り，平和な未来の構築に向けて歩み出すことが期待されている。

上瀬由美子（2002）．『ステレオタイプの社会心理学——偏見の解消に向けて』サイエンス社
◎ステレオタイプと偏見についての社会心理学的研究結果をもとに，ステレオタイプの生成過程や，偏見の逓減方法について，わかりやすく解説した書である。紙幅の都合で本書で十分取り扱うことができなかった否定的ステレオタイプの影響についても解説されており，ステレオタイプについてより深く学びたい読者には，まず一読をすすめたい。

▶第4章

東洋（1994）．『日本人のしつけと教育——発達の日米比較にもとづいて』東京大学出版会
◎日本人とアメリカ人のものの考え方や感じ方の違いを浮き彫りにしながら，その原因になるしつけや教育の仕方，考え方の特色を探り，さらにそれらの形成には，社会的な要因が密接に関連していることを明らかにしている。実証的研究に基づきながらも，経験的洞察も加えてあり，日米のしつけや教育の差異について総合的に論じた良書である。

トリアンディス，H. C.（2002）．『個人主義と集団主義——2つのレンズを通して読み解く文化』（神山貴弥・藤原武弘編訳）北大路書房
◎文化的価値観の研究で最もよく取り上げられる個人主義と集団主義について包括的に論じた書である。文化比較の指標としては，「古典的」であり，複雑で多文化化している国々を2種類に分けること自体に無理があると批判の矛先になることが多い概念ではあるが，文化的価値観を客観視する方法と考えれば学べることも多い。巻末には，測定尺度が掲載されているため，自分の研究に着手したい読者には親切な書といえよう。

恒吉僚子（1992）．『人間形成の日米比較——かくれたカリキュラム』中央公論社
◎日米両国での子ども観，しつけ方，親子関係とともに，初等教育のあり方に焦点をあて，著者自身の実証研究をもとに記された書である。とくに，日本の学校において個の集団への同調が構造化され方向づけられている様子につ

いては，みずからも，日米両国で教育を受けた著者ならではの，鋭い洞察力が随所に光った興味深い論考となっている。

中根千枝（1967）．『タテ社会の人間関係——単一社会の理論』講談社
◎いまでも日本文化研究の文脈においてはしばしば登場する，タテ社会（日本），ヨコ社会（西欧）という概念を最初に提示した「古典的名著」ともいえる書である。人間関係の特色として，「場」の重要性と，「ウチ」「ソト」の区別に着目し，日本は，個人主義・契約精神の根づいている西欧社会とは異なった社会構造となっていることを指摘した本書は，グローバル化の進むなか，方向性を見出せずに混迷している現代日本のあり方を考えるうえでも有用な1冊といえよう。

▶**第5章**

ユール，G.（1987）．『現代言語学20章——ことばの科学』（今井邦彦・中島平三訳）大修館書店
◎この本の原著 *The study of language* は言語学の入門レベルのスタンダードな教科書として世界中で広く使われてきた。音声学や統語論など基礎的領域から，言語習得論や社会言語学など応用的領域に至るまで，言語学のさまざまな領域をわかりやすく紹介してくれる。言語学がまったくはじめての大学1年，2年の学生でも問題なく読めるだろう。

クリスタル，D.（1992）．『言語学百科事典』（風間喜代三・長谷川欣佑監訳）大修館書店
◎言語学の枠にとどまらず，言語に関連するあらゆるトピックを網羅する事典である。一般読者向けに書かれており，とても読みやすい内容になっている。書き言葉，手話，世界の言語の分類，幼児の言語習得などについてもくわしく解説している。

直塚玲子（1980）．『欧米人が沈黙するとき——異文化間のコミュニケーション』大修館書店
◎筆者自身の異文化体験およびアンケート調査をもとに，コミュニケーション・スタイルの違いに起因する文化摩擦について考察している。謝罪，誘い方・断り方，会話のトピックの選択，謙譲表現などに関する文化の違いを具体的な事例を通して紹介しており，授業や研修会でのディスカッションにも役立つだろう。

宍戸通庸・平賀正子・西川盛雄・菅原勉（1996）．『表現と理解のこと

ば学』ミネルヴァ書房
◎どのようにすれば生き生きした「表現」ができるのか,また「理解」をするということはどういうことか,ということを中心に言葉に関わるさまざまな問題をわかりやすく丁寧に解説している。大学や短大の言語学のテキストとして書かれているが,ほとんどの章がコミュニケーションを念頭に置いて語られており,言語コミュニケーションについて学ぶのに適当な書といえよう。

井上逸兵(1999).『伝わるしくみと異文化間コミュニケーション』南雲堂
◎主として言語メッセージの理解と誤解の過程をやさしく説明し,異文化(間)コミュニケーションに関する初歩的な問題・課題を提起している。とりわけ,一般的言語メッセージの構造と構成要素の解説は,日常会話を例に挙げ,わかりやすく書かれており,文化と言語コミュニケーションの関係についてのよき導入書といえよう。

▶第6章

ヴァーガス,M. F. (1987).『非言語コミュニケーション』(石丸正訳)新潮社
◎非言語コミュニケーションを人体,動作,目,周辺言語,沈黙,身体接触,対人的空間,時間,色彩に分けて解説している。出版からかなりの年数が経っているが,オーソドックスな教科書らしい内容で,非言語コミュニケーションという領域の概観を学ぶのに適している。

ホール,E. T. (1966).『沈黙のことば——文化・行動・思考』(國弘正雄・長井善見・斎藤美津子訳)南雲堂
◎「異文化コミュニケーション」という言葉はこの本で最初に使用されたといわれる。ホールは異文化コミュニケーションにおける言語以外の文化的要因(空間と時間の使い方を含む非言語行動,人間関係の形,性役割など)の重要性を説き,この研究分野の基礎を築いた。

ホール,E. T. (1970).『かくれた次元』(日高敏隆・佐藤信行訳)みすず書房
◎ホールは前著『沈黙のことば——文化・行動・思考』を踏み台に,この本で人間の空間行動に関する理論を「近接学」として本格的に展開した。ホールはまず動物界における空間行動について論じた後,対人距離の分類法を提唱し,さらに後半ではドイツ人,イギリス人,フランス人,日本人,アラブ人の空間行動の特徴をアメリカ人との比較を通して明らかにしようと試みてい

る。

大坊郁夫 (1998). 『しぐさのコミュニケーション──人は親しみをどう伝えあうか』サイエンス社
◎さまざまな心理学的研究の結果をもとに，他者との親密な対人関係構築方法についてそのダイナミズムを，個人，状況，関係の要因別に分析しながら検討している。視線，しぐさ，姿勢，身体接触，服装，化粧などさまざまな非言語メッセージについて詳細に紹介してあり，非言語コミュニケーション全般を学ぶのに格好の書といえるだろう。

▶**第7章**

渡辺文夫 (2002). 『異文化と関わる心理学──グローバリゼーションの時代を生きるために』サイエンス社
◎前半では，文化人類学者オバーグの古典的理論を始め，行動主義，認知主義，そして総合的な視点からのカルチャーショック論が概説されている。さらに，後半では，異文化適応能力を高めるためのトレーニング方法がわかりやすく紹介されている。異文化の人たちとの関係構築に関心のある向きには，とくにすすめられよう。

中根千枝 (1972). 『適応の条件──日本的連続の思考』講談社
◎日本人の異文化適応過程において障害となるさまざまな問題をテーマとする本書は，初版が1972年のロングセラーである。中根が強調する「島国」に住む「同一民族」としての日本人の均一性と，多様化が進む現代の日本社会の間に多少ずれを感じる部分もあるが，古さを感じさせない文化摩擦に関する考察や事例も数多く含まれている。

水上徹男 (1996). 『異文化社会適応の理論──グローバル・マイグレーション時代に向けて』ハーベスト社
◎1980年代以降活発になったグローバル・マイグレーション（国際人口移動）に焦点をあて，政治動乱，内乱，戦争等による難民，また就業のための移住などといった人の移動によりもたらされた文化変容の問題，移住者や少数派集団の異文化社会への適応形態などが，都市社会学的な観点から概論的，実証的に論じられている。オーストラリア在住の日本人移住者の現地社会適応形態に関する調査結果も紹介されている。

八島智子 (2004). 『第二言語コミュニケーションと異文化適応──国際的対人関係の構築をめざして』多賀出版
◎日本の高校生，大学生だけでなく，ビジネスパーソンとその家族がアメリカ

に渡ったときの適応上の問題として英語力の不足と対人関係構築の困難さが指摘されることが多いが，本書では当事者の第2言語能力の個人差が異文化間の対人相互作用を進めるうえでどのような影響があるのかを，滞米日本人高校生を対象に，多種類にわたる研究の結果に基づいて明らかにしている。研究を志向する大学院生などにすすめられる。

▶第8章

「外国につながる子どもたちの物語」編集委員会編（2009）．『まんがクラスメイトは外国人──多文化共生20の物語』明石書店
- ◎日本の学校に通っている外国籍の子どもたちを主人公として書かれたコミックである。漫画とそれに続く解説を読み進めるうちに，さまざまな背景をもつ子どもたちの考えや苦悩だけでなく，彼らが日本に存在している理由まで自然に理解できるように工夫されている。子どもだけでなく，大学生，教員など多文化化の進む社会に生きる人々すべてにすすめたい1冊である。

石川大我（2009）．『ボクの彼氏はどこにいる？』講談社
- ◎ゲイである著者が，思春期の悩みからみずから同性愛者であることを認め，まわりへのカミングアウトを経て現在に至るまで，感じたことや考えたことなど飾らない言葉で語ったエッセイである。少数派として，同性愛者がどのような問題にぶつかり，彼らの視点で見た異性愛者が多数派の社会はどのように見えるのかなど，多文化社会に生きるわれわれにさまざまなことを教えてくれる良書である。

宮島喬・太田晴雄編（2005）．『外国人の子どもと日本の教育──不就学問題と多文化共生の課題』東京大学出版会
- ◎現在，労働を目的に入国した外国人が数多く存在する日本社会において，最大の問題の1つに，子どもたちの「不就学」「不登校」の問題がある。日本の学校で文化の壁に直面し，学習機会を奪われている数多くの子どもたち。彼らの状況や日本の学校制度の問題，支援のあり方などを分析・考察したうえで，多文化に開かれた教育の姿を探求した書である。

▶第9章

末田清子・福田浩子（2011）．『コミュニケーション学──その展望と視点（増補版）』松柏社
- ◎コミュニケーション学を包括的に解説した本書では，異文化コミュニケーションの教育・訓練が「異文化間トレーニング」として扱われている。その

歴史的背景，定義，目標，分類，具体的な方法，今後の課題等がわかりやすく紹介されており，異文化コミュニケーションの教育・訓練の基本事項，全体像をとらえるうえで有用である。教育・訓練に関する章以外も，文化とコミュニケーションに関する理論的な知識を習得するうえで有効な教科書であり，とくに，「球モデル」というコミュニケーションに表出されるアイデンティティを動的にとらえるモデルは秀逸である。

八代京子・町恵理子・小池浩子・磯貝智子（1998）．『異文化トレーニング——ボーダレス社会を生きる』三修社

◎異文化コミュニケーションを行ううえで必要とされる知識，態度，スキルが，言語コミュニケーション，非言語コミュニケーション，文化，カルチャーショックといった観点から平易に解説され，知識，態度，スキルを習得するためのトレーニング・エクササイズも多数収録されている。具体例と研究の成果がバランスよく提示されており，初学者にとっても読みやすい内容となっている。巻末には，異文化コミュニケーションの教育・訓練に関わる文献，映像資料，団体，ワークショップ等が紹介されている。

八代京子・荒木昌子・樋口容視子・山本志都・コミサロフ喜美（2001）．『異文化コミュニケーション・ワークブック』三修社

◎異文化コミュニケーション能力を高めるうえで手助けとなる，さまざまなエクササイズを中心に編まれた1冊である。開かれた心，積極的な参加意識および行動，自己・自文化への気づき，異文化（ほめ方，叱り方，謝り方等）の学習，発信型のコミュニケーション等といった異文化コミュニケーションの諸能力を習得させることを意図している。また，本書は，豊富な具体例と明快な解説で読者をひきつけると同時に，エクササイズを通じて読者が主体的に思考することを促す効果があり，初学者にとってよき入口となるだろう。

青木順子（1999）．『異文化コミュニケーション教育——他者とのコミュニケーションを考える教育』渓水社

◎文化とコミュニケーションの一般概念を紹介してから，言語メッセージと非言語メッセージについて解説し，知覚，自己概念，価値観，ステレオタイプ，偏見等の心理的問題を初心者にも理解しやすく説明している。異文化コミュニケーション教育と異文化トレーニングの内容と方法については具体的に詳細に説明されており，優れた入門書といえよう。

▶第 10 章

石井敏・久米昭元編 (2005).『異文化コミュニケーション研究法——テーマの着想から論文の書き方まで』有斐閣

◎異文化コミュニケーション研究の概念，研究テーマの探索と設定，先行研究・文献調査の方法，そして研究法に関するアプローチの仕方等を解説してから，フィールドワーク，会話分析，批評的研究，異文化交流史，量的調査法，実験計画法，内容分析法，メディア分析法等の研究法について具体例を示しつつ，わかりやすく解説している。最後に，論文の書き方および研究テーマの紹介が加えられており，卒業論文や修士論文を計画している人々に最適の書といえよう。

住原則也・箭内匡・芹澤知弘 (2001).『異文化の学びかた・描きかた——なぜ，どのように研究するのか』世界思想社

◎「異文化理解」の意義と必要性について述べた後，異文化研究の具体的な方法，つまりテーマの設定から，文献調査，フィールドワークのデータ収集法まで具体的に解説されている。さらにはデータを分析して得られた研究成果を課題レポートや卒業論文として作成するための文章技法の解説まで含まれており，初学者向けの研究入門書といえよう。

箕浦康子編 (1999).『フィールドワークの技法と実際——マイクロ・エスノグラフィー入門』ミネルヴァ書房

◎人の日常行動の背後にある文化を，その人の生きている文脈ごと抽出して，その人の意味世界を把握するフィールドワークの 1 つの技法としてのマイクロ・エスノグラフィーについて，編著者自身が行った東京大学での授業実践をもとに解説した書である。フィールドワークの基礎技法（観察法や面接法など）とそれを使った研究の実例も紹介されており，優れた手引書となっている。

末田清子・抱井尚子・田崎勝也・猿橋順子編著 (2011).『コミュニケーション研究法』ナカニシヤ出版

◎コミュニケーションを科学として研究するために研究倫理などの心構えから，コミュニケーション研究で一般的に用いられる多様なアプローチ（量的研究，質的研究，ミックス法）やそのアプローチの下にある代表的な手法（質問紙法，面接法，会話分析，統計的推測など）まで網羅的に解説した書である。研究例も多数紹介されており，とくに大学院生にはすすめられよう。

第Ⅱ部　全体像の理解のために

古田暁監修，石井敏・岡部朗一・久米昭元（1996）．『異文化コミュニケーション――新・国際人への条件（改訂版）』有斐閣
  ◎ 1987年刊行の『異文化コミュニケーション』の改訂版である。前半の理論編では文化，コミュニケーション，異文化コミュニケーションの基礎概念，言語・非言語メッセージ，知覚・認知過程，対人関係，組織，レトリック，後半の実践編では異文化交渉・通訳，カルチャーショック，文化摩擦，異文化コミュニケーション教育が取り上げられている。やや専門的ではあるが，長い間，日本における異文化コミュニケーションの標準テキストといわれてきた。

久米昭元・長谷川典子（2007）．『ケースで学ぶ異文化コミュニケーション――誤解・失敗・すれ違い』有斐閣
  ◎ 本書は，ジェンダー，障害の有無などの小さな文化差をもとにしたすれ違いや，文化移動によるアイデンティティの変容などさまざまな異文化コミュニケーションの事例を取り上げ解説を加えることにより，読者が異文化コミュニケーションを「疑似体験」し，そこから主体的に学び取り理解を深めることを目的としている。具体的場面として異文化間の摩擦を提示しているため，理論と概説を中心とした本書『はじめて学ぶ異文化コミュニケーション』とは，いわば相補関係となっている。本書を読み終えた読者にはぜひ，一読をすすめたい。

古田暁・石井敏・岡部朗一・平井一弘・久米昭元（2001）．『異文化コミュニケーション・キーワード（新版）』有斐閣
  ◎ 日本文化を重視した視点から異文化コミュニケーションに関わる120の重要語句（文化，コミュニケーション，言語・非言語コミュニケーション，人間関係，社会関係，異文化理解などに関連するもの）を集め，基本的な異文化問題と対処方法を網羅し，それぞれ見開き2ページで解説している。平易に書かれているため，初学者向きのよき入門書となろう。

石井敏・久米昭元・遠山淳・平井一弘・松本茂・御堂岡潔編（1997）．『異文化コミュニケーション・ハンドブック――基礎知識から応用・実践まで』有斐閣
  ◎「異文化コミュニケーションとは何か」「異文化コミュニケーションをどう学ぶか」ならびに「異文化コミュニケーションをどう実践するか」という3

部門からなる異文化コミュニケーションの概説書である。中でも，異文化コミュニケーションの基礎概念，研究のおもな対象と方法に関する諸問題，教育分野と企業・組織・地域社会における異文化コミュニケーションの実践活動などが平易に解説されている。巻末には「重要キーワードの解説」も付されており，全体として研究レポート，ゼミ論文や卒業論文等を執筆する際に役立つ便利な実用参考書といえよう。

八島智子・久保田真弓 (2012).『異文化コミュニケーション論——グローバル・マインドとローカル・アフェクト』松柏社

◎地球規模で連動して起きているさまざまな現象を意識する「グローバル・マインド」と地域社会に生きる人々の思いを深く受け止め，他者と共有する「ローカル・アフェクト」の双方に焦点をあて，異文化コミュニケーションの諸領域を理論的かつ実践的に学べるようになっている啓蒙的な教科書である。アクティビティやディスカッションも随所に盛り込まれ，読者の学びや多文化への気づきを促すように工夫されている。ぜひ一読をすすめたい。

石井敏・久米昭元他編 (2013).『異文化コミュニケーション事典』春風社

◎異文化コミュニケーションの研究・教育と実践に必要不可欠と思われる総数727の用語について解説された事典である。研究法や理論に関する用語はもちろん，文化とコミュニケーションに関わる広大な領域（例えば，日本文化の価値観，マスメディア，異文化交流史，国際理解教育，宗教・思想，地球規模の諸問題，環境問題など）がカバーされており，自身の研究テーマ選定の際にもおおいに役立つであろう。

伊佐雅子監修 (2007).『多文化社会と異文化コミュニケーション（改訂新版）』三修社

◎既存の国民国家を軸にした異文化コミュニケーションだけではなく，あらゆるコミュニケーションを異文化コミュニケーションとしてとらえた論考集である。「障害者，高齢者とのコミュニケーション」「女性と異文化適応」「マスメディアと異文化コミュニケーション」「異文化コミュニケーターとしての通訳者」「『地球規模』の出現とコミュニケーション」など，各章の執筆者が独自の視点から異文化コミュニケーションを論じている。

池田理知子・クレーマー, E. M. (2000).『異文化コミュニケーション・入門』有斐閣

◎「異文化コミュニケーションは自分探しの旅である」というスタンスに立ち，自己とアイデンティティ，空間・時間と言語の力，異文化接触のダイナミズ

ム，マスメディア，グローバリズムなど異文化コミュニケーションで取り上げられる分野をほぼ網羅した書である．日本とアメリカの研究者が共同作業でつくり上げたコンパクトな入門書といえよう．

岡部朗一 (1988).『異文化を読む――日米間のコミュニケーション』南雲堂
◎日米間でのメッセージの授受について対人相互作用を中心としたミクロ的コミュニケーションの視点から，豊富な事例を用いて筆者ながらの鋭い視点で明快に論じている．とりわけ，文化とコミュニケーションの関係についての論考は秀逸である．ぜひ一読をすすめたい．

鳥飼玖美子・野田研一・平賀正子・小山亘編 (2011).『異文化コミュニケーション学への招待』みすず書房
◎異文化コミュニケーション研究が取り扱う範囲を革新的に拡張した異文化コミュニケーション学が提起されている．基本的視座としては人間と人間，人間と生物，人間と自然との関係におけるコミュニケーションを異文化コミュニケーションととらえ，通訳・翻訳の問題から環境学まで，言語文化を巡る普遍的な問いから人文社会科学としての方法論へと向かう異文化コミュニケーション学の最新成果が紹介されている．研究志向の大学院生などにすすめられる．

西田ひろ子編 (2000).『異文化間コミュニケーション入門』創元社
◎アメリカで発展してきた異文化コミュニケーションの基礎知識，主要概念を日本人の立場から再考察してできた書である．異文化コミュニケーションに影響を与える要因，異文化コミュニケーション行動のメカニズム，そして異文化コミュニケーションの実践・応用の3部構成となっているが，各章がまとまっており，どの章からでも読み始めることが可能である．

丸山哲央 (2010).『文化のグローバル化――変容する人間世界』ミネルヴァ書房
◎最初に文化の一般概念を紹介してから，国民国家の統合に関連づけた文化と価値，文化内容の分析，文化の構成要素，比較文化と価値分析，社会の変容と文化理論，電子メディアによる文化のグローバル化等，現代世界におけるグローバル化現象が社会・文化に及ぼす影響について詳細に解説したやや専門的な参考書である．

津田幸男・関根久雄編 (2002).『グローバル・コミュニケーション論――対立から対話へ』ナカニシヤ出版
◎文化と国家の境界を横断して生ずる「グローバル化」と，それにより引き起

こされる「ローカル化」の諸現象を提示し，そのうえで双方を有機的に結びつける可能性を追究した思想的・理念的な書である。文明論と文化相対主義の視点から展開したグローバル・コミュニケーション理論，言語と情報における不均衡なコミュニケーション，開発と文化におけるグローバルな動きとローカルな現実とのギャップ，さらにはジェンダーとアイデンティティにおける権力関係などユニークな視点からの論考が集まっている。

桜木俊行（2013）．『映画で異文化体験——異文化コミュニケーション講座』近代映画社
◎異文化コミュニケーション能力を磨くための映画の観方が学べる1冊。SFやアクションを含むさまざまなジャンルの映画に登場する具体例を通して，異文化コミュニケーションの主要概念が解説されている。本書内の「映画に見る異文化コミュニケーション」コラムで紹介している映画もさらにくわしく解説されている。一般読者向けに平易な文体で書かれており，各映画の紹介がショート・ストーリーのように楽しく読める。

事項索引

▶ア 行

アイコンタクト　149
相　槌　141
アイデンティティ　44, 186, 214
　　多文化な人たちの――　56
　　無自覚な――　51, 53
アイロニー　116
アコモデーション　229
アサーティブネス（自己主張，主張性）　120, 129
アジア諸国　250
暗示的意味　114
意識の度合い　138
いじめ　249
異宗教間コミュニケーション　35
イノベーション　248
居場所　229
異文化アライアンス　185
異文化感受性発達モデル　169, 215
異文化経験　173
異文化交流史　250
異文化コミュニケーション　29
異文化コミュニケーション学　1, 11
異文化コミュニケーション教育　208, 217
異文化コミュニケーション訓練　208, 220
異文化コミュニケーション研究　235
異文化コミュニケーション能力　208
異文化コミュニケーション・ワークショップ　222
異文化コミュニケーター　212
異文化シミュレーション・ゲーム　222
異文化性　29
異文化適応　162, 179, 248
異文化適応訓練理論　240
異文化適応理論　240
インフォーマル　124, 154
英　語　133
演繹法　97
エンパシー（感情移入，共感）　53, 76, 80, 172, 187, 210
エンブレム　145
遠慮察しコミュニケーション・モデル　27
おもてなし文化　231
音韻論　111
音声化　136
音声学　111
音　節　110
音　素　110

▶カ 行

外国勤務研究所　220, 237
外集団均質化効果　69
開放性　210
会話分析法　253

顔の表情　147
隠れたカリキュラム　249
価値観　84, 184, 244
価値志向モデル　90, 205
カテゴリー化　63, 69
体の動き・姿勢　146
カルチャー・アシミレーター　218, 225
カルチャーショック　159, 177, 179
カルチャーショック期　162
環境問題　256
観察法　252
感　情　147
　——をコントロールする能力　210
感情移入　→エンパシー
機能主義　96
帰納法　97
気持ち主義　85
逆カルチャーショック　165, 177
脅　威　71
教　育　85
共　感　→エンパシー
共生型よい子　85
強調効果　69
共通内集団アイデンティティ・モデル　75
共文化　29
議論志向　122
近接学　152
クラックホーン・モデル　90
グローカリゼーション　236
敬意を示す能力　210
形態素　110
形態論　111

権威主義的パーソナリティ　68
言　語　110
言語コミュニケーション　109
言語相対論　111
現実的葛藤理論　72
現実的脅威　71
現実の多元性　225
幻相関　70
権　力　186, 190
高コンテキスト　118, 216
構成主義　224
構成モデル　208
構造的暴力　3
行動志向　93
行動文化層　16
声　229
国際共通語　133
国際問題　250
国民アイデンティティ　48
個人化モデル　75
個人差　129, 166
個人主義　107
コミュニケーション　13, 19
　——の特性　22
　——のレベル　24
　階級間の——　49
コミュニケーション観　27
コミュニケーション・スタイル
　27, 117, 154, 184, 216, 246
コミュニケーション不安　126
語用論　116
コンテキスト　20, 118, 131, 211, 213
　マクロ・レベルの——　228
　ミクロ・レベルの——　227
　メゾ（中間）・レベルの——　228

コンテキスト間の移動　228

▶サ 行
再定義　54
サードカルチャー・キッズ　56
サピア゠ウォーフの仮説　111
差　別　66, 185
三層構造説　16
参与観察法　252
恣意的関係　137
ジェスチャー　144
ジェノサイド　81
ジェンダー　46, 189
ジェンダー・アイデンティティ　46
ジェンダー観　47
時間志向　94
自　己　37
思考の型　99
思考パターン　95
自己開示　127, 155
自己概念　38
自己観　42
自己主張　→アサーティブネス
自己成就予言　41, 80
思　想　244
自尊心　210
しつけ　85
実験法　254
質的研究（法）　241, 252
質問紙（アンケート）法　241, 254
実用主義　96
自文化再適応　164
自文化中心主義　3, 31, 169, 238
島モデル　18
自民族中心主義　31

シャイネス　125
社会的アイデンティティ理論　72
社会文化的環境　20
社会・文化的アイデンティティ
　44, 188, 190
宗　教　4, 35, 244
宗教アイデンティティ　49
集団間不安　71
集団主義　107
周辺化　175
周辺言語　142
周辺性　175
主張性　→アサーティブネス
受容（段階）　54, 170, 172
主流派　53, 186
障害のある人　199
少数派　51, 186
象徴的脅威　71
事例（ケース）研究法　253
人種差別　66
深層文化　16, 83, 184, 193, 218, 245
身体的接触　151
身体的動作　144
身体的特徴　143
シンボル　137, 161
ステレオタイプ　62, 185, 193
ストレスに耐える能力　210
すり寄り　52
精神文化層　16
性的マイノリティ　196
性同一性障害　59, 198
青年海外協力隊員　177
接触仮説　74
接触文化　151, 158
選択的知覚　63

相関的思考　97
組織化原理　233
ソーシャル・スキル　221
ソーシャル・メディア　25, 248

▶タ　行

体験学習　222
第三文化　58
対象指示物　137
対称的関係　124, 154
対人関係　214
　——を築く能力　211
対人距離　153
対人攻撃志向　122
対人コミュニケーション　181
対等な関係　133
多元的時間　153, 158
ダブル　56, 193
多文化共生　247
多文化協働　230
多文化シナジー　229
多文化主義　34
多文化人　58
多文化チーム　229
多面的な思考能力　225
多様性の尊重　210
単一的時間　153, 158
談話分析法　253
知識の保持　208
直接的暴力　3
抵抗と分離　52
低コンテキスト　118, 216
適応期　162
適応段階　170, 172
同　化　174

統合（段階）　53, 55, 170, 174, 215
統語論　111
東西センター　223
同性愛者　198
独立型よい子　85
特　権　186, 190
トランスジェンダー　198
トリプル・アイデンティティ　224

▶ナ　行

内集団びいき　72
二層構造説　16
日本語教育　249
日本人論　240
日本たたき　241
日本文化（論）　240, 245
人間関係の志向　93
人間性　91
人間と自然の関係　91

▶ハ　行

排外主義　4
バイセクシャル　198
白人崇拝　247
発話行為　116
ハネムーン期　162, 165
ハーフ　56, 194
ハーフ（ダブル）・ステレオタイプ　195
パワーの不均衡　5, 30
判断留保　209
非言語コミュニケーション　135
非参与観察法　252
非自文化（自民族）中心主義　210
非接触文化　151, 158

必然的関係　137
否定段階　170
批判・解釈学的研究　241
氷山モデル　18
表層文化　16, 218
ファシリテーション　228
ファシリテーター　226
フェイス交渉理論　240
フォーマル　124, 154
不確実性調整理論　240
複眼的思考　219
物質文化層　16
物理的環境　20
文化　12
――の特性　15
文化一般的知識　209
文化横断性　216
文化概念　12
文化差　129, 167
文化相対主義　32, 170, 210
文化的アイデンティティ（理論）　171, 173
文化的アイデンティティ発達モデル　51
文化的価値観　84, 168, 205, 231
文化的暴力　3
文化特定的知識　209
文化摩擦　32, 239
分析の思考　97
分離　174
平和　3
平和構築　2
平和的共存　3
平和部隊　220, 238
偏見　65, 185

――の逓減　73
防衛段階　170
暴力　3
補完的関係　124, 154

▶マ 行

明示の意味　114
明白な社会的アイデンティティ・モデル　75
メタファー　15
メッセージ　21
メディア　79, 86
面接（インタビュー）法　254
モーラ　110

▶ヤ 行

役割を適切な行動として実行に移す能力　210

▶ラ 行

リサーチ・リテラシー　107
リーダー　233
リビング・ライブラリー　78
領域横断的研究　243
両性愛者　198
量的研究（法）　241, 254
倫理　105
類像的関係　137
歴史　187
歴史解釈　7
歴史・批評的方法　252
レジスタンス　54
レトリック　245
ロールプレイ　221
論理構成　100

▶ワ 行
和　84
矮小化段階　170, 171

▶アルファベット
F尺度　68

LGBT　198
Mタイム　153
Pタイム　153
U曲線　162
W曲線　164

人名索引

▶ア 行
東 洋　85
アドラー（P. S. Adler）　58
石井敏　27
今井康夫　86
イン（Y. W. Ying）　182
ウォーフ（B. L. Whorf）　111
エクマン（P. Ekman）　137
エッツェル（J. G. Oetzel）　190
エリクソン（E. H. Erikson）　44
岡部朗一　22, 100, 122, 123
オバーグ（K. Oberg）　160
オルポート（G. W. Allport）　74

▶カ 行
カプラン（R. B. Kaplan）　101
ガルトゥング（J. Galtung）　3
キタヤマ（S. Kitayama）　42
クドウ（K. Kudo）　182
クラックホーン（F. R. Kluckhohn）　90, 205
クリフォード（J. Clifford）　12
クロフ（D. Klopf）　27
ケイ（P. Kay）　112
コリエー（M. J. Collier）　186
近藤祐一　226

▶サ 行
サピア（E. Sapir）　111
ジンバルドー（P. G. Zimbardo）　125
スズキ（S. Suzuki）　123
スチュワート（E. C. Stewart）　95-97, 99
ステファン（C. W. Stephan）　71
ステファン（W. G. Stephan）　71
ストロットベック（F. L. Strodtbeck）　90

▶タ 行
タイラー（E. Tylor）　12
鳥飼玖美子　100

▶ナ 行
ナカヤマ（T. Nakayama）　48, 51, 57

▶ハ 行
ハーディマン（R. Hardiman）　53
林吉郎　233
バーリン（B. Berlin）　111, 112
バーンランド（D. C. Barnlund）　117, 127, 155
フリーセン（W. V. Friesen）　137
ブレイスウェイト（C. Braithwaite）　202
ベイトソン（C. D. Batson）　77
ペティグルー（T. F. Pettigrew）　77
ベネット（M. J. Bennet）　58, 169, 171, 172, 175, 176, 215

ベリー（J. W. Berry）　174, 176
ホフステッド（G. Hofstede）　107, 108, 167
ホール（E. T. Hall）　118, 119, 152-154, 158

▶マ 行
マーカス（H. Markus）　42
マツモト（D. Matsumoto）　48, 148
マーティン（J. Martin）　51, 57
ミイケ（Y. Miike）　27

▶ヤ 行
山岸みどり　208
ヨシオカ（M. Yoshioka）　117

▶ラ 行
リスガード（S. Lysgaard）　162
ルーベン（B. D. Ruben）　208
ロッシュ（E. R. Heider）　112

▶ワ 行
渡辺文夫　219, 224, 225

●著者紹介

石井　敏　元獨協大学教授
久米昭元　異文化コミュニケーションコンサルタント
　　　　　（元立教大学異文化コミュニケーション学部教授）
長谷川典子　北星学園大学文学部教授
桜木俊行　ガステイパス・アドルファス大学言語文化学科教授
石黒武人　立教大学異文化コミュニケーション学部准教授

はじめて学ぶ異文化コミュニケーション
──多文化共生と平和構築に向けて　〈有斐閣選書〉
Introduction to Intercultural Communication

2013 年 11 月 10 日　初版第 1 刷発行
2022 年 9 月 10 日　初版第 16 刷発行

著　者	石　井　　　敏 久　米　昭　元 長　谷　川　典　子 桜　木　俊　行 石　黒　武　人
発行者	江　草　貞　治
発行所	株式会社　有　斐　閣

郵便番号 101-0051
東京都千代田区神田神保町 2-17
http://www.yuhikaku.co.jp/

印刷・萩原印刷株式会社／製本・牧製本印刷株式会社
© 2013, S. Ishii, T. Kume, N. Hasegawa, T. Sakuragi, T. Ishiguro.
Printed in Japan
落丁・乱丁本はお取替えいたします。
★定価はカバーに表示してあります
ISBN 978-4-641-28133-2

JCOPY　本書の無断複写（コピー）は，著作権法上での例外を除き，禁じられています。複写される場合は，そのつど事前に（一社）出版者著作権管理機構（電話03-5244-5088, FAX03-5244-5089, e-mail:info@jcopy.or.jp）の許諾を得てください。